मैंने मृत्यु के बाद का जीवन देखा है

डाइंग टू बी मी

सरश्री द्वारा रचित श्रेष्ठ पुस्तकें

१. इन पुस्तकों द्वारा आध्यात्मिक विकास करें

– **निःशब्द संवाद का जादू** – जीवन की १११ जिज्ञासाओं का समाधान
– **विचार नियम** – आपकी कामयाबी का रहस्य
– **विकास नियम** – आत्मविकास द्वारा संतुष्टि पाने का राज़
– **ध्यान नियम** – ध्यान योग नाइन्टी
– **कर्मयोग नाइन्टी** – हर एक की गीता अलग है
– **रहस्य नियम** – प्रेम, आनंद, ध्यान, समृद्धि और परमेश्वर प्राप्ति का मार्ग
– **कैसे लें ईश्वर से मार्गदर्शन** – जो कर हँसकर कर
– **अभिमान से मुक्ति** – नम्रता की शक्ति
– **ए टू ज़ेड २६ सबक** – 26 Lessons of life
– **पहले राम फिर काम** – भक्ति शक्ति रामायण पथ

२. इन पुस्तकों द्वारा स्वमदद करें

– **मोह, अहंकार और बोरडम से मुक्ति** – सूक्ष्म विकारों पर विजय
– **भय, चिंता और क्रोध से मुक्ति** – स्थूल विकारों से मुक्ति
– **नींव नाइन्टी** – नैतिक मूल्यों की संपत्ति
– **स्वसंवाद का जादू** – अपना रिमोट कंट्रोल कैसे प्राप्त करें
– **संपूर्ण लक्ष्य** – संपूर्ण विकास कैसे करें
– **संपूर्ण सफलता का लक्ष्य**
– **निर्णय और जिम्मेदारी** – वचनबद्ध निर्णय और जिम्मेदारी कैसे लें
– **आलस्य से मुक्ति के ७ कदम**

३. इन पुस्तकों द्वारा हर समस्या का समाधान पाएँ

– **प्रार्थना–बीज** – एक अद्‌भुत शक्ति
– **स्वास्थ्य त्रिकोण** – स्वास्थ्य संपन्न
– **सुनहरा नियम** – रिश्तों में नई सुगंध
– **स्वीकार का जादू** – तुरंत खुशी कैसे पाएँ

४. इन आध्यात्मिक उपन्यासों द्वारा जीवन के गहरे सत्य जानें

– मृत्यु पर विजय – **मृत्युंजय**
– **जीवन की नई कहानी मृत्यु के बाद** – G1 का पारटू
– **स्वयं का सामना** – हरक्युलिस की आंतरिक खोज
– **बड़ों के लिए गर्भसंस्कार** – १० अवतार का जन्म आपके अंदर
– **सन ऑफ बुद्धा** – जागृति का सूरज

अनीता मूरजानी
मैंने मृत्यु के बाद का जीवन देखा है
डाइंग टू बी मी
कैंसर और फिर मृत्यु के निकट जाने तथा सच्चा आरोग्य पाने की यात्रा
HAY HOUSE
HAY HOUSE INDIA
Hindi translation of bestseller book DYING TO BE ME

मैंने मृत्यु के बाद का जीवन देखा है

Dying to be Me इस अंग्रेजी पुस्तक का हिंदी अनुवाद

This edition is licenced by
Hay House Publishers (India) Pvt. Ltd.

प्रकाशक : वॉव पब्लिशिंग्ज् प्रा. लि. पुणे

मुद्रक : विक्रम प्रिंटर्स प्रा. लि. पुणे

प्रथम आवृत्ती : जनवरी 2017

पुनर्मुद्रण : जुलाई 2017, सितंबर 2017

अनुवादक : **रचना भोला 'यामिनी'**

Maine Mrutyu ke baad ka Jeevan dekha hai
by Anita Moorjani

समर्पण

मेरे सच्चे प्यार डैनी के लिए, मैं हमेशा से जानती थी कि हमारा प्रेम समय और स्थान की सभी सीमाओं से भी परे है। यदि आप न होते तो मैं आज इस भौतिक संसार में न होती।

मेरी प्यारी माँ और प्यारे भाई अनूप के नाम, जीवन में सदा मेरा साथ देने के लिए, खास तौर पर उस समय जब मेरी बीमारी और देखरेख के दौरान मुझे आप दोनों की बहुत ज़रूरत थी। काश! सबके पास ऐसा प्यार और सेवा देनेवाला परिवार हो जिस तरह आप दोनों ने मुझे संभाला।

मेरे प्रिय पिता की स्मृति के नाम, जिनके लिए मेरा विवाह एक बड़ा स्वप्न था, परंतु वे यह दिन देखने से पहले ही संसार से चले गए : दूसरे लोक में आपकी अनंत उपस्थिति तथा निःस्वार्थ स्नेह देने के लिए बहुत धन्यवाद! आपने मुझे विश्वास दिलाया कि आप यहाँ हैं, वहाँ हैं और आपकी उपस्थिति को प्रत्येक स्थान पर अनुभव किया जा सकता है।

मेरा मानना है कि ब्रह्माण्ड के महानतम सत्य कहीं बाहर, सितारों या ग्रहों के अध्ययन में नहीं पाए जा सकते। वे हमारे ही भीतर कहीं गहराई में छिपे हैं, वे हमारे हृदय, मन व आत्मा की तेजस्विता में छिपे हैं। जब तक हम यह नहीं समझते कि हमारे भीतर क्या है, हम नहीं समझ सकते कि बाहर क्या है।

मैं इस आशा के साथ अपनी कहानी यहाँ बाँट रही हूँ कि यह कहीं न कहीं आपके हृदय को छुएगी और आपको आपकी भव्यता और तेज का एहसास दिलाएगी।

विषय सूची

खण्ड 3 – मैंने क्या समझा 155

भूमिका

यह दिल छू लेनेवाली किताब है। इसने मुझे सचमुच भावुक कर दिया था। हालाँकि इसका एक कारण मेरे व अनीता मूरजानी के बीच स्थापित हुए मैत्री के संबंध भी थे। अनिता ने कई दैवीय संयोगों के साथ मेरे जीवन में कदम रखा। वे चार वर्ष से भी अधिक समय तक कैंसर की एडवांस स्टेज पर थीं जो उन्हें पहले मृत्यु के द्वार तक और फिर उससे परे – स्वयं मृत्यु तक ले गया। अनीता ने इस किताब में अपनी आत्मिक यात्रा को बहुत ही सुंदर शब्दों में पिरोया है। यह पूरी सजगता के साथ पढ़ी जानेवाली किताब है। मैं चाहूँगा कि इसे आप ऐसी सोच के साथ पढ़ें जो आपकी ही बहुत सी मान्यताओं को चुनौती दे सके। विशेष रूप से वे मान्यताएँ जो इस संसार से परे की यानी मृत्यु उपरांत जीवन की बात करती है।

अनिता गहरे कोमा में थी। वे अपने प्रियजनों तथा उनके जीवन की अंतिम घड़ियों का अनुमान लगा रही मेडिकल टीम से घिरीं रहती थीं। फिर भी उन्हें अपने कैंसर से घायल हो चुके शरीर में वापस आने, सभी कष्टों का सामना करने तथा उल्लेखनीय आरोग्य का अनुभव पाने का अवसर मिला और यह बेशर्त स्नेह के माध्यम से ही हुआ। इसके अलावा, उन्हें यह मौका मिला कि वे मौत के मुँह से वापिस आ सकें और हमें बता सकें कि इस नश्वर जगत के दूसरी ओर का जीवन कैसा दिखता है और इससे भी महत्वपूर्ण यह कि मृत्यु उपरांत जीवन का यह अनुभव कैसा होता है।

यह एक प्रेम कथा है – एक बेशर्त प्रेम कथा जो आपको सही मायनों में आपके

होने का एहसास दिलाएगी। यह बताएगी कि आप यहाँ कौन हैं और अपने जीवन को परिभाषित करनेवाले किसी भी भय तथा खुद को नकारे जाने के अनुभव से आप पार कैसे जा सकते हैं। अनीता बहुत ही स्पष्ट शब्दों में अपने कैंसर के बारे में बताती हैं और वर्णन करती हैं कि उन्हें क्यों लगता है कि उन्हें तो इस कठिन संघर्ष से गुज़रना ही था। वे बताती हैं कि उन्हें आरोग्य क्यों मिला और वे इस संसार में क्यों लौटीं? और इसमें कोई भूल नहीं, उनके जीवन का मिशन इस तथ्य से ही झलकता है कि आप उनके इस अनुभव की किताब पढ़ने जा रहे हैं... मैं इस महत्वपूर्ण संदेश को सारे संसार तक पहुँचाने के लिए उनके मिशन से जुड़ा हुआ हूँ।

अनीता ने चौबीस घंटे तक कोमा में रहने के दौरान दूसरे लोक के द्वार तक पहुँचकर जो पाया, वह उन सभी मनोभावों जैसा ही है, जिन्हें मैं लिखने व बोलने के प्रेरणादायक क्षणों में महसूस करता हूँ। हम दोनों के सामने यह बात पूरी तरह से स्पष्ट है कि दिव्य माध्यम ने अपना काम किया और पहेली के टुकड़ों को इस तरह जोड़ा कि दुनिया के दूसरे कोने में रहनेवाली यह महिला, जो मेरी संस्कृति से बिलकुल ही अलग संस्कृति की है मेरी चेतना और लौकिक जीवन के संपर्क में आई।

मैंने पहली बार अनीता के बारे में तब सुना था, जब मुझे न्यूयॉर्क की मीरा कैली नामक महिला से अनीता के मृत्यु को निकट से देखने के अनुभव यानी नियर डेथ एक्सपीरियन्स (एन.डी.ई.) के साक्षात्कार की प्रति मिली। मीरा बाद में मेरी मित्र बन गई और उन्होंने मेरे लिए पास्ट लाइफ रिग्रेशन (सम्मोहन द्वारा पिछले जन्म की स्मृतियों से परिचय) भी किया, जिसे मेरी पुस्तक 'विशेज़ फुलफिल्ड' में प्रकाशित किया गया। अनीता की एन.डी.ई. रिपोर्ट को पढ़ते ही मेरे भीतर यह इच्छा जगी कि उनके संदेश को संसार के सामने लाने के लिए जो भी करना जरूरी हो, मैं वह सब करूँ। मैंने हे हाउस की प्रेज़ीडेंट रीड ट्रेसी को फोन किया और उनसे आग्रह किया कि वे अनीता मूरजानी को खोजें और उनसे आग्रह करें कि वे अपने एन.डी.ई. अनुभव को किताब के रूप में तैयार करें। मैंने यह भी कहा कि अगर वे किताब लिखना चाहें तो उनकी किताब की भूमिका लिखना मेरे लिए प्रसन्नता से अधिक सम्मान की बात होगी। इसके बाद जो भी हुआ वह बहुत अद्भुत था। अनीता ने hayhouse.com पर मेरे साप्ताहिक रेडियो शो में फोन किया और मैंने उनके साक्षात्कार को रेडियो पर प्रसारित किया ताकि सभी श्रोता उनके अनुभवों को उन्हीं की जुबानी सुन सकें – इस तरह हम व्यावसायिक और

मैत्रीपूर्ण, दोनों ही स्तरों पर जुड़ गए।

अनीता कहती है कि '**हमारा पूरा अस्तित्व ही विशुद्ध प्रेम है। हम न केवल बाकी सभी लोगों तथा ईश्वर से जुड़े हैं बल्कि कहीं न कहीं गहरे स्तर पर हम ईश्वर ही हैं।**' लेकिन हमारा भय और अहं इतना भव्य हो गया है कि उसने हमारे जीवन से ईश्वर को बाहर निकाल दिया है। हमारे शरीर और इस दुनिया के सभी रोगों का इस बात से बहुत गहरा संबंध है। अनीता हमें बताती हैं कि हमें अपने सच्चे और भव्य रूप को जानकर ऐसे जीना चाहिए जैसे हम प्रेम व प्रकाश के जीव हों। उनका कहना है कि आरोग्य पाने की कुँजी इसी सोच में छिपी है।

अनीता समय व स्थान की अनुपस्थिति का वर्णन करती है। उन्हें पहली बार यह अद्‌भुत एहसास हुआ कि 'ऐक्य' कोई बौद्धिक अवधारणा नहीं है लेकिन सही मायनों में सब कुछ एक साथ ही घट रहा है। वे याद करती हैं कि वे किस तरह विशुद्ध आनंददायी प्रेम की आभा से सराबोर हो उठी थीं। यही वह भावना है जिसमें आरोग्य प्रदान करने की भरपूर संभावना छिपी हुई है। उन्होंने पहली बार सही मायनों में जीज़स के इन शब्दों को समझा कि '**ईश्वर के साथ सब कुछ संभव है।**' – और फिर कुछ भी शेष नहीं रहता, इसमें हमारा आरोग्य और अतीत भी शामिल है। मैंने 'विशेज़ फुलफिल्ड' में जो लिखा, अनीता ने निजी रूप से उसका अनुभव किया, '**ईश्वर की उपस्थिति के सच्चे एहसास में भौतिक व चिकित्सीय जगत के नियम लागू नहीं होते।**'

मुझे उनसे मिलना ही था। हमारी बातचीत फोन के माध्यम से शुरू हुई और मैं प्रत्यक्ष रूप से अनीता और उनके आशा के संदेश के आध्यात्मिक सार को अनुभव करने लगा। मैंने उन्हें न केवल पुस्तक लिखने का निमंत्रण दिया बल्कि उनसे पी.बी.एस. (Public Broadcasting Service) पर अपनी कहानी सुनाने को भी कहा ताकि सारा संसार प्रेम, आशा व आरोग्य की इस कहानी को सुन सके।

मैंने अनीता के एन.डी.ई. साक्षात्कार को अपनी 95 वर्षीया माँ को भेजा जो एक सहायक सुविधायुक्त केंद्र में रहती है। मेरी माँ को अकसर मृत्यु का साक्षात अनुभव होता रहता है क्योंकि उनकी बहुत सी वयोवृद्ध सखियों ने उनके सामने ही दम तोड़ा है। कई तो सोते-सोते ही दिवंगत हो जाती हैं। मैंने उनसे मृत्यु नामक महान रहस्य के बारे में बहुत सी बातें कीं और उनके विचार जाने जो कि हम सबकी नियति है। जो

भी भौतिक रूप से जीवित है उसका नष्ट होना तय है। हालाँकि हम बौद्धिक रूप से तो इसे अच्छी तरह जानते हैं लेकिन फिर भी जो हमारी प्रतीक्षा में है वह किसी बड़े रहस्य से कम नहीं है।

अनीता की एन.डी.ई. रिपोर्ट पढ़ने के बाद माँ ने बताया कि उन्हें गहरी शांति का अनुभव हुआ और उनके भय, तनाव और उद्वेग का स्थान एक अज्ञात भाव ने ले लिया। दरअसल, जिसने भी अनीता की एन.डी.ई. रिपोर्ट को पढ़ा, मेरे बच्चों सहित, सबने यही माना जैसे उन्हें जीवन का नया सूत्र मिल गया हो। उन सभी ने मुझसे वादा किया कि वे सबसे पहले स्वयं से प्रेम करेंगे ताकि अपने सच्चे भव्य रूप को जान सकें और अपने दैनिक जीवन से रोग पैदा करनेवाले सारे संभावित विचारों को निकाल सकें। जब मैं इन विचारों के बारे में लिख रहा था, अनीता इन्हें निजी रूप से महसूस कर रही थीं।

अनीता अपने शरीर को रोगमुक्त करने में सफल रहीं। उन्होंने अनेक अवसरों पर मुझे बताया कि उन्हें लगा कि वे यहाँ एक सहज लेकिन शक्तिशाली पाठ पढ़ाने ही आई हैं जो न केवल आपको आरोग्य दे सकता है बल्कि हमारे संसार के रूपांतरण की क्षमता भी रखता है। और मैं जानता हूँ, यही कारण है कि ईश्वर ने मेरी और अनीता की भेंट करवाई। मैंने हमेशा यही अनुभव किया है कि लोगों को उनकी दिव्यता का परिचय देना ही मेरा धर्म है और मैं जानता हूँ कि उन सबके भीतर ईश्वर समाया हुआ है। हमारा अस्तित्व सिर्फ हमारी देह से नहीं है, न ही हमारी उपलब्धियों और संपत्तियों से है – हम सब तो उस परम स्रोत से जुड़े हुए हैं, जिसे हम ईश्वर कहते हैं। जब मैं 'विशेज़ फुलफिल्ड' में यह सब लिख रहा था, अनीता मूरजानी मेरे जीवन में इस तरह आईं मानो वे मेरे उस स्वचालित लेखन में विस्मयादि बोधक चिन्ह लगा रही हों! उन्होंने यह सब जीया और बहुत ही सुंदर शब्दों में उसे पिरोया। आप सौभाग्यशाली हैं जो इसे पढ़ेंगे। अनीता को कैंसर के साथ कठिन संघर्ष और फिर दिव्य आरोग्य के प्रत्यक्ष अनुभव से मिले अनेक सबकों को आप अपने जीवन में उतार सकेंगे।

यह मेरे लिए सम्मान का विषय है कि संपूर्ण आरोग्य देनेवाले प्रेम के इस आशापूर्ण संदेश को सबके सामने लाने में मुझे भी एक छोटी सी भूमिका निभाने का अवसर मिला। ईश्वर करे कि आप अनीता के शब्दों के साथ अपने शरीर, रिश्तों, देश और विश्व से संबंधित किसी भी रोग का नाश करने में सफल हों। जैसा कि एलिजाबेथ

बैरेट ब्राउनिंग ने अपनी कविता में कहा था : '**धरती स्वर्ग से भरी हुई है और हर साधारण झाड़ी भी ईश्वर के तेज से प्रज्ज्वलित है।**' वास्तव में इस धरती पर स्वर्ग और आरोग्य आपके लिए ही है।

अनीता की इस अद्‌भुत और बेमिसाल किताब को पढ़ने का आनंद लें!

डॉक्टर व्येन डब्ल्यू. डायर

माओई, हवाई

परिचय

मैं अपनी कहानी को दुनिया के साथ इसलिए बाँटना चाहती थी ताकि जिन हालातों से मैं गुज़री हूँ, दूसरों को उनका सामना न करना पड़े।

दरअसल मुझे यह पसंद नहीं है कि मैं लोगों को शिक्षा दूँ या उन्हें बताऊँ कि उन्हें अपना जीवन कैसे जीना चाहिए। उन्हें अपने जीवन में क्या बदलाव करने चाहिए, इस बारे में परामर्श देना भी मुझे पसंद नहीं है। चाहे वे खुद मुझसे इस बारे में क्यों न पूछें। मैं एक मिसाल बनना पसंद करूँगी और दूसरों के लिए एक सुरक्षित वातावरण बनाना चाहूँगी ताकि वे जीवन के अंतिम सत्य के संपर्क में आ सकें और उससे जुड़ाव महसूस कर सकें।

सन् 2006 की सर्दियों में मेरे साथ जो-जो घटनाएँ हुई, उसके बाद मैं उपरोक्त सभी बातों पर सोच रही थी। उस दौरान मुझे मृत्यु को निकट से देखने का अनुभव यानी नियर डेथ एक्सपीरियन्स (एन.डी.ई.) हुआ था। साथ ही मैं उस कैंसर से भी मुक्त होने में सफल रही जिससे मैं पिछले चार वर्ष से पीड़ित थी। एन.डी.ई. के दौरान मैं अपने भावी जीवन के कुछ निश्चित पहलुओं को देखने और जानने के योग्य बन गई। साथ ही मैं यह समझ गई कि मेरे अनुभव और मुझे मिला हुआ संदेश दूसरों के जीवन को भी छूकर, उन्हें लाभ पहुँचा सकते हैं इसीलिए मैंने धरती पर वापिस आने का निर्णय लिया।

उस अवस्था में जाने कैसे मैं यह बात जान गई कि मैं किसी न किसी तरह हज़ारों या फिर उससे भी कहीं अधिक लोगों को प्रेरित करने के लिए बनी हूँ। लेकिन यह

स्पष्ट नहीं था कि मैं यह कार्य कैसे करूँगी। मैं केवल इतना जानती थी कि किसी न किसी तरह मैं बहुत से लोगों की मददगार बन सकूँगी। मुझे खासतौर पर यह एहसास था कि इसके लिए मुझे अपनी ओर से कुछ खास करने की ज़रूरत नहीं है, मुझे केवल अपने वास्तविक स्वरूप में रहते हुए जीवन का आनंद लेना था और मेरे माध्यम से जो कोई महान कार्य होने जा रहा था, उसे घटने की अनुमति देनी थी।

दरअसल इसके बाद माहौल ऐसा बना कि मैं चिकित्सा और विज्ञान से जुड़े लोगों व प्रकृति के बारे में जानने की इच्छा रखनेवाले लोगों के प्रश्नों के उत्तर देने लगी। फिर मैंने उन अनुभवों को लिखना शुरू कर दिया और इस तरह इस पुस्तक का एक अध्याय तैयार हो गया। इसका विवरण चौदहवें अध्याय में दिया गया है।

मैंने अपने कैंसर और एन.डी.ई. से जो भी सीखा उसे खुलकर सबसे बाँटा। मुझे अपने अनुभव और उससे मिली जीवन की समझ को बाँटने में आनंद आया, विशेष रूप से तब जब मुझे लगा कि दूसरों को भी इससे लाभ हो सकता है।

मेरी कहानी की शुरुआत पहले खण्ड से होती है, जिसमें मैंने बताया है कि किस प्रकार मेरा पालन-पोषण ऐसी अलग-अलग संस्कृतियों के बीच हुआ जिनकी मान्यताएँ काफ़ी हद तक एक-दूसरे से विपरीत थीं। इनके बीच किस तरह मैं तैयार होती गई और मेरे भीतर उस भय का जन्म कैसे हुआ जो आगे चलकर कैंसर नामक रोग के रूप में प्रकट हुआ, इन सबके बारे में मैंने विस्तार से बताया है। मैं आपको अपनी परिपक्व अवस्था और फिर कैंसर की कैद तक की यात्रा में अपने साथ ले जा रही हूँ।

दूसरे खण्ड में एन.डी.ई. का वर्णन है, जिसमें लिखा गया है कि मैंने उस दौरान क्या देखा और अनुभव किया, उसके बाद मेरे साथ क्या-क्या हुआ। मेरे लिए कैंसर से मुक्ति पाना और संसार में अपने लिए एक नया स्थान प्राप्त करना एक आश्चर्यजनक, चुनौतीपूर्ण व आनंददायक सफर रहा है!

तीसरे खण्ड में मैं आपको बताऊँगी कि मैंने अब तक आरोग्य के बारे में क्या जाना, यह संसार कैसा है और हम अपने ही सच्चे स्वरूप का प्रतिबिंब बनकर कैसे जी सकते हैं जिससे हमारा तेज और महिमा जगमगा उठे। इसके बाद एक प्रश्नोत्तर सत्र दिया गया है जिसमें मैंने उन सभी चुनौतीपूर्ण, साधारण प्रश्नों और उनके जवाबों को शामिल किया है जो मुझसे अक्सर पूछे जाते रहे हैं।

लेकिन इससे पहले कि मैं आपके साथ अपना अनुभव बाँटू, मैं यह स्पष्ट कर देना चाहती हूँ कि मैं किसी सार्वभौमिक या वैज्ञानिक सत्य को जानने या कोई आध्यात्मिक गुरु होने का दावा नहीं करती। और न ही मैं कोई नया धर्म, मत या संप्रदाय शुरू करने जा रही हूँ। मैं आपको किसी चीज़ का यकीन नहीं दिलाना चाहती, केवल आपकी मदद करना चाहती हूँ।

मैं इस बात पर विशेष रूप से बल देना चाहती हूँ कि आपको आरोग्य पाने के लिए किसी एन.डी.ई. की ज़रूरत नहीं है। मैं आपके साथ अपने सभी भावात्मक तथा मनोवैज्ञानिक भावों को इसलिए बाँटना चाहती हूँ क्योंकि मुझे लगता है कि उनके कारण ही मुझे कैंसर हुआ। आशा करती हूँ कि इन सभी कारकों को जानने के बाद आप अपने बीमार पड़ने के मौकों को घटा सकते हैं या पूरी तरह से खत्म कर सकते हैं। इसके साथ ही अगर आपको या आपके किसी परिचित को कैंसर या कोई अन्य घातक रोग है तो कृपया जान लें कि आरोग्य पाने के बहुत से मार्ग हो सकते हैं। मैं आपको यही सुझाव दूँगी कि आपको जो रास्ता सही लगे और जो आपको निजी तौर पर सहज महसूस कराए, उसे ही अपनाएँ।

अगर आप किसी बने-बनाए तंत्र की तरह, कदम-दर-कदम निर्देश पाने की आस लगाए बैठे हैं, तो शायद मैं आपके लिए सही चुनाव नहीं हूँ क्योंकि मैं सब पर लागू होनेवाली किसी एक नियमावली या सिद्धांत पर भरोसा नहीं रखती। यह आपका रास्ता सीमित कर देता है। यहाँ तक कि जब मैं स्वयं को प्रेम करने की बात करती हूँ तब भी मेरी मंशा यह नहीं होती कि आपका ध्यान मेरी ओर जाए। मैं तो बस यह चाहती हूँ कि आप अपने भीतर भी इसी भाव को अनुभव करें। अपने अनुभव और अंतर्दृष्टि को बाँटने के पीछे मेरा उद्देश्य केवल इतना ही है कि मैं आपके भीतर बसे तेज की चिंगारी को हवा दे सकूँ, उसे प्रबल वेग से प्रज्ज्वलित होने में मदद कर सकूँ। मेरी इच्छा है कि आपके भीतर सुप्तावस्था में पड़े उस गुरु को जागृत करूँ जो आपको ब्रह्माण्ड के केंद्र में अपना स्थान पाने का मार्गदर्शन देता है।

आशा करती हूँ कि आप अपनी यात्रा में हर दिन आनंद प्राप्त करेंगे और जीवन को उतना ही प्रेम कर सकेंगे, जितना आजकल मैं करती हूँ!

खण्ड 1

उचित पथ की तलाश

प्रस्तावना

जिस दिन मेरी 'मृत्यु' हुई

हे ईश्वर! मैं असाधारण अनुभव कर रही हूँ! मैं आज कितनी मुक्त हूँ, कितना हल्कापन महसूस कर रही हूँ! मुझे अपने शरीर में कहीं पीड़ा क्यों नहीं महसूस हो रही? वह सारा कष्ट कहाँ गया? अरे, ऐसा क्यों लग रहा है कि मेरे आसपास का नकारात्मक माहौल मुझसे कहीं दूर जा रहा है? लेकिन मुझे कोई डर नहीं लग रहा! मुझे डर क्यों नहीं लग रहा? मेरा सारा डर कहाँ गया? अरे वाह, यह डर तो जैसे कहीं ओझल हो गया!

जब मुझे अस्पताल ले जाया जा रहा था तो मेरे मन में ऐसे ही ख्याल उमड़ रहे थे। मेरे आसपास की दुनिया ऐसी दिखने लगी थी मानो मैं कोई सपना देख रही हूँ। मैं महसूस कर सकती थी कि हर बीतते पल के साथ मैं अपनी चेतना से परे, कोमा यानी बेहोशी भरी नींद की ओर जा रही हूँ।

वह 2 फरवरी, 2006 का दिन था, एक ऐसा दिन जो मेरी स्मृति में सदा के लिए ऐसे दिन के रूप में अंकित रहेगा, 'जिस दिन मेरी मृत्यु हुई'।

हालाँकि मैं कोमा में थी पर इसके बावजूद मैं अपने आसपास की हर घटना और गतिविधि के प्रति सजग थी। मैं अपने परिवार की भावात्मक दशा और उस हड़बड़ाहट को भी महसूस कर रही थी जिसके बीच वे मुझे अस्पताल ले जा रहे थे। जब हम अस्पताल पहुँचे और कैंसर विशेषज्ञ ने मुझे देखा तो उसके चेहरे पर सदमे के भाव उभर आए।

उसने मेरे पति डैनी से कहा, 'हो सकता है कि आपकी पत्नी का दिल अब भी धड़क रहा हो मगर सच्चाई यही है कि अब वह जीवित नहीं है। उसे बचाने के

लिए बहुत देर हो गई है।'

मैंने सोचा, 'ये डॉक्टर किसके बारे में बात कर रही है? मैंने तो अपने जीवन में इससे बेहतर कभी महसूस नहीं किया! माँ और डैनी इतने घबराए और डरे हुए क्यों दिख रहे हैं। ऐसा क्या बुरा हो गया है? क्या आप लोग मेरे लिए रो रहे हो? अरे, रोना बंद करो, मैं ठीक हूँ। देखो, मैं तो बिल्कुल सही-सलामत हूँ!'

मैंने महसूस किया कि मैं बहुत ज़ोर से बोल रही हूँ लेकिन मेरे गले से कोई आवाज़ नहीं निकल रही थी। मेरी अपनी आवाज़ मेरे पास नहीं थी।

मैं अपनी माँ के गले में बाँहें डालकर उन्हें दिलासा देना चाहती थी और कहना चाहती थी कि मैं ठीक हूँ। लेकिन मैं समझ नहीं पा रही थी कि मैं ऐसा क्यों नहीं कर पा रही हूँ। मेरा शरीर मेरा साथ क्यों नहीं दे रहा है? मैं वहाँ बिलकुल बेजान और निढाल क्यों पड़ी हूँ? जबकि उस समय मैं अपनी प्यारी माँ और पति को सांत्वना देना चाहती थी, उन्हें यकीन दिलाना चाहती थी कि मैं बिलकुल ठीक हूँ और मेरे शरीर में कहीं कोई तकलीफ़ नहीं है।

'देखो डैनी, मैं अपनी पहियाकुर्सी के बिना भी आराम से यहाँ-वहाँ जा सकती हूँ। यह सब कितना सुकून भरा लग रहा है! और अब मैं उस ऑक्सीज़न टैंक के भरोसे भी नहीं हूँ। अरे वाह, अब मेरे लिए साँस लेना कितना आसान हो गया है और चमड़ी पर दिखनेवाले छाले और फफोले भी गायब हो गए हैं। अब मेरे सारे आँसू और दर्द कहीं छूमंतर हो गए हैं। चार सालों के लंबे दर्दनाक दौर के बाद आज मैं पूरी तरह स्वस्थ महसूस कर रही हूँ!'

मैं विशुद्ध आनंद और उमंग के बीच थी। अंतत: मैं कैंसर से पैदा होनेवाली उस पीड़ा से मुक्त हो गई जिसने मुझे इतने सालों से जकड़ रखा था। मैं चाहती थी कि मेरी माँ और मेरा पति डैनी भी मेरी इस खुशी में मेरा साथ दें। हम इस बात की खुशी क्यों नहीं मना रहे थे कि उनकी परेशानी का अंत हो गया है? वे मेरे साथ इस खुशी में शरीक क्यों नहीं थे? क्या वे मेरे इस आनंद का अनुभव नहीं कर पा रहे थे?

'मेहरबानी कीजिए, आप इस बारे में कुछ तो कर ही सकती हैं।' डैनी और मेरी माँ ने डॉक्टर से विनती की।

वे अब कुछ ही घंटों की मेहमान हैं। आपने और अन्य डॉक्टरों ने उन्हें हमारे पास पहले क्यों नहीं भेजा? उनके शरीर के अंग काम करना बंद कर रहे हैं। इसीलिए वे बेसुध होकर कोमा में चली गई हैं। शायद उनकी साँसें आज रात तक भी नहीं

टिक पाएगी। आप मुझसे जो चाहते हैं, वह मेरे लिए नामुमकिन है। हम इस हाल में उनके लिए जो भी करेंगे, वह उनके लिए ज़हर का ही काम करेगा और शरीर पर जानलेवा असर डालेगा क्योंकि उनके अंग अपना काम नहीं कर रहे हैं!

'हाँ, हो सकता है, पर मैं इतनी आसानी से हार नहीं मानने वाला।' डैनी ने ज़ोर दिया।

जब मैं बिस्तर पर पड़ी थी तो मेरे पति ने मेरा बेजान हाथ अपने हाथों में थाम लिया, मैं उनके सुर में घुली बेचैनी और विवशता को महसूस कर पा रही थी। उस समय दिल में बस यही आ रहा था कि काश! मैं उन्हें किसी तरह दिलासा दे पाती। मैं उन्हें बताना चाहती थी कि मैं कितना बेहतर महसूस कर रही थी, पर मैं ऐसा कुछ नहीं कर पाई।

डैनी, तुम डॉक्टर की बात पर ध्यान मत दो; भगवान के लिए उसकी बात पर गौर मत करो! वह ऐसा क्यों कह रही है? मैं तो यहीं हूँ और बिल्कुल ठीक हूँ। बेहतर से भी कहीं बेहतर हूँ – दरअसल मैंने इससे बेहतर तो कभी महसूस ही नहीं किया!

मैं इसकी वजह नहीं समझ सकी लेकिन वहाँ किस व्यक्ति पर क्या बीत रही थी, मैं वह सब अनुभव कर पा रही थी। मुझे पता चल रहा था कि उस समय मेरे परिवार या डॉक्टर के मन में क्या चल रहा था। मैं उनके भय, बेचैनी, विवशता और मायूसी को महसूस कर सकती थी। मानो उनके मन के भाव मेरे बन गए हों। मानो मैं उनके साथ मिलकर एक हो गई हूँ।

प्रिय डैनी! मैं तुम्हारी पीड़ा को महसूस कर रही हूँ – मैं तुम्हारी भावनाओं को महसूस कर सकती हूँ। मेहरबानी करके मेरे लिए आँसू मत बहाओ, माँ से कहो कि वे भी दुःखी न हों। भगवान के लिए उन्हें समझाओ!

पर ज्यों ही मैं अपने आसपास घट रही घटनाओं के प्रति भावात्मक रूप से अधिक जुड़ाव महसूस करने लगी, ठीक उसी समय मुझे ऐसा लगा मानो मैं उनसे दूर जा रही हूँ। इसके साथ ही मेरे सामने कोई बड़ी तस्वीर, कोई बड़ी योजना आकार लेने लगी। मेरे सामने जो भी दृश्य चल रहा था, अब मैं महसूस कर सकती थी कि वह किसी बड़ी योजना का एक हिस्सा था और सब कुछ पहले से तय योजना के अनुसार ही हो रहा था।

तभी मुझे इस बात का भी एहसास हुआ कि दरअसल मैं मर रही थी!

ओह... तो मैं मर रही हूँ! क्या मरते समय ऐसा ही महसूस होता है? यह एक ऐसा एहसास है जिसकी मैंने कभी कल्पना तक नहीं की थी। मैं अपने आपको कितना शांत और सहज महसूस कर रही हूँ.... ऐसा लग रहा है मानो शरीर के सारे रोग और शोक का नाश हो गया हो!

तब मैं समझी कि भले ही मेरा भौतिक शरीर काम करना बंद कर दे, जीवन के इस विशाल कैनवास पर अब भी सब कुछ पहले जैसा ही है क्योंकि सही मायनों में देखा जाए तो हमारी मृत्यु कभी होती ही नहीं।

मैं अब भी अपने आसपास की हर गतिविधि के प्रति पूरी तरह सजग थी, मैंने देखा कि स्वास्थ्य कर्मियों का दल मेरे बेजान शरीर को आई.सी.यू. की ओर ले जा रहा है। वे सब हड़बड़ी में थे और बहुत भावुक हो रहे थे। मेरे शरीर में बहुत सारी सुईयाँ चुभोकर मुझे मशीनों से जोड़ा जा रहा था।

जब मेरा बेजान शरीर अस्पताल के पलंग पर पड़ा था तो मुझे उसके प्रति कोई मोह नहीं महसूस हो रहा था। ऐसा लग ही नहीं रहा था कि वह मेरा शरीर था। मैं जो अनुभव कर रही थी, उसके सामने तो वह देह बहुत ही छोटी और मामूली दिख रही थी। मैं स्वयं को मुक्त, स्वतंत्र और तेजस्वी महसूस कर रही थी जैसे सारा दर्द, पीड़ा, उदासी और दुःख कहीं ओझल हो गए हों। मैंने खुद को कभी इतना हलका महसूस नहीं किया था। मुझे सचमुच ऐसा कभी महसूस नहीं हुआ था!

इसके बाद मैंने खुद को एक ऐसे भाव से घिरा हुआ पाया, जिसे आप केवल निःस्वार्थ प्रेम के रूप में ही परिभाषित कर सकते हैं, हालाँकि 'प्रेम' शब्द भी इस भाव के साथ पूरा न्याय नहीं करता। यह हमारी कल्पना के अनुसार, प्रेम और स्नेह के किसी भी भौतिक रूप से परे और पूरी तरह स्वार्थहीन था। यह बिना किसी शर्त या स्वार्थ के मेरा था फिर भले ही मैंने अपने जीवन में जो भी किया हो। मुझे इसे पाने के लिए किसी खास तरह से पेश आने या कुछ अलग करने की कोई ज़रूरत नहीं थी। यह प्रेम मेरे लिए था, भले ही कुछ भी हो!

मैंने पाया कि मैं इस ऊर्जा से पूरी तरह सराबोर हो चुकी थी और ऐसा लग रहा था मानो मैं वहीं आ गई हूँ, जो मेरा अपना घर था। कई वर्षों के संघर्ष, पीड़ा, उद्वेग और भय के बावजूद मैं वहीं आ गई थी जहाँ मुझे आना था।

आखिरकार मैं अपने घर आ गई थी!

1

अलग तरीके से हुआ पालन-पोषण

भारत एक अद्‌भुत देश है, हालाँकि इस देश में बसना, मेरे भाग्य में नहीं लिखा था। हैदराबाद सिंध मूल के मेरे माता-पिता पूरी तरह से भारतीय हैं। परंतु मेरा जन्म एक सुंदर देश सिंगापुर में हुआ।

मेरे दादाजी कपड़ों के व्यापारी थे जो श्रीलंका में अपना पारिवारिक व्यवसाय चलाते थे। वे पूरे विश्वभर में यूरोपियन, भारतीय व चीनी कपड़ों की आयात-निर्यात करते थे। हमारी कंपनी के ऐसे काम की वजह से ही मेरे पिताजी को हमेशा दूर-दराज़ के दौरों पर जाना पड़ता था। जब मैं दो साल की थी तब हम हाँगकाँग में बस गए, जो एक ब्रिटिश कॉलोनी थी।

मुझे एक साथ तीन भाषाओं व संस्कृतियों के बीच बड़े होने का अवसर मिला। हाँगकाँग, चहल-पहल व व्यस्तता से भरपूर नगर है, जहाँ चीनी लोगों की संख्या अधिक है। वहाँ मैंने स्थानीय लोगों के बीच उनकी चीनी भाषा (कैंटोनीज़) बोलनी सीखी। मेरे माता-पिता ने मुझे और मेरे भाई अनूप को,उच्च शिक्षा के लिए ब्रिटिश स्कूल में भेजा जहाँ अधिकतर पढ़ाई अंग्रेज़ी में ही होती थी। मेरे अधिकतर सहपाठी प्रवासी अंग्रेज़ थे। हमारा परिवार हिंदू जीवनशैली का पालन करता था और घर में हम सिंधी भाषा में बातचीत करते थे।

मेरे पिता एक लंबे और सुंदर नौजवान थे, पूरा परिवार उनका बहुत सम्मान करता था। हालाँकि मैं जानती थी कि वे हमसे कितना स्नेह रखते हैं लेकिन वे हमारे साथ ज़रा सख्ती से पेश आते थे और हमसे सभी नियमों व कायदों को मानने की

उम्मीद भी रखते थे। सच कहूँ तो मैं उनसे बहुत डरती थी। जब मैं बच्ची थी तो मेरी कोशिश यही रहती कि उनकी हर आज्ञा को मैं मानूँ। इसके विपरीत, मेरी माँ मुझसे और मेरे भाई से हमेशा नरमी के साथ पेश आतीं। इसी वजह से मुझे उनसे अपनी भावनाएँ बाँटने में डर नहीं लगता था। मेरा भाई अनूप बहुत प्यारा है और हम दोनों पूरा जीवन बहुत ही अपनेपन और स्नेह के साथ रहते आए हैं हालाँकि वह मुझसे उम्र में पाँच साल बड़ा है। बच्चों के हिसाब से हमारी आयु का अंतर अधिक था इसलिए हम न तो कभी एक साथ खेले और न ही हमारे बीच कभी कोई झड़प हुई। इसके बजाय मैंने अनूप को हमेशा अपने रखवाले के रूप में पाया। जब वह मेरे आसपास होता तो मैं सुरक्षित महसूस करती और मैं यह भी जानती कि मैं उससे किसी भी मसले पर निडर होकर बातचीत कर सकती हूँ। मेरे पिता की तुलना में वह हमेशा अधिक मज़बूत और मर्दाना रहा है।

पारंपरिक हिंदुओं की तरह मेरे माता-पिता का विवाह भी उनके परिवारवालों ने ही तय किया था। वे दोनों उम्मीद करते थे कि अनूप और मेरे लिए उपयुक्त जीवनसाथी की तलाश भी वे खुद ही करेंगे। पारंपरिक रूप से उनकी भी यही सोच रही कि एक स्त्री को हमेशा अपने पति के कहे अनुसार चलना चाहिए और घर के बुज़ुर्ग का कहना मानना चाहिए।

मेरी संस्कृति में ऐसा लिंग भेद पाया जाता है। हालाँकि जब मैं बच्ची थी तो मैंने कभी इन मूल्यों पर सवाल नहीं उठाया और जैसा मुझसे कहा जाता रहा, मैं वैसा ही करती रही। जब मैं छह साल की थी तो पहली बार मैंने इस बारे में खुद को असहज पाया। दरअसल मैंने अपनी माँ और घर की एक अन्य महिला के बीच हो रही बातचीत सुनी।

'जब तुम्हारे घर दूसरी संतान लड़की जन्मी तो क्या तुम्हें मायूसी हुई?' उस महिला ने देसी बोली में यह सवाल मेरी माँ से पूछा।

माँ का जवाब सुनने के उस इंतज़ार के दौरान जैसे मेरे भीतर कुछ सुलग उठा।

'नहीं, बिलकुल नहीं। मुझे तो अपनी बेटी से बहुत प्यार है।' माँ के इन शब्दों ने मुझे दिलासा दिया।

'पर लड़कियाँ कोई कम मुसीबत नहीं होतीं। जब वे बड़ी हो जाती है तो कितनी परेशानी होती है। उनका बड़ा ध्यान रखना पड़ता है। कहीं भटक जाएँ तो उनके लिए अच्छा घर और वर तलाश करना भी मुश्किल हो जाता है। और फिर जैसे-जैसे समय

बीत रहा है, लड़कियों के दहेज में दी जानेवाली धनराशि भी तो बढ़ती जा रही है!'

'आप अभी से आनेवाले वक्त का अंदाज़ा कैसे लगा सकती हैं? चाहे लड़का हो या लड़की, जन्म लेनेवाला हर बालक अपना भाग्य अपने साथ लेकर आता है।' मुझे आज भी याद है कि माँ ने कितनी बुद्धिमानी से उन्हें जवाब दिया।

'खैर, मैं तो खुश हूँ कि मेरे दो बेटे हैं!' महिला ने गर्व से कहा। उस समय मेरा नन्हा सा दिमाग भी समझ रहा था कि उस वाक्य के पीछे उपलब्धि की कितनी बड़ी भावना छिपी थी।

बाद में जब मैं और माँ अकेले बैठे थे तो मैंने उनसे पूछा, 'माँ! क्या यह सच है कि लड़कियाँ किसी मुसीबत से कम नहीं होतीं?'

'नहीं, बेटा, ऐसा बिलकुल नहीं है!' उन्होंने बड़े लाड़ से कहा और मुझे अपने गले से लगा लिया।

उसी समय मैंने अपने मन में यह ठान लिया कि मैं केवल एक लड़की होने के नाते अपने माता-पिता के लिए कभी मुसीबत की वजह नहीं बनूँगी और ना ही मैं उनके मन में कभी यह विचार आने दूँगी कि 'काश मेरी जगह लड़के का जन्म हुआ होता!'

हाँगकाँग में हमारा पहला घर हॅपी वैली की नौ मंज़िला इमारत का एक अपार्टमेंट था जहाँ से घुड़दौड़ के लिए बना ट्रैक दिखाई देता। मैं अपनी खिड़की से रंगीन कपड़ों में सजे उन घुड़सवारों व प्रशिक्षकों को घंटों देखा करती जो घोड़ों को सप्ताह के अंत में होनेवाली दौड़ के लिए तैयार कर रहे होते। इमारत की सातवीं मंज़िल पर बनी खिड़की से ही मुख्य मार्ग पर जा रही ट्राम व उसकी चहल-पहल भी देखने लायक होती जो अकसर मुझे मेरे खयालों से जगा देती।

जब भी मैं सोकर उठती तो स्वयं को चंदन और गुलाब की महकवाली अगरबत्ती की सुगंध से घिरा पाती। मुझे यह गंध सदा से ही प्रिय रही है क्योंकि इससे मुझे शांति व सौम्यता का आभास होता। मैं प्राय: देखती कि मेरी माँ हमारे घर में बने पूजा कक्ष में जा रही हैं, वे उस समय सलवार-कमीज़ (भारतीय पारंपरिक पोशाक) पहने हुए होतीं जो भारतीय रेशम या फ्रेंच शिफॉन से बने होते।

हर सुबह, मेरे माता-पिता हमारे पूजा कक्ष में स्थापित भगवान श्री कृष्ण, लक्ष्मी माता, भगवान शिव, हनुमान व श्री गणेश की प्रतिमाओं के सामने बैठकर ध्यान लगाते और प्रार्थना व मंत्रजाप करते। वे ऐसा इसलिए करते कि पूरे दिन का सामना करने के

लिए अपनी चेतना को जागृत कर सकें और उन्हें आंतरिक बल मिल सके। वे हिंदुओं के वेद आदि ग्रंथों के अलावा सिक्खों के पवित्र ग्रंथ 'गुरु ग्रंथ साहिब' का जाप भी करते।

मैं अकसर अपने पूजा कक्ष में बैठ अगरबत्तियों को गोलाकार दिशा में घूमता देखती। वे विभिन्न देवी-देवताओं की प्रतिमाओं के आगे उन्हें गोल-गोल घुमाते हुए मंत्र पढ़ते। उनके साथ मैं भी उनकी ही तरह करने की कोशिश करती।

फिर मैं अपनी चीनी आया आ फांग को कई तरह के कामों में व्यस्त देखती, इस दौरान वह मुझसे अपनी चीनी भाषा में बातें भी करती जाती। उसने अपने ठिगने से शरीर पर पारंपरिक काला और सफेद रंग का संफू (पारंपरिक चीनी पोशाक) पहना होता और वह पूरे घर में यहाँ से वहाँ मंडराते हुए अपने काम निबटाती जाती। मुझे आ फांग से गहरा लगाव था। वह तब से हमारे साथ थी जब मैं दो वर्ष की थी। मुझे ऐसा कोई समय याद नहीं जब वह हमारे घर का हिस्सा न रही हो।

सप्ताह के दिनों में अकसर दोपहर तक मेरी माँ और पापा से भेंट न होती। आ फांग ही मुझे स्कूल लेने आती। घर जाकर खाना खाने के बाद वह मुझे अपने साथ बाज़ार ले जाती ताकि हम घर के लिए ताज़ी सब्ज़ियाँ और बाकी सामान ले सकें। हम अकसर ट्राम से सफर करते। मुझे उसके साथ इस तरह सैर करने में बहुत मज़ा आता।

ज्यों ही हमारी इमारत के बाहर, सड़क पर ट्राम रुकती हम उसमें लपककर चढ़ जाते। यह सब मेरे लिए किसी रोमांच से कम न था। ट्राम भीड़ से भरी हाँगकाँग की संकरी सड़कों व गलियों हॅपी वैली, कॉज़वे बे और वान चाई से होकर गुज़रती और फिर हम बाज़ार में उतरते आ फांग मेरी कलाई कसकर थामे रहती।

मुझे अपने आसपास के हर तरह के दृश्य, गंध व आवाज़ों के बीच रहना बहुत भाता था। मेरे माता-पिता मुझे कभी ऐसे रोचक स्थानों पर नहीं ले जाते थे! वे लोग तो कार में ही घर से निकलते और डिपार्टमेंटल स्टोर्स से खरीददारी करते। मुझे ऐसा लगता था कि इन रंगों व हंगामों की तुलना में वह सब बहुत फीका था।

उस बाज़ार में सब कुछ बिकता था। ताज़ी फल-सब्ज़ी और घर के ज़रूरी सामान से लेकर सस्ते और भड़कीले गहने तक। फेरीवाले आवाज़े लगा-लगाकर अपना सामान बेचते। उनकी दुकानें सिलसिलेवार ढंग से नहीं लगी होती थीं। जूते, बरतन, फूल और फूलदान, प्लास्टिक के सस्ते खिलौनों, ताज़े फलों की रेहड़ियों, कपड़ों, नकली गहनों, गुब्बारों, ताज़ी मछली, माँस, जुराबों व स्टॉकिंग्स, रंगीन तौलियों,

रूमालों व मेज़पोशों के बीच ही सब्ज़ी भी बिकती थी। इस तरह उनका अधिकतर सामान सड़क पर ही बिखरा पड़ा रहता। मैं घंटों तक उस जगह के सम्मोहन में खोई रहती।

'आ फांग! आ फांग! वह देखो। वह आदमी साँप के साथ क्या कर रहा है?' मैंने अपनी धाराप्रवाह स्थानीय भाषा में उत्सुकता से पूछा।

'वह साँप बेचनेवाला है। वह उस साँप को बाँध रहा है और उसके सामने खड़ा परिवार उसे घर ले जाएगा, जहाँ वे उसका सूप बनाएँगे।' आ फांग ने जवाब दिया।

मैं हैरानी से आँखें फाड़े देखती रही कि किस तरह साँप दुकानदार के हाथों की पकड़ से आज़ाद होने के लिए तड़प रहा था, लेकिन कोई फायदा नहीं हुआ। देखते ही देखते उसे बाँस की पट्टियों में बाँधकर पिटारी में डालकर दे दिया गया।

जो भी हो, मुझे आ फांग के साथ बाज़ार जाना बहुत भाता था और मेरे रोमांचप्रिय स्वभाव को ऐसे दौरों से बहुत सारी खुराक मिल जाती।

हमारे साथ अनेक वर्षों तक रहने के बावजूद आ फांग अब भी मेरे माता-पिता के कमरे में आते ही अपनी आँखें झुकाकर नज़रें दूसरी ओर कर लेती। मेरा दिमाग हमेशा अपने घोड़े दौड़ाया करता और मैं उस पर लगातार अपने सवालों की बौछार करती रहती। उसका ऐसा बरताव मेरे लिए भी हैरजअंगेज होता। मैं मन ही मन, सदा आ फांग और अपने माता-पिता के बीच की सांस्कृतिक खाई को भरने की कोशिश करती।

'ऐसा क्यों करती हो?' मेरा छह साल का नन्हा दिमाग जानना चाहता था।

'मैं ऐसा क्या करती हूँ?' आ फांग ने जवाब दिया।

'जब मेरे माता-पिता तुम्हारे पास आते हैं तो तुम अपनी नज़रें क्यों झुका लेती हो?' मैंने स्थानीय चीनी भाषा में पूछा।

'उनके प्रति सम्मान जताने के लिए!' उसने कहा।

'क्यों?'

'तुम्हारे माता-पिता ने मुझे अपने घर काम पर रखा है। मैं उनके प्रति आदर व्यक्त करती हूँ और मुझे एहसास है कि वे मुझसे बड़े हैं।'

'क्या वे तुमसे बड़े हैं?' मैं यह जानकर चकित थी।

'हाँ क्योंकि उन्होंने मुझे रोज़गार दिया है।' आ फांग बोली।

'क्या मैं भी तुम्हारे लिए बड़ी हूँ?' मैंने पूछा।

मेरी मासूमियत भरे इस सवाल पर आ फांग दिल खोलकर हँसी, उसे पता था कि मेरे दिमाग में हमेशा कुछ न कुछ नया जानने का भूत सवार रहता था।

'नहीं, तुमने मुझे काम पर नहीं रखा। मैं यहाँ तुम्हारी देख-रेख करने के लिए रखी गई हूँ।'

'ओह, फिर ठीक है।' मैंने अपनी नई गुड़िया से खेलते हुए जवाब दिया।

मुझे आ फांग की बेटी आ मो यी से खेलना भी बहुत भाता था। जब मैं पाँच साल की हुई, तभी से आ मो यी हर सप्ताह के अंत में, मेरे साथ खेलने आने लगी। वह मुझसे केवल एक साल बड़ी थी। मुझे उसकी बोली अच्छी तरह आती थी इसलिए हमें आपस में दोस्ती करने में समय नहीं लगा। मुझे उसका साथ बहुत पसंद था। हम दोनों मिलकर मेरे खिलौनों से खेलते और पासवाले पार्क में भी खेलने जाते। मेरे माता-पिता को यह देखकर बहुत खुशी होती कि मुझे सप्ताह के आखिर में खेलने के लिए एक साथी मिल जाता है।

रविवार को आ फांग की छुट्टी होती थी इसलिए वह अपनी बेटी को दोपहर के खाने के लिए बाहर ले जाती और फिर शाम को उसे अपने माता-पिता के घर छोड़ देती जहाँ उसकी बेटी सप्ताह के बाकी दिन रहा करती थी। (हालाँकि मैंने कभी इस बारे में सवाल नहीं उठाया लेकिन आज मुड़कर देखती हूँ तो मुझे एहसास होता है कि आ फांग एक सिंगल मदर थी और वह अपनी बेटी को अपने परिवार की मदद से अकेली ही पाल रही थी।) अगर उस दिन मैं अपने माता-पिता के साथ कहीं न जाती तो आ फांग मुझे अपने साथ ले जाती और सच कहूँ तो मुझे उसके साथ जाकर बहुत मज़ा आता।

हमेशा की तरह हम हर जगह ट्राम में जाते। सबसे पहले हम कुछ खाने के लिए चीनी फूड स्टॉल पर जाते। जिन्हें स्थानीय बोली में डाइ पाइ डौंग कहते थे, ये छोटे-छोटे स्टॉल सड़क के किनारे बने होते थे। हम वहीं रखे लकड़ी की मेजों पर बैठकर, अपने आसपास चल रहे यातायात से बेखबर अपने गरम नूडल्स या डंपलिंग्स खाते व सूप पीते रहते। खाने के बाद आ फांग हमें उस घर में ले जाती जहाँ आ मो यी अपने नाना-नानी के साथ रहती थी। वह बहुत ही सादा व कम फर्नीचरवाला निम्नवर्गीय चीनी भौली का प्यारा सा घर था। मैं उनके घर के हर कोने को अपनी उत्सुक निगाहों से तौलती और इस दौरान आ फांग अपने माता-पिता के साथ बैठकर चाय का एक

प्याला पीती। वे सब छोटे-छोटे प्यालों में चाय पीते, जिन पर चीनी राशिफल के पशु चिन्हों के नमूने उकेरे गए होते थे, जैसे ड्रैगन या चीता आदि। वहाँ मुझे अकसर मीठी चाय या जूस से भरा गिलास पीने को दिया जाता।

मुझे वहाँ जाने पर कभी ऊब नहीं हुई, अगर कभी मुझे उनकी बातचीत में रस न आता तो मैं बड़ी मेहराबदार खिड़की में बैठकर, सड़क पर आते-जाते लोगों को देखने लगती। जहाँ दोपहर होते ही, पटरी पर बैठनेवाले दुकानदार चटाइयाँ लगाकर ताजे घोंघे व मछलियाँ वगैरह सुखाने के लिए रख देते।

इस तरह मैं पश्चिम व पूर्व के मिश्रण के बीच पली-बढ़ी। हाँगकाँग में हम क्रिसमस और ईस्टर भी उतनी ही धूमधाम से मनाते जिस तरह हंगरी घोस्ट व मिड-ऑटम मून फेस्टीवल मनाते थे। मिसाल के तौर पर हंगरी घोस्ट त्योहार चंद्र कैलेंडर के हिसाब से सातवें माह की चौदहवीं रात को मनाया जाता था। उस दिन परिवार अपने मृतक परिजनों के दुःख दूर करने के लिए प्रार्थना करते और अपने पूर्वजों के नाम से प्रसाद चढ़ाते।

अनूप और मैं देखते कि आ फांग और आ मो यी व उनके साथ हमारा रसोइया आ चुन कागज़ से बनी वस्तुओं को जलाकर अपने मृतक परिजन को श्रद्धांजलि अर्पित करते। वे हमारे घर के पीछे, रसोई के साथवाली सीढ़ियों तले, एक बरतन में आग जलाते और उसमें कागज़ जलाकर स्वाहा करते। उन कागज़ों से वे कार, घर और यहाँ तक कि नोटों की भी आकृतियाँ बनाते। माना जाता था कि ऐसा करने से उनके पूर्वज दूसरे लोक में इन चीज़ों के ऐश्वर्य को अनुभव कर सकेंगे।

'आ फांग! अगर तुम आग में कागज़ का बना घर जलाओगी तो क्या तुम्हारे दादाजी को सचमुच स्वर्ग में वैसा ही घर मिलेगा?' मैंने बहुत ही कौतूहल से पूछा।

'हाँ अनीता! मेरे दादा-दादी चाहते हैं कि मैं उनके जाने के बाद भी उन्हें याद करूँ और उनके अधूरे कामों के लिए उन्हें सहयोग दूँ। हम सभी को अपने पूर्वजों का आदर करना चाहिए।' उसने मुझे बताया।

आ फांग, आ चुन और आ मो यी इसके बाद रसोई के पीछे लगाई गई मेज़ पर उन पकवानों को खाने के लिए बैठते जिन्हें उस दिन के लिए खास तौर पर पकाया जाता था। मेज़ पर एक और प्लेट परोसी जाती जिसमें सारे पकवान रखकर पूर्वजों को भी दावत में न्यौता दिया जाता। मैं भी अकसर इस भोजन में उनके साथ शामिल होती और इस बात का बहुत ख्याल रखती कि उनके पूर्वजों की थाली में किसी भी तरह

का पकवान कम न रह जाए!

पूरे साल में मुझे मिड-ऑटम मून फेस्टीवल बहुत पसंद था क्योंकि उस दौरान मुझे स्थानीय दुकानों की छतों से लटक रही रंग-बिरंगी लालटेन चुनने का मौका मिलता। ये लालटेन कई तरह के आकार व आकृतिवाली होतीं जिनमें चीनी राशिफल की पशु आकृतियाँ भी शामिल थीं। मुझे हमेशा से ही खरगोशवाली आकृति बेहद पसंद थी। आ फांग, मुझे और आ मो यी को, बाज़ारों के पीछे बनी दुकानों से लालटेन दिलाने ले जाती।

यह त्योहार एक तरह से अमेरिकी 'थैंक्स गिविंग डे' जैसा होता है और इसे फसल की कटाई के जश्न के तौर पर मनाया जाता है। इस समारोह में खान-पान की अन्य चीज़ों के साथ कई तरह के मून केक भी आपस में बाँटे जाते हैं। फिर हम कागज़ से बनी सुंदर रंगीन लालटेनों के भीतर मोमबत्ती जलाते और उन्हें बाहर ले जाते। हमारे साथ पड़ोस के और बच्चे भी लालटेनें लेकर निकल आते। आ मो यी और मैं अपनी लालटेनें घर के बाहर, चारदीवारी पर और पेड़ पर टाँग देते। उस रात हमें देर तक जगने और चंद्रमा व लालटेनों की रोशनी के बीच खेलने की पूरी छूट मिलती जो उस समय अपनी पूरी आभा के साथ रोशन होते थे।

मेरा परिवार सारे भारतीय त्योहारों को भी पूरे उमंग व जोश से मनाता था, जिसमें दीपों का हिंदू त्योहार दीपावली भी शामिल था। हम इस त्योहार पर हमेशा नए कपड़े पहनते। यह मेरे लिए बहुत ही रोचक समय होता था। उस छोटी सी उम्र में भी, त्योहार से पहले नए कपड़े खरीदने का विचार मुझे बहुत भाता था। माँ अकसर मुझे और भाई को लेन क्राफोर्ड ले जातीं जो उस समय हाँगकाँग का बड़ा व्यावसायिक इलाका था। हम उस इलाके में बच्चों के लिए बने विशेष हिस्से में यहाँ-वहाँ दौड़ लगाते रहते। मैं अपने लिए बहुत ही जोश से नई पोशाक चुनती और मेरा भाई भी अपने लिए पैंट और शर्ट लेता। इस खास मौके पर माँ भी यही चाहती थीं कि मेरी पोशाक सुंदर और रंगीन होनी चाहिए।

त्योहारवाले दिन मेरा पूरा परिवार नए कपड़े पहनता, माँ अकसर नई रंगीन साड़ी और अपने सारे ज़ेवर पहनतीं, पापा पारंपरिक कुर्ता-पजामा पहनते, भाई नई पैंट व शर्ट पहनता और मैं भी अपनी नई पोशाक में चारों ओर फुदकती फिरती।

जब हम सब तैयार हो जाते तो हम हॅपी वैली के हिंदू मंदिर में जाते ताकि भारतीय समुदाय के अन्य लोगों के साथ मिलकर, भजन गा सकें।

हमारे सुर घंटियों के सुर में मिलकर पूरे मंदिर में गूँज उठते और शाम की हवा में घुल जाते। मुझे आज भी याद है कि किस तरह उन घंटियों का स्वर मेरे पूरे अस्तित्व में गूँजते हुए मेरी आत्मा के किसी गहरे कोने को छू जाता। हर हिंदू त्योहार के दिन मंदिर का आँगन कई तरह के रंगों, नृत्य-संगीत और मसालेदार विशुद्ध शाकाहारी भोजन की महक से गूँज उठता। इसके साथ ही अगरबत्ती की सुगंध भी अपना जादू बिखेर देती। वह परिवेश मुझे बहुत पसंद था!

'मैं महाराज (भारतीय पंडित) से तिलक लगवाने आगे जा रही हूँ!' मैं उत्सुक सिंधी सुर में माँ से चिल्लाकर कहती और फिर उस रंगीन भीड़ में जगह बनाते हुए आगे चली जाती। महाराज सबके माथे पर जो सिंदूर का तिलक लगाते थे वह तीसरे नेत्र के खुलने का प्रतीक माना जाता। मैं हमेशा यह ख्याल रखती कि जब भी मंदिर जाऊँ तो मेरे माथे पर तिलक जरूर लगे।

अपनी हिंदू जड़ों के कारण मैं कर्म व पुनर्जन्म के सिद्धांत के साथ पली-बढ़ी। अधिकतर पूर्वी धर्म इन्हीं नियमों पर आधारित हैं जिनकी धारणा के अनुसार जीवन का उद्‌देश्य है कि अपनी चेतना को ऊँचा उठाना और जन्म व मृत्यु के प्रत्येक चरण के दौरान आध्यात्मिक रूप से इतने उन्नत हो जाना कि आत्मनियंत्रण के बिंदु तक पहुँचा जा सके। उस बिंदु तक पहुँचने के बाद हम जन्म और मृत्यु के चक्र से मुक्त हो जाते हैं। फिर हमें इस माँस-मज्जा से बनी देह में पुन: आने की आवश्यकता नहीं होती। इसी अवस्था को निर्वाण कहते हैं।

यही सब सोचकर मैं कई बार बहुत व्याकुल हो जाती और अपनी ओर से हमेशा यही प्रयास करती कि ऐसा कुछ न करूँ जिससे मेरे आनेवाले जीवन के लिए नकारात्मक कर्मों का संचय हो। यहाँ तक कि छोटी उम्र से ही मेरा दिमाग इन बातों पर बहुत गौर करने लगा था कि कौन से काम शुभ कर्म कहलाते हैं और कौन से काम बुरे कर्म? मैं अपनी सांस्कृतिक मान्यताओं द्वारा मिले मापदंडों के अनुसार सब कुछ संतुलित रखने की कोशिश करती रहती थी।

मेरे हिंदू धर्म ने मुझे यह भी सिखाया कि प्राय: मन के अशुद्ध विचारों को शुद्ध करने के लिए ध्यान व मंत्रजाप का सहारा लिया जाता है। ये हमें ज्ञान और आलोक की ओर ले जाने में सहायक होते हैं। ध्यान के माध्यम से हम यह जागरूकता प्राप्त कर सकते हैं कि हमारा अस्तित्व इस भौतिक स्वरूप के दायरे से कहीं विस्तृत है। इसलिए मैं ज्यों-ज्यों बड़ी होती गई यह जानती गई कि हम अपने शरीर की जैव रचना से कहीं अधिक और विस्तृत हैं।

2

अनेक धर्म, अनेक मार्ग

घर में सीखी गई हिंदू परंपराओं के विपरीत, मेरी आरंभिक शिक्षा एक कैथोलिक स्कूल में हुई, जिसे एक नन चलाती थीं। सात साल की उम्र तक मैं सांस्कृतिक व धार्मिक अंतरों से होनेवाले असर को समझने लगी। वह स्कूल एक पुरानी लेकिन सुंदर सी इमारत में था, जिसके तिमंज़िले पर एक सुंदर चर्च था, जिसकी छत गोलाकार थी। वह स्कूल मेरे घर से ज़्यादा दूर नहीं था, वहाँ आसानी से पैदल जाया जा सकता था।

स्कूल के पहले दिन, मैंने अपनी नई यूनीफॉर्म बहुत ही गर्व से पहनी। सफेद कमीज़ के साथ नीले रंग का कोट था, जिस पर स्कूल का लाल प्रतीक चिन्ह लगा हुआ था। जब मैंने स्कूल के मैदान में कदम रखा, तो बहुत अच्छा लगा क्योंकि वहाँ मुझे अपनी जैसी यूनीफॉर्म में और भी बहुत सारे बच्चे दिखे। जिसकी वजह से ऐसा लगा, मानो मेरा उन सबसे कोई जुड़ाव हो। हम हर रोज़ अपने दिन की शुरुआत ईश्वर के भजनों के साथ करते, जो मुझे यह बहुत अच्छा लगता।

मुझे स्कूल जाते हुए, करीब एक महीना हो गया था। एक दिन मेरे साथ पढ़नेवाले जोसेफ ने जानना चाहा, 'तुम्हारा परिवार रविवार को चर्च क्यों नहीं जाता?'

'क्योंकि हम कैथोलिक नहीं, हिंदू हैं और हम सोमवार शाम को मंदिर जाते हैं।' मैंने कहा।

'तुम्हें अपने माता-पिता से कहना चाहिए कि वे तुम्हें हर रविवार को प्रभू से प्रार्थना करने के लिए चर्च लेकर जाएँ, वरना जब तुम मरोगी तो वे लोग तुम्हें स्वर्ग में

कदम नहीं रखने देंगे।' जोसेफ ने मुझे बताया।

'क्या तुम यकीन से कह सकते हो?' मैंने उससे पूछा। 'क्योंकि अगर यह सच होता तो मेरे माँ और पापा को भी इस बारे में ज़रूर पता होता।'

'बिलकुल! मुझे पक्का पता है, तुम स्कूल में किसी से भी पूछ सकती हो। बेहतर होगा कि तुम बाइबिल स्टडीवाली अगली क्लास में सिस्टर मेरी से पूछ लो। वे तो सच जानती ही होंगी। वे जानती हैं कि गॉड क्या चाहता है!' उसने ज़ोर दिया।

जोसेफ मेरा एक अच्छा मित्र था। वह मेरा ख्याल रखता था और उसे चिंता थी कि कहीं मैं स्वर्ग जाने से रह न जाऊँ। मैं अपना सवाल सिस्टर मेरी के पास ले गई और उन्होंने भी यही कहा कि मुझे चर्च जाना चाहिए और बाइबिल पढ़नी चाहिए, अगर मुझे गॉड को खुश करना है तो यह सब करना ज़रूरी था। उन्होंने मुझे यह भी कहा कि अगर गॉड के शब्द समझने में मुश्किल हो तो वे मेरी मदद भी कर सकती है।

उसी दोपहर, जब मैं घर पहुँची तो मैंने तय किया कि माँ से सिस्टर मेरीवाली बात के बारे में पूछूँगी।

'माँ! मेरे स्कूल के दोस्तों और मुझे पढ़ानेवाली सिस्टर का कहना है कि अगर मैं मरने के बाद स्वर्ग जाना चाहती हूँ तो मुझे हर रविवार को चर्च जाना चाहिए और बाइबिल पढ़नी चाहिए।'

माँ ने कहा, 'नहीं बेटा! तुम्हें इस बारे में चिंता नहीं करनी चाहिए। तुम स्कूल में सबसे बस इतना ही कहो कि हम हिंदू हैं; अलग-अलग जगह के लोग अलग-अलग धर्मों और विश्वासों के साथ जीते हैं। जब तुम थोड़ी बड़ी हो जाओगी तो तुम हमारे धर्मग्रंथ और वेद आदि पढ़ोगी और यह भी सीखोगी कि जब हमारी मौत होती है तो हम नए हालात के बीच फिर से जन्म पाते हैं।'

'मुझे नहीं लगता कि मेरे स्कूल के बच्चे इस बात को आसानी से माननेवाले हैं।' मैंने मुँह फुलाकर कहा। 'ज़रा सोचो, अगर वे सच कह रहे हैं तो? वे सब तो गलत नहीं हो सकते ना! क्या स्कूल की सिस्टर भी सच नहीं जानतीं?'

माँ ने मुझे अपने पास खींचकर छाती से लगा लिया और बोलीं, 'बेटा! आप डरो मत। कोई भी सच नहीं जानता। यहाँ तक कि सिस्टर मेरी भी नहीं जानती : धर्म सत्य नहीं है। यह तो बस एक रास्ता है और अलग-अलग लोग विभिन्न रास्तों पर चलते हैं।'

हालाँकि उस समय के लिए तो मेरे मन से डर निकल गया लेकिन माँ के ये शब्द मेरे मन में आगे पैदा होनेवाले भय को वश में नहीं कर सके। समय के साथ-साथ, अपने साथियों के धर्म को स्वीकार न कर पाने की चिंता बद से बदतर होती चली गई।

मैं चाहती थी कि सिस्टर मेरी मुझसे कहें कि मैं हिंदू होकर भी स्वर्ग जा सकती हूँ पर मुझे उनसे यह दिलासा नहीं मिलनेवाला था। मैंने स्कूल में जो भी सीखा उससे यही जाना कि गॉड को न माननेवालों को दुर्भाग्य का सामना करना पड़ता है।

अगर कभी ईश्वर ने उस समय आने का मन बना लिया, जब मैं सो रही होंगी, तो? सिस्टर मेरी का कहना है कि ईश्वर हर जगह होते हैं और सब जानते हैं। इसका मतलब है कि वे यह भी जानते होंगे कि मेरा बपतिस्मा (ईसाइयों का नामकरण संस्कार) नहीं किया गया!

तो मैं रात को अकसर जागकर ईश्वर का इंतज़ार करती कि कहीं मैं सो गई और वे मुझे मेरे दुर्भाग्य के बारे में बताने आ गए तो क्या होगा?

मेरी माँ और पापा मेरी बेचैनी और रातों की पूरी नींद न ले पाने की परेशानी से चिंतित हो गए। जब उन्हें लगा कि मेरा यह भय समय के साथ घटने के बजाय बढ़ता जा रहा है, तो उन्होंने तय किया कि वे मेरा दाखिला किसी दूसरे स्कूल में करवा देंगे। आखिरकार आठ साल की आयु में मुझे आईलैंड स्कूल में डाल दिया गया।

छह इमारतों और आसपास के मैदानों के साथ, यह ब्रिटिश स्कूल, बोवन रोड के ऊपर हाँगकाँग की पहाड़ियों पर बसा था। यह स्कूल काफी हद तक धर्म निरपेक्ष था और यहाँ उन प्रवासी अंग्रेज़ों के बच्चे ही पढ़ते थे, जो या तो सरकारी कार्मचारी थे या नगर के निर्माण व विकास में सहायक बहुराष्ट्रीय कार्पोरेशन चलाते थे।

वह स्कूल अपने आपमें बेहद सुंदर और अपने ज़माने के माने हुए स्कूलों में से एक था। वहाँ विज्ञान तथा भाषा के लिए प्रयोगशाला के अलावा एक छोटा चिड़ियाघर, जिम और स्वीमिंग पूल भी थे। हालाँकि उस अंग्रेज़ियत के माहौल के बीच एक भारतीय छात्र होने के नाते मुझे लगातार संघर्ष करना पड़ा। मेरी कक्षा के अधिकतर बच्चे नीली आँखोंवाले गोरे थे जबकि मैं अपने गहरे रंग, मोटे व काले घुँघराले बालों के कारण अक्सर अलग ही पहचानी जाती।

मेरा मन इस तरह के विचारों से भरा रहता जैसे, काश मेरी कक्षा का सबसे शरारती लड़का बिली मुझे 'सांबो!' जैसे नामों से चिढ़ाना बंद कर दे। इसके अलावा,

जब भी किसी विशेष खेल के लिए विद्यार्थियों का चयन होता तो मुझे सबसे आखिर में चुना जाता। अन्य खेलों में भाग लेने के लिए तो कभी कोई पूछता ही नहीं था। जब मैं आसपास न होती तो दूसरे बच्चे मेरी किताबें व पेन वगैरह चुरा लेते।

ऐसे बरताव के कारण मैं खुद को अकेली, उदास और सबसे अलग-थलग पाती, लेकिन मैं किसी के सामने अपने मन का यह दु:ख ज़ाहिर न करती। मैं रात को अपने सोने के कमरे में तकिए में मुँह छिपाकर रोती। मैं नहीं चाहती थी कि मेरी माँ-पापा को यह बात पता चले कि बच्चे मुझ पर कैसे धौंस जमाते हैं क्योंकि मैं उनके लिए मुसीबत नहीं बनना चाहती थी। जो भी हो, वे एक बार मेरा स्कूल बदलवा चुके थे और ये कोई आसान काम तो नहीं था। इसलिए मैं यही दिखावा करती रही कि मैं स्कूल में बहुत अच्छी तरह से रहती हूँ और खुश हूँ।

इतना सब होने पर भी, एक दिन ऐसी घटना घटी जिसने मुझ पर बहुत गहरा असर डाला। असल में एक दिन मैं कैंटीन में अपने में ही मग्न बैठी दोपहर का खाना खा रही थी। उतने में ही बिली अपना खाना निबटाकर मेज़ से उठा और मेरे पास से तिरछा होते हुए निकल गया। उसने अपने हाथ में जूठी ट्रे उठा रखी थी और जान-बूझकर अपनी जूठन मेरे खाने पर गिरा दी।

यह दृश्य देखकर मेरे आसपास बैठे बच्चों के बीच हँसी के फव्वारे छूटने लगे। हो सकता है कि कुछ लोगों ने देखा भी हो कि बिली ने जान-बूझकर ऐसा किया है, लेकिन ऐसा लग रहा था कि जैसे उस कमरे में सभी मेरा मज़ाक उड़ा रहे हों।

इस घटना से मेरे अंदर गुस्सा सुलग उठा। अब पानी सिर से ऊपर आ चुका था और मेरी सारी सहनशक्ति जवाब दे चुकी थी। मैं सांबो कहलाने... टीम के लिए सबसे आखिर में चुने जाने... कड़वी बातें सुनने... और अपना सामान खोने से... तंग आ गई थी। अब मुझसे यह सब सहन नहीं हो रहा था।

मैं एक झटके से उठी, हाथ में स्वीट ऑरेंज सोडा का कप उठाकर बिली की ओर मुड़ी, जो मुझे देखकर लगातार दाँत फाड़ रहा था। मैंने सीधे उसकी आँखों में देखा और सारा ड्रिंक उसके सिर पर पलट दिया!

यह देखते ही एक बार फिर पूरी क्लास की हँसी छूट पड़ी, लेकिन इस बार उनके निशाने पर मैं नहीं थी। वे बिली को देख रहे थे, जिसके सिर से होते हुए चेहरे और कपड़ों पर चिपचिपा ऑरेंज सोडा बह रहा था। यह नज़ारा सचमुच देखने लायक था,

लेकिन मैं इतना डर गई कि हँस ही नहीं पाई। मुझे डर था कि अब वह मेरे साथ न जाने क्या करेगा।

बिली ने मुझे ऐसी गुस्से भरी आँखों से घूरा जैसे वह मुझे अंदर तक भेदकर रख देगा। मैं वहाँ और खड़ी नहीं रह सकी और झट से बाहर भागी। मैं बिजली की तरह कैंटीन से निकली और लड़कियों के बाथरूम में घुस गई। फिर खुद को एक टॉयलेट में बंद कर ज़ोर-ज़ोर से रोने लगी। मैं इसलिए रोई क्योंकि मैं जानती थी कि मैंने जो भी किया वह करना मेरा स्वभाव नहीं था। मैं तो बस यह चाहती थी कि किसी तरह वे मुझे अपने साथ शामिल कर लें। मुझे भी अपना हिस्सा बना लें और मुझे पसंद करने लगें। मैं अपनी त्वचा का रंग या जाति नहीं बदल सकती और इसीलिए मैं उस वक्त बहुत मायूस थी।

मैं जहाँ भी जाती हूँ वहाँ सबसे अलग-थलग क्यों दिखती हूँ? मैं किनसे संबंध रखती हूँ? मुझे ऐसा क्यों नहीं लगता कि मेरा भी किसी से जुड़ाव है? जब मैं उस छोटे से टॉयलेट में लगातार सुबकियाँ भर रही थी उस दिन मैं बस इन्हीं सवालों के जवाब पाना चाहती थी।

शुक्र है कि ज्यों-ज्यों उम्र बढ़ी और मैंने अपनी किशोरावस्था में कदम रखा तो मुझ पर धौंस जमानेवाले शांत हो गए। हालाँकि जहाँ एक ओर मेरे सहपाठियों को आज़ादी मिलने लगी थी, वहीं मैंने पाया कि मेरी माँ और पापा का अनुशासन पहले से भी कड़ा होता जा रहा था। खास तौर पर जब सहपाठियों के साथ शाम को कहीं बाहर जाने की बात आती और यदि उसमें लड़के भी शामिल होते तो माँ और पापा कभी हामी न भरते। हमारी संस्कृति में लड़कों के साथ बाहर जाना पसंद नहीं किया जाता इसलिए मैं कभी भी अपने सहपाठियों के साथ सप्ताह के अंत में होनेवाली स्कूल यूथ इवनिंग में हिस्सा नहीं ले पाती थी।

नतीजन, मुझे कभी उनसे जुड़ाव महसूस नहीं हुआ। जब भी साथ पढ़नेवाले बच्चे सप्ताह के अंत में हुई यूथ मीटिंग के नाच-गाने और किस्सों को याद करते हुए कहकहे लगाते तो मुझे लगता मानो, मैं उनसे कहीं पीछे छूट गई हूँ। फिर मैं उन्हें बड़ी जलन के साथ देखती और मेरा दिल चाहता कि काश मैं भारतीय न होती। मुझे अकसर इसी तरह अकेले रहना पड़ता। मेरा तकरीबन सारा वक्त अकेले रहते हुए पढ़ाई पर ध्यान लगाने में ही बीतता। मैंने इसी तरह अपनी ही दुनिया में न जाने कितने घंटे अकेले बिताए होंगे। इसीलिए बहुत कम दोस्त ही ऐसे रहे जिन्हें मैं अपनी नज़दीकी दोस्त कह

सकती थी।

मेरी माँ और पापा की कोशिश लगातार जारी रही कि वे मुझे अपनी संस्कृति में ढाल सकें। वे मुझे दूसरे भारतीय लोगों से बार-बार मिलवाते पर मेरी ओर से भी विरोध जारी था।

मैं वेदांत कक्षा में नहीं जाना चाहती। जब मैं तेरह साल की थी तो एक दिन मैंने अपनी माँ से कहा, 'वेदांत में हिंदू ग्रंथों का अध्ययन करवाया जाता था। माँ और पापा के जोर देने के कारण मुझे इन साप्ताहिक कक्षाओं में जाना पड़ता जहाँ मेरी भेंट दूसरे भारतीय छात्रों से होती।'

'अगर तुम वहाँ नहीं जाओगी तो तुम्हारे लिए सब कुछ बहुत मुश्किल हो जाएगा और जब तुम्हारी शादी होगी तो तुम्हें ज़्यादा दिक्कत होगी। तुम्हें पता होना चाहिए कि एक हिंदू होने का क्या मतलब होता है', माँ ने मेरे उलझे बालों को सुलझाते हुए कहा।

'पर मैं और अधिक भारतीय नहीं बनना चाहती! मैं अपने साथ पढ़नेवाले बच्चों जैसा बनना चाहती हूँ!' मैंने सोचा पर ज़ाहिर तौर पर उनसे यही कहा कि 'पर मैं अपने दोस्तों के साथ और स्कूल में पढ़नेवाले बच्चों के साथ बाहर जाना चाहती हूँ। उन्हें तो वेदांत कक्षा में नहीं जाना पड़ता!'

'तुम्हारे पिता और मैं चाहते हैं कि तुम इस कक्षा में भाग लो।' बस, बात खत्म! उन्होंने कहा।

मुझे अब भी पूरा यकीन नहीं था कि मैं एक हिंदू बनना चाहती हूँ या नहीं, लेकिन फिर भी एक अच्छी भारतीय लड़की की तरह, मैंने अपने माँ और पापा की बात का मान रखा। अपने भारतीय मित्रों के साथ अनेक वर्षों तक मैं वेदांत कक्षा में धर्म के सभी नियमों व रूपों को समझती रही। मैंने पाया कि वैदिक शिक्षाएँ अपने आपमें बहुत सार्थक व दिलचस्प थीं। हमारे टीचर प्राय: वाद-विवाद के लिए प्रोत्साहित करते जिसमें मैं बहुत निपुण थी। मैं कक्षा की लोकप्रिय सदस्या थी, जबकि अपनी स्कूल की कक्षा में मैं इससे ठीक विपरीत महसूस करती, जहाँ सबके बीच सहज बनने के लिए मेरा मन हमेशा तरसता था। ऐसा लगता था मानो, मैं दो-दो अलग ज़िंदगियाँ जी रही हूँ।

मैं अकसर ऐसा सोचती कि काश मैं इन सबको मिलाकर कुछ ऐसा कर पाती कि मैं जितनी लोकप्रिय भारतीय छात्रों के बीच हूँ अपनी कक्षा में भी उतनी ही लोकप्रिय

हो जाती। मेरे भारतीय सहपाठी मुझमें जो देखते हैं, स्कूल की कक्षा में साथ पढ़नेवालों को वह क्यों नहीं दिखाई देता?

उम्र बढ़ने के साथ-साथ मैं हिंदुत्व के अध्ययन के आध्यात्मिक पहलुओं की ओर खिंचती चली गई। मुझे भगवद् गीता और वेद पढ़ने में बहुत आनंद आया। मुझे कारण व प्रभाव, नियति बनाम इच्छा और ऐसे ही अन्य विषयों का अध्ययन करना बहुत पसंद आया। मैंने प्रार्थना की और ध्यान लगाना सीखा क्योंकि मैंने महसूस किया ऐसा करने से मेरे विचारों की शुद्धि होती है। भले ही मुझे अपनी संस्कृति के बहुत से विचार तार्किक नहीं लगते थे, जैसे महिलाओं का शोषण, उन्हें पुरुषों का दास समझना, उनकी इच्छा के विरुद्ध उनका विवाह करना वगैरह लेकिन फिर भी कुछ तो ऐसा था, जो मुझे समझ में आने लगा था। अब मैं समझने लगी थी कि ऐसी बेतुकी बातें वेदों में नहीं लिखी गई हैं।

संस्कृतियों व धर्मों से परिचित होने के बावजूद उनमें से कुछ भी ऐसा नहीं था जो आनेवाले वर्षों में मेरे काम आ सका हो। मैं कहाँ जानती थी कि आनेवाले समय में मेरे पिछले जीवन की सारी मान्यताएँ, धारणाएँ और दर्शन हवा में धूल के तिनकों की तरह उड़ते दिखेंगे और अपनी जड़ों तक हिल जाएँगे। हालाँकि, ऐसा होने से बहुत पहले ही जब मैं वयस्क अवस्था की ओर बढ़ रही थी तो अपनी संस्कृति व परंपराओं को चुनौती देने के साथ-साथ मैंने जीवन का संतुलन हासिल करने की तलाश भी शुरू कर दी थी।

3

असफल विवाह बंधन

अगले कुछ सालों में हमारी संस्कृति के अनुसार मेरी माँ और पापा लगातार मुझे उनकी पसंद के लड़के के साथ विवाह करने के लिए राज़ी करते रहे। इसके लिए वे समय-समय पर मुझे अपने दोस्तों व जानकारों के लड़कों से मिलवाने लगे। दरअसल मेरे पिता नहीं चाहते थे कि मुझे हाईस्कूल से ज़्यादा पढ़ाया जाए क्योंकि उन्हें डर था कि कॉलेज में पढ़ने से मैं और आज़ाद खयालातवाली हो जाऊँगी। उनका मानना था कि अगर ऐसा हुआ तो मेरे लिए एक आज्ञाकारी और विनीत गृहिणी बनना मुश्किल हो जाएगा। हमारे यहाँ माना जाता है कि कोई लड़की जितना कम पढ़ी-लिखी होगी और जितनी कम आयु की होगी विवाह के बंधन को वह उतनी ही आसानी से निभा सकेगी।

हालाँकि मेरे माता-पिता के लिए संसार में मेरी खुशी से बढ़कर कुछ नहीं था। वे अपनी ही बिरादरी के किसी लड़के से मेरा विवाह करवाना चाहते थे क्योंकि उन्हें लगता था कि इससे मैं हमेशा खुश रह सकूँगी जबकि मैं इसके ठीक विपरीत करना चाहती थी।

'पर डैड! मैं यूनिवर्सिटी जाना चाहती हूँ ताकि फोटोग्राफी और ग्राफिक डिज़ाईनिंग सीख सकूँ!' मैंने ज़ोर देकर कहा।

'अगर तुम घर के आस-पास ही कहीं कोई कोर्स करना चाहो तो मेरी ओर से मनाही नहीं होगी लेकिन मैं तुम्हें पढ़ाई के नाम पर घर से दूर नहीं जाने दूँगा!' मेरे पिता न जवाब दिया।

'पर डैड! आप अच्छी तरह से जानते हों कि यहाँ हायर एजुकेशन के लिए ऐसा कोई कॉलेज नहीं है जहाँ अंग्रेज़ी में पढ़ाई होती हो! इस वजह से आगे की पढ़ाई के लिए मुझे घर से दूर जाना ही होगा।' मैंने बहस करने के अंदाज में कहा।

'इसका तो सवाल ही पैदा नहीं होता। तुम अच्छी तरह जानती हो कि विवाह से पहले लड़कियों का इस तरह घर से दूर अकेले रहना बिलकुल मंजूर नहीं किया जाता।' उन्होंने अपना तर्क रखा।

पर तब तक मैं एक ऐसी युवती बन चुकी थी जिसकी अपनी एक सोच और एक ठोस राय थी। अपनी शिक्षा की वजह से मेरा नज़रिया पश्चिमी हो गया था इसलिए मैंने कहा, 'स्त्रियों व पुरुषों के लिए अलग-अलग नियम क्यों बनाए जाते हैं?'

'ये नियम नहीं हैं।' पिताजी ने मेरी गुस्ताखी पर चिढ़ते हुए कहा। 'बस सब कुछ अपने ही आचरण पर चलता है और तुम्हें तो गर्व होना चाहिए कि तुम्हारी परवरिश ऐसे ऊँचे सांस्कृतिक मूल्यों के बीच की गई है।'

मेरे पास अपने कुछ सपने थे जिन्हें पूरा करना बाकी था। लेकिन अब मुझे मन ही मन ऐसा लगने लगा कि शायद वे कभी पूरे न हो सकेंगे। मैं दुनिया देखना चाहती थी और शायद एक ट्रैवल फोटोग्राफर की तरह काम करना चाहती थी। मैं चाहती थी कि अपने कंधे पर झोला लटकाए यूरोप की सैर पर निकल पड़ूँ, पेरिस जाकर आइफिल टॉवर देखूँ, मिस्र के पिरामिडों का आनंद लूँ। मैं माचू-पिचू की ऊर्जा को अनुभव करना चाहती थी, स्पेन में पैला चखना चाहती थी और मोरक्को में टैगाइन का आनंद लेना चाहती थी। मैं कितना कुछ देखना, करना और महसूस करना चाहती थी; मैं जानती थी कि जिस दिन मैंने अरेंज़्ड मैरिज के लिए हामी भर दी उसी दिन मेरे ये सारे सपने पूरे हुए बिना ही कहीं दफन हो जाएँगे। हालाँकि उन्हीं दिनों मेरी दो निकटतम भारतीय सहेलियों ने हाईस्कूल की पढ़ाई पूरी कर, माता-पिता की मरज़ी से विवाह किया और ससुराल चली गईं। जिससे मेरे लिए अपनी बात पर डटे रहना और मुश्किल हो गया।

मैं अपने पिता के लिए परेशानी की वजह नहीं बनना चाहती थी इसलिए मैंने घर के पास ही एक स्थानीय फोटोग्राफी कोर्स में दाखिला ले लिया। इसके साथ ही, मैंने अपने माता-पिता के दिल को बहलाए रखा। जब भी वे मुझे किसी लड़के से मिलवाना चाहते तो मैं एक भावी वधू की भूमिका में आ जाती।

मुझे ऐसी ही एक घटना की याद आ रही है जब मुझे पारंपरिक पोशाक में तैयार होने को कहा गया ताकि हम उस लड़के से मिल सकें जो अपने परिवार सहित मुझे

देखने आ रहा था। हम लोग ओल्ड पीक रोड की पहाड़ी के पास बने एक औपनिवेशिक क्लब में मिल रहे थे।

मैंने गहरे गुलाबी रंग का रॉ-सिल्क का टॉप पहना और सिर पर उससे मेल खाती कढ़ाईवाला गहरा गुलाबी रंग का झालरवाला शॉल लपेट लिया ताकि ज़रा शालीन नज़र आऊँ। इसके साथ ही मैंने पेस्टल नीले रंग की रेशमी पैंट और पैरों में ऊँची एड़ियोंवाले गुलाबी पंप जूते पहन लिए।

वहाँ जाते समय कार में मैं खुद को लगातार वे सारी बातें याद दिलाती रही, जो वहाँ मुझे कतई नहीं बोलनी थी। मैंने खुद को याद दिलाया कि मुझे वहाँ इस बात का जिक्र भी नहीं करना है कि मुझे पारंपरिक भारतीय पोशाक की जगह जीन्स, स्नीकर्स या हाइकिंग जूते ज़्यादा आरामदेह लगते हैं। मुझे अपने पिछले अनुभवों से यह भी समझ में आ गया था कि किसी को यह नहीं पता लगना चाहिए कि मैं तीज-त्योहारों के अलावा साप्ताहिक दर्शन के लिए कभी मंदिर नहीं जाती। मैं जानती थी कि मुझे उनके सामने अपनी रुचियों को विस्तार से बताने से बचना होगा जैसे विचित्र उत्तेजक संगीत, कला व खगोलशास्त्र व तारों के अध्ययन से जुड़ी मेरी रुचि वगैरह। इसके साथ ही यह बताना भी उचित न होता कि मुझे कुदरत का साथ बहुत पसंद है। मैंने तय किया कि उन्हें अपनी भावी इच्छाओं व योजनाओं की भनक तक नहीं लगने दूँगी, जैसे मैं सारा अफ्रीका अपनी बाइक पर पार करना चाहती हूँ, पूरे यूरोप की सैर करना चाहती हूँ, मिस्र के पिरामिड देखना चाहती हूँ और ऐसी संस्थाओं के साथ सामाजिक कार्यकर्ता के रूप में काम करना चाहती हूँ, जो विकासशील देशों में पर्यावरण मित्र वैश्विक ग्रामों के निर्माण में जुटी हैं या एशिया के निर्धन राष्ट्रों में से किसी एक में लोगों के जीवन की दशाएँ सुधारने में लगी हैं।

नहीं, मैंने खुद को समझाया, मुझे याद रखना है कि इनमें से एक भी बात उनके कान में नही जानी चाहिए। मैंने मन ही मन खुद को याद दिलाया कि अपनी भावी सासू माँ की मौजूदगी में मुझे खास तौर पर यह बताना है कि अब मैं बिलकुल गोल चपाती बेल सकती हूँ। अधिकतर भारतीय घरों में आटे से बनी गोल रोटी पारंपरिक तौर पर मुख्य आहार के तौर पर खाई जाती है। इसे बेलने के लिए खास हुनर चाहिए ताकि आटे का पेड़ा पूरी तरह से गोल आकार ले सके। मैं जानती थी कि गोल रोटियों की बात सुनकर पूरे परिवार को बहुत संतुष्टि मिलेगी।

मैंने सच में सोचा था कि इन बातों का ध्यान रखने से बात बन जाएगी। इस बार

तो मैंने सारी बातों पर गौर कर लिया है इसलिए मुझे ऐसा लगा कि अब कुछ गलत नहीं हो सकता लेकिन जो सोचा था ठीक उसके विपरीत हुआ। मैंने अपना होमवर्क अच्छी तरह नहीं किया था, यह इस मुलाकात से साबित हुआ।

हम सभी औपनिवेशिक क्लब में पहुँचे। सभी वहाँ बैठे हुए थे, तभी वेटर ऑर्डर लेने आ गया। उनके पूरे परिवार ने चीज़-खीरा सैंडविच, चीज़ व प्याज़ पाई या ऐसे ही किसी शाकाहारी विकल्प का ऑर्डर दिया था। वे सभी शुद्ध शाकाहारी थे लेकिन इस बात की ओर मेरा ध्यान ही नहीं गया। मैंने उन लोगों ने क्या ऑर्डर किया है, यह देखे बिना ही अपने लिए ट्यूना सैंडविच (मछली का सैंडविच) का ऑर्डर कर दिया।

'मैं ट्यूना सैंडविच लूँगी', मेरे मुँह से ये शब्द पूरी तरह से निकले भी नहीं थे, उसी समय भावी सासू माँ ने ऐसे घूरा मानो वे मुझे अपनी आँखों से अंदर तक भेद कर रख देगी। इसके साथ ही उनके परिवार के बाकी सदस्यों ने भी मुझे उसी तरह घूरना शुरू कर दिया। जब वे सभी मुझे इस तरह घूरने लगे तो मुझे ऐसा लगा कि यह धरती फट जाए और मैं उसी समय उसमें समा जाऊँ!

मुझे अपनी भूल पर बहुत पछतावा हुआ, मैंने कैसी मूर्खतापूर्ण हरकत कर दी थी! मैंने न तो ध्यान दिया और न ही मुझे यह याद रहा कि वे लोग शाकाहारी भी तो हो सकते थे! मैंने खुद को बार-बार कोसती रही। जो भी हो, हमारी बिरादरी में यह सब इतना आम नहीं होता। वह प्रस्ताव, उस पहली मुलाकात के बाद आगे नहीं बढ़ सका।

हालाँकि एक बार इसी तरह जोड़े मिलाने के खेल में, एक जगह सगाई तक बात बन गई। एक युवक से केवल दो बार मिलने के बाद ही मुझे यह तय करना था कि मैं उससे विवाह करना चाहती हूँ या नहीं। यदि मेरा जवाब हाँ होता तभी हमें तीसरी मुलाकात की इजाज़त मिलती। वह लड़का लंबा, खूबसूरत और मृदुभाषी था। मैं उसकी ओर आकर्षित थी और यह महसूस कर सकती थी कि वह भी मेरे लिए ऐसे ही भाव रखता था। हम दोनों ही एक-दूसरे को बेहतर तरीके से जानने में दिलचस्पी ले रहे थे। जब हमने इस शादी के लिए मंज़ूरी दी तो हमारे माता-पिता की खुशी का ठिकाना नहीं रहा। यह धार्मिक समारोह, गुरु नानक मंदिर में संपन्न हुआ जिसमें हमारे परिवार व मित्र शामिल हुए। मंदिर महाराज यानी पंडित ने हम दोनों को आशीर्वाद दिया। हमारी संस्कृति में इस समारोह को 'मिसरी' कहते हैं, जिसे आप आम भाषा में 'सगाई' भी कह सकते हैं।

हमारी मिसरी दोपहर के समय हुई और शाम को एक बढ़िया भारतीय रेस्त्राँ में डिनर पार्टी आयोजित की गई। स्वादिष्ट भोजन व शराब के बीच नाच-गाने से खूब समाँ बँधा और हम दोनों पहली बार एक साथ नाचे। उस समय मैं बहुत ही खुश थी। अंततः ऐसा लग रहा था कि मैंने कोई गलत फैसला नहीं लिया है। मैं सबकी चहेती और प्रिय बननेवाली हूँ। मैंने मान लिया था कि इस दिन के बाद मेरा जीवन खुशियों के झूले में झूलनेवाला है।

बदकिस्मती से जब विवाह की तारीख पास आने लगी तो मुझे एहसास हुआ कि मैं ऐसी इंसान कभी नहीं बन सकूँगी जैसा बनने की उम्मीद मेरे भावी पति और ससुरालवालों को थी। मैं उनकी उम्मीदों पर खरी उतरते हुए एक अच्छी पत्नी या बहू नहीं बन सकती थी क्योंकि मैं उस पारंपरिक ढाँचे में खुद को ढाल नहीं सकती थी। लेकिन इन बातों का एहसास मुझे अपनी सगाई के लिए हामी देने से पहले क्यों नहीं हुआ? मुझे इस तथ्य को ध्यान में रखना चाहिए था कि यह एक अरेंज़्ड मैरिज है और इसमें आपसे कुछ विशेष अपेक्षाएँ भी रखी जाती है। चूँकि विवाह तय हो चुका था इसलिए इसे तोड़ने का तो सवाल ही पैदा नहीं होता था। अब यह दो व्यक्तियों की नहीं, दो परिवारों की प्रतिष्ठा का प्रश्न था।

जब मेरी उस इंसान से सगाई हुई तो मैंने सोचा था कि इस दौरान मैं खुद को उसके तथा उसके परिवार के हिसाब से बदल लूँगी। मैंने ऐसी स्त्री बनने के लिए बहुत प्रयास किया, जिसे वे गर्व से अपनी पत्नी और घर की बहू कह सकें। मगर दुःख से कहना पड़ता है कि मैं उनकी उम्मीदों पर खरी नहीं उतर सकी। मैं उन्हें किसी भी हाल में खुश रखना चाहती थी लेकिन अपनी बेचैनी और अपने सपनों को साकार करने की धुन की वजह से मेरे लिए अपने पारंपरिक कर्तव्यों पर टिके रहना बहुत मुश्किल होता चला गया।

मैंने उस दौरान खुद को मायूसी से घिरे हुए पाया। मैं यही सोचती रहती यह सब मेरे लिए इतना मुश्किल क्यों है? मुझमें क्या कमी है? बाकी लोग तो यह सब बहुत आसानी से कर लेते हैं। मेरी सारी सहेलियाँ तो आराम से सगाई करके विवाह कर रही हैं! तो फिर मैं ही इस विचार के साथ इतना क्यों जूझ रही हूँ? मैंने खुद को नाकारा और कमज़ोर महसूस किया। ऐसा लग रहा था जैसे मैं नाकाम हो चुकी हूँ।

आखिरकार मैंने इस हकीकत को स्वीकार करने के लिए खुद को राज़ी कर लिया कि उन लोगों को जिस तरह की बहू की तलाश है मैं वैसी स्त्री कभी नहीं

बन सकती थी। मैं अपनी नाकामी कबूल करने को तैयार थी क्योंकि मेरे लिए अब अपने भावी पति का और उसके परिवारवालों का सामना करना बहुत ही मुश्किल होता जा रहा था।

मैं बहुत डरी हुई थी - इतना डरी हुई थी कि किसी के सामने मुँह तक नहीं खोल पा रही थी। मुझे डर था कि वे लोग न जाने कैसी प्रतिक्रिया देंगे। पहले मैं विवाह करने के नाम से डर रही थी और अब उसे तोड़ने के नाम से।

मुझे पता था कि मैं अपने भावी पति और ससुरालवालों की इच्छाओं को कभी पूरा नहीं कर सकूँगी। उस समय तक मैं जो भी कर रही थी, मेरा खान-पान, मेरा पहनावा और मेरा व्यवहार वह एक छल या दिखावे के अलावा कुछ नहीं था। मेरा सारा जीवन एक ऐसी स्त्री बनने में ही बीत जाता जो मैं थी ही नहीं। मैं जानती थी कि मैं कभी इस खेल में सफल नहीं हो सकती और मुझे अपने सपने, आशाएँ और उम्मीदें पूरी करने का भी कोई अवसर नहीं मिलेगा।

इस सारी कशमकश के दौरान मैंने अपने माता-पिता को नहीं बताया कि मैं कैसा महसूस कर रही थी या मेरे मन में क्या चल रहा था क्योंकि मैं नहीं चाहती थी कि वे मुझे अपने लिए एक मुसीबत मानने लगें। मैंने सब कुछ अपने अंदर ही छिपाए रखा। मैं बहादुरों की तरह हँसते-मुस्कराते हुए इस तरह पेश आती रही जैसे कुछ ही समय में शादी करनेवाली किसी ऐसी लड़की को पेश आना चाहिए। मैंने अपने मन की बात किसी से नहीं कही क्योंकि मैं अपने भावनात्मक भय व पीड़ा का भार दूसरों के कंधों पर नहीं डालना चाहती थी।

लेकिन यह भी सच था कि अब मैं उस मोड़ पर आ गई थी जिसके बाद कुछ और सहन करना मेरे बस में नहीं रहा था। इसलिए शादी से कुछ ही समय पहले, एक दिन शाम को मैं माँ के पास गई और फूट-फूटकर रो दी।

'माँ! मुझे माफ कर दो!' मैं रोने लगी, 'मुझसे नहीं होगा। ये सब मुझसे नहीं होगा।'

मैं यह देखकर हैरान रह गई कि माँ ने मुझे फौरन गले से लगा लिया और बोलीं, 'मेरी प्यारी बिटिया! रोना बंद करो। बस यह बताओ कि ऐसा क्या है जो तुम्हें भीतर ही भीतर खाए जा रहा है?'

'माँ! मैं इस शादी के लिए बिलकुल तैयार नहीं हूँ। मेरे कुछ सपने हैं, मैं दुनिया की सैर करना चाहती हूँ और कई अलग तरह के काम करना चाहती हूँ। मुझसे यह

ख्याल सहन नहीं हो रहा कि एक बार शादी हो जाने के बाद मुझे वह सब काम करने की आज़ादी कभी नहीं मिलेगी जो मैं दिलोजान से करना चाहती हूँ।'

मैंने अपनी उन गहरी सुबकियों के बीच वह सब कुछ कह दिया, जो मैं कहना चाहती थी। मैंने अपने सारे विचार, अपने डर, अपने सपने, उम्मीदें और इच्छाएँ उनके सामने कह दीं।

माँ ने मुझे अपने से सटाया और दिलासा देते हुए कहा कि वे मुझे किसी ऐसे काम के लिए मजबूर नहीं करेंगी जो मैं नहीं करना चाहती। उन्होंने मुझसे इस बात के लिए माफी माँगी कि वे मेरे डर को पहले नहीं पहचान सकीं और एक माँ होने के बावजूद वे मेरे मन की दशा क्यों नहीं समझ सकीं। उन्होंने कहा कि उन्हें मेरे डैड से बात करनी होगी पर साथ ही यह भी कहा कि मुझे डरने की कोई ज़रूरत नहीं है क्योंकि वे मेरे हर फैसले में मेरा साथ देंगी।

मुझे लगा मानो, मन पर रखा कोई सालों पुराना भारी बोझ हलका हो गया हो।

फिर मैंने वही सब बातें अनूप से भी कहीं जो माँ से कही थीं। उसने कहा, 'अनीता! चिंता मत करना। मैं हमेशा तेरे साथ हूँ। काश! तूने अपने मन की बात हमसे पहले कह दी होती। कम से कम तुझे इस तरह अपने दु:ख के साथ जूझना तो न पड़ता।

'पर मुझे एहसास तक नहीं था कि सगाई होने के बाद भी मेरे पास शादी करने के अलावा कोई और विकल्प है।' मैंने रोते-रोते कहा।

हालाँकि मेरे परिवार के अलावा हमारी बिरादरी में किसी ने भी इस खबर को ठीक से नहीं लिया। संबंधी, परिवार के दूसरे सदस्य, भावी ससुराल के सदस्य और हमारी बिरादरी के दूसरे लोग यह खबर सुनकर उदास और मायूस हुए और कइयों को तो बहुत गुस्सा भी आया। वे मुझसे मिलने आए और अपनी ओर से हर जतन किया कि मैं इस शादी के लिए मान जाऊँ। उन्होंने मुझे समझाया कि 'मैं जो भी महसूस कर रही हूँ वह सब एक आम बात है और बाद में सब कुछ ठीक हो जाएगा। इसलिए चाहे जो भी हो मुझे शादी तोड़नी नहीं चाहिए।' उन्होंने मुझे यह यकीन दिलाना चाहा कि अगर मैंने यह सगाई तोड़ी तो फिर हमारी बिरादरी का कोई भी लड़का मुझसे शादी नहीं करना चाहेगा। मेरा नाम बदनाम हो जाएगा और कोई भी परिवार अपने बेटे को मेरे पास आने तक नहीं देगा।

उन्होंने मुझे समझाना चाहा कि मेरे आदर्श बेबुनियाद है और एक स्त्री के लिए तो ये आदर्श बिलकुल भी मायने नहीं रखते। मुझे बताया गया कि मेरी उम्मीदें बहुत

ऊँची हैं और शायद मैं अपनी पसंद का लड़का कभी न खोज पाऊँ! इसलिए अपनी उम्मीदों का स्तर घटाओ, एक आज्ञाकारी पत्नी और बहू बनो। इसी से तुम्हारा जीवन सुंदर व बेहतर होगा।

जब मैं अपनी बात पर डटी हुई थी तब उस समय दूसरों के दिल को ठेस पहुँचाने के कारण मुझे बहुत पछतावा हो रहा था। जब मैंने सुना कि लोग मेरे बारे में कैसी-कैसी बातें कर रहे हैं, तो मुझे अपने इस फैसले पर बहुत दुःख हुआ। साथ ही मुझे अपने आनेवाले कल को लेकर थोड़ी चिंता भी होने लगी। लोगों ने कहा कि मुझे किसी की परवाह नहीं है, मैं बिगड़ गई हूँ और मेरे माता-पिता ने मुझे अच्छी परवरिश नहीं दी है। अन्य कुछ लोगों ने यह भी कहा कि एक लड़की होकर भी मैं इतनी बड़ी-बड़ी बातें इसलिए करती हूँ क्योंकि शायद मैं अपने बारे में कुछ ज़्यादा ही ऊँची राय रखती हूँ। मैंने खुद को बहुत बुरे हालात में पाया। मुझे उदासी ने घेर लिया। अब मैं अपनी बिरादरी के लोगों से बिलकुल मिलना-जुलना नहीं चाहती थी। मुझे हर चीज़ पर पछतावा था; सगाई करने से लेकर उसे तोड़ने तक मैंने जो भी किया अपने मंगेतर और उसके परिवार के दिल को ठेस पहुँचाने के लिए अपने परिवार का दिल दुखाने के लिए, एक अच्छी घरेलू भारतीय लड़की न बन पाने के लिए। दरअसल मुझे अपने से जुड़ी हर चीज़ के लिए पछतावा था।

मैं ही हमेशा माफी क्यों माँगती रहती हूँ? मुझे केवल अपने होने के लिए माफी क्यों माँगनी पड़ती है? मैं समझ नहीं पा रही थी कि मेरे साथ ही यह सब क्यों होता है? मुझे जिस तरह बार-बार अपनी सफाई देनी पड़ती और अपने आसपास के लोगों से जूझना पड़ता, वह सब सहन करना आसान नहीं था।

इस तरह शादी से ठीक कुछ दिन पहले जब सारी खरीदारी हो चुकी थी, सारे भुगतान हो चुके थे, उपहारों के ढेर लग चुके थे, दुनिया के अलग-अलग हिस्सों से मेहमान, रिश्तेदार और दोस्त आने को तैयार थे - वहाँ से मैं भाग गई। मैं अपने कुछ पुराने दोस्तों से मिलने के लिए भारत और यू.के. के दौरे पर निकल आई। मैं बस वहाँ से ओझल हो जाना चाहती थी। मैं अपनी बिरादरी के लोगों से तब तक दूर रहना चाहती थी, जब तक सब कुछ शांत न हो जाए क्योंकि मैं अपनी भावनाओं के सिवाय किसी दूसरे से कोई लेन-देन नहीं रखना चाहती थी। सबसे पहले तो मुझे खुद को ही सँभालना था। मैं जानती थी कि मेरे जीवन का अगला दौर बिलकुल भी आसान नहीं होगा।

4

मेरा सच्चा प्यार

जब मैं हाँगकाँग अपने घर लौटी तो अपनी भारतीय बिरादरी में घुलने-मिलने से कतराने लगी क्योंकि मुझे लगता था कि मैं सामाजिक तौर पर पूरी तरह से बेमेल हूँ। मैंने अपना पूरा ध्यान अपने करियर में लगा दिया ताकि कुछ आज़ादी हासिल कर सकूँ।

एक दिन मैंने चिल्लाते हुए घर में कदम रखा, 'मुझे नौकरी मिल गई!' डैड वहीं अपनी प्रिय आरामकुर्सी पर बैठे शाम की खबरें देख रहे थे।

उस नियुक्ति के बारे में मेरी एक दोस्त ने मुझे बताया था क्योंकि उसे लगा था कि वह नौकरी मेरे लिए बिलकुल उपयुक्त होगी। वह एक फ्रांसीसी कंपनी थी जो सारे एशिया में फैशन से जुड़ी सहायक सामग्री मुहैया करवाती थी। मुझे वहाँ सेल्स मैनेजर का पद मिला जहाँ मुझे उत्पादों का प्रचार करते हुए, थोक माल के ऑर्डर पूरे कराने थे। इस काम में पड़ोसी देशों की यात्रा भी शामिल थी। मुझे बिक्री या वितरण के काम में कोई दिलचस्पी तो नहीं थी लेकिन मैं यह जानकर बहुत उत्साहित थी कि मुझे काम के सिलसिले में दूसरे स्थानों की यात्रा करने व थोड़ी आज़ादी पाने का मौका मिल सकता है।

'बहुत अच्छे बेटा! मुझे पता था कि तुम्हें यह नौकरी जरूर मिलेगी।' डैड मेरी ओर मुड़ते हुए खुशी से दमके।

'ज़रा इसके बारे में खुलकर बताओ। तुम्हें काम पर कब से जाना होगा, किसे

रिपोर्ट करना होगा, कौन-कौन सी जिम्मेदारी उठानी होगी?'

'मुझे अगले माह की पहली तारीख से काम पर जाना है। मैं बहुत खुश हूँ। मुझे रीज़नल एक्सपोर्ट मैनेजर को रिपोर्ट करना होगा। यह ऐसा पद है जिसमें आनेवाले समय में तरक्की मिलने के पूरे आसार हैं। अगर मैं अपने बॉस का भरोसा जीत पाई और उनका व्यावसायिक लक्ष्य पूरा करने में मदद कर सकी, तो वे मुझे स्वतंत्र रूप से कुछ इलाकों की जिम्मेदारी दे देंगे जिनका काम मुझे अकेले ही सँभालना होगा।'

'मतलब?' अब डैड के सुर की बेताबी थोड़ी घट चुकी थी।

'इसका मतलब है कि मुझे आसपास के इलाकों और देशों में जाने का भी काम मिल सकता है!'

'बेटा! वैसे तो मुझे तुम पर बहुत गर्व है पर मैं तुम्हें एक बात याद दिलाना चाहता हूँ कि जब तक तुम्हें अपने लिए एक अच्छा पति नहीं मिल जाता, यह नौकरी सिर्फ तब तक के लिए समय बिताने का एक साधन भर है। मैं नहीं चाहता कि तुम अपने करियर में इतनी रम जाओ कि फिर तुम शादी ही न करना चाहो। तुम्हारी माँ और मैं अभी तक यही आस लगाए बैठे हैं कि तुम्हें एक बहुत अच्छा घरबार मिल जाए।'

'ओह! डैड, आप मेरी खुशी पर पानी मत फेरिए। मैं इस नौकरी को लेकर बहुत उत्साहित हूँ।'

'हाँ, मैं जानता हूँ। वैसे आजकल के लड़के इस बात का बुरा नहीं मनाते कि उनकी पत्नियाँ भी नौकरी करती हैं। दरअसल मैं तुम्हें मायूस नहीं करना चाहता, लेकिन कहीं ऐसा न हो कि आगे चलकर तुम्हारा भावी पति तुम्हारी नौकरी को और दूसरे देशों में जाने की तुम्हारी जिम़्मेदारी को मंज़ूरी न दे। बस मुझे इतना ही कहना था। लेकिन तुम भी ठीक कह रही हो - हमें अभी से आनेवाले कल की चिंता नहीं करनी चाहिए। आज तो हमें तुम्हारी कामयाबी का जश्न मनाना चाहिए!'

'माँ कहाँ हैं? मैं उन्हें भी यह खुशखबरी सुनाना चाहती हूँ। फिर मैं आप दोनों को डिनर पर लेकर जाऊँगी, ये पार्टी मेरी ओर से होगी - माई ट्रीट!' मैंने ज़ोर से कहा और फोन की ओर चल दी ताकि अपने भाई अनूप को भी जल्द से जल्द यह खबर सुना सकूँ।

आखिरकर, मेरे जीवन में स्थिरता आने लगी। मुझे सामाजिक व आर्थिक

आज़ादी मिलने लगी।

मेरे माता-पिता ने कई सालों तक मेरे लिए अच्छा वर तलाशने का सिलसिला जारी रखा, पर धीरे-धीरे उन्हें एहसास होने लगा कि वे एक हारी हुई लड़ाई लड़ रहे हैं।

उनकी ये कोशिशें कई बार मुझे कुंठित कर देतीं थी क्योंकि वे अब भी समझ नहीं पाते थे कि हमारी बिरादरी की चारदीवारी के भीतर, मुझे उपयुक्त नहीं माना जाता और सगाई टूटने के बाद तो मेरी बदनामी भी बहुत हुई थी। मैं जानती थी कि मेरी बिरादरी के लोग मुझे एक तेज़ मिजाज़ की विद्रोही, आदर्शवादी, ज़िद्दी और अपनी ही धुन में चलनेवाली लड़की के तौर पर देखते हैं। किसी भी स्त्री के लिए ये सब आवश्यक गुण नहीं कहे जा सकते। इन सबके बावजूद मेरे माता-पिता के मन में एक आस बँधी हुई थी कि अगर वे मुझे किसी अच्छे लड़के से मिलवा सके तो मैं उसके लिए बदल जाऊँगी और एक घरेलू लड़की बनकर ज़िंदगी जी सकूँगी।

इस दौरान, फ्रेंच कंपनी में मेरा करियर आगे बढ़ने लगा और मैं काम के सिलसिले में पड़ोसी देशों की यात्रा भी करने लगी। हालाँकि मैं अब भी हाँगकाँग में अपने माता-पिता के साथ ही रहती थी पर मुझे काफी हद तक वह आज़ादी मिल गई थी जिसकी मैं जाने कब से तलाश कर रही थी और इस तरह मुझे दुनिया के अलग-अलग हिस्सों से विभिन्न लोगों से मिलने का अवसर मिलने लगा। धीरे-धीरे, ज़िंदगी एक बार फिर से खूबसूरत दिखने लगी। दरअसल जब मैं अपनी बिरादरी की चारदीवारी से बाहर होती तो खुद को बड़ी प्रसन्न, लोकप्रिय और कामयाब महसूस करती। मुझे अपने जीवन के इस पक्ष से बहुत लगाव था - इससे जुड़े लोग, मेरा काम और इसमें शामिल यात्राएँ! भारतीय पारंपरिक गृहिणी की भूमिका मुझे बिलकुल आकर्षित नहीं करती थी। उसकी तो मेरे दिमाग में दूर-दूर तक कोई छवि थी ही नहीं। मेरे पास जो भी था उसे त्यागने में मुझे कोई तुक दिखाई नहीं देती था इसलिए मैं माता-पिता द्वारा अच्छा वर तलाशने की कोशिशों को लगातार टालती चली गई।

लेकिन न जाने क्यों मन ही मन हमेशा एक अधूरेपन का एहसास भी था। ऐसा लगता था कि मैं उस मापदंड तक पहुँचने में असफल रही हूँ जिसे पाने की मुझसे आस रखी जाती है। यही अधूरी ख्वाहिश चौबीसों घंटे दिमाग में इस तरह छाई रहती कि मैं खुद को कभी आरामदेह या पूरी तरह से खुश महसूस नहीं कर पाती। जैसे मेरी खुशी में कहीं कोई कसर बाकी हो। जैसे कहीं न कहीं मेरे अंदर ही कोई खोट या कमी हो...।

वे 1992 के आखिर के दिन थे, जब एक दिन अचानक मेरी मुलाकात उस इंसान से हुई, जो आगे चलकर मेरे पति बने। हालाँकि पहली मुलाकात के दौरान ऐसा नहीं लगा था कि वे मेरे लिए एक अच्छे पति साबित होंगे। हमारी पहली मुलाकात एक दोस्त के माध्यम से अचानक ही हुई।

मैं सप्ताह के अंत में दिए जानेवाले बिक्री रिकॉर्ड को तैयार करने में जुटी थी कि अचानक मेरी दोस्त नैना का फोन आया। नैना हाँगकाँग में तो नहीं रहती थी पर उन दिनों वहाँ आई हुई थी और ऑफिस के बाद हमारी मुलाकात होनेवाली थी। उसने फोन पर मुझसे पूछा, 'क्या तुम डैनी मूरजानी नाम के लड़के को जानती हो?'

'नहीं, मैं तो कभी किसी डैनी मूरजानी से नहीं मिली।' मैंने जवाब दिया। 'क्यों पूछ रही हो? कौन है वह?'

'वह बड़ा ही प्यारा सिंधी लड़का है। मैं उससे पिछले साल गरमियों में, न्यूयॉर्क में मिली थी। वैसे उसका कामकाज हाँगकाँग में ही है और वह यहीं रहता है। मैं हैरान हूँ कि तेरी आज तक उससे मुलाकात नहीं हुई।' उसने कहा।

'तुम तो मुझे जानती ही है। मैं अपनी बिरादरी के लोगों से ज़रा दूर ही रहती हूँ, खास तौर पर सगाई तोड़ने के बाद से तो मैं इन लोगों से कतराकर निकल जाती हूँ। वैसे भी हाँगकाँग में ऐसे बहुत से सिंधी हैं, जिनसे मेरी कभी मुलाकात नहीं हुई और इसमें कोई हैरानीवाली बात नहीं है।' मैंने जवाब दिया।

'ठीक है, ठीक है, तो फिर आज मिल लेना। मैंने उसका पता लगा लिया है और उसे आज शाम मिलने के लिए बुलाया है।'

उस रात, जब मैं और नैना, शहर के बीचों-बीच स्थित एक आलीशान बार एंड लाउंज 'क्लब 97' में पहुँचे। वहाँ मैंने उस आदमी को दूर से ही पहचान लिया, जबकि हम दोनों पहले कभी नहीं मिले थे। वह वहाँ बंद गले का मैरून स्वेटर और काली पैंट पहने खड़ा था। हमारे लाउंज के अंदर कदम रखते ही उसने हमें देखा। वैसे तो वह वहाँ नैना से मिलने आया था पर मैंने देखा कि ज्यों-ज्यों हम उसकी ओर बढ़ रहे थे, उसकी नज़रें मुझ पर ही जमती जा रही थीं। मेरी सहेली ने उसका अभिवादन किया, लेकिन वह मुझे ही ताके जा रहा था और ज्यों ही हमारी नज़रें मिलीं, ऐसा लगा जैसे हम न जाने कब से एक-दूसरे को जानते हैं। ये एहसास अपने आपमें बहुत सुखद था। मुझे अच्छी तरह से पता था कि वह भी ऐसा ही कुछ महसूस कर रहा था। और फिर हमारे

बीच बातचीत होने लगी।

हम दोनों ने एक-दूसरे से कई स्तरों पर जुड़ाव महसूस किया और शाम बीतते-बीतते हम एक-दूसरे को अपने-अपने फोन नंबर दे चुके थे। जब डैनी ने मुझे अगले ही दिन फोन किया तो मैं खुशी और हैरानी से भर गई। उस रात हम डिनर के लिए गए। वे बहुत ही रोमानी स्वभाव के थे, वे मेरे लिए फूल लाए और बहुत प्यारे से रेस्त्राँ 'जिम्मीज़ किचन' में खाने के लिए ले गए, जो आज भी हम दोनों का प्रिय रेस्त्राँ है।

हालाँकि, आनेवाले सप्ताह में हमारा आपसी मेल जितना बढ़ा, मैंने खुद को उतना ही उदासीन पाया। दरअसल मुझे अपने भीतर से उठ रहे सहज स्वर पर भरोसा ही नहीं हो रहा था। उनका साथ बहुत ही जोशीला व आनंददायक था। मैंने एक लंबे अरसे से ऐसा कुछ भी महसूस नहीं किया था, इसलिए मैं थोड़ी डरी हुई थी। मेरे डर का एक और कारण उनका सिंधी होना भी था। मैं अपनी ही बिरादरी के एक युवक के साथ कोई जुड़ाव नहीं रखना चाहती थी, कम से कम उस समय तो मुझे ऐसा ही लगता था ... और आनेवाले समय में क्या होनेवाला है, इस बारे में मुझे कुछ पता नहीं था।

मैं अच्छी तरह जानती थी कि भारतीय बिरादरी में विवाह करने का मतलब था, लड़के के पूरे परिवार से विवाह करना। हमारे यहाँ शादी दो व्यक्तियों का नहीं, बल्कि उसमें दो परिवारों का मिलन होता है। मैं एक बार फिर उसी माहौल में जाने से कतरा रही थी, जिस पर मैं एक बार पछता चुकी थी। मैं सिर्फ किसी आदमी से विवाह करना चाहती थी, उसके पूरे परिवार से नहीं और चूँकि मैं अपनी बिरादरीवालों को अच्छी तरह से जानती थी इसलिए मेरा डरना स्वाभाविक भी था। मुझे डर था कि उनके परिवारवाले मेरे बारे में क्या सोचेंगे। क्या एक बार फिर से वही हालात दोहराए जाएँगे? क्या उनका परिवार मेरे बीते कल के बारे में जानता है? अगर उन्हें पता चला कि एक बार मेरी सगाई टूट चुकी है तो कहीं वे मुझे नकार तो नहीं देंगे? मैं इस बात को लेकर निश्चिंत कैसे होती कि वे भी मुझसे वही सब अपेक्षाएँ नहीं रखेंगे, जो अकसर हमारी बिरादरी के पुरुष अपनी पत्नियों से रखते हैं? मैं एक बार फिर से आहत नहीं होना चाहती थी और न ही यह चाहती थी कि मेरी ओर से किसी के दिल को ठेस लगे।

लेकिन डैनी ने बहुत धीरज से काम लिया। उन्होंने मुझे अपना मन बनाने के लिए भरपूर समय दिया। मुझे उनकी यही खूबी बहुत भाई। उनका साथ बहुत प्यारा था। उन्होंने मुझे इतना प्यार दिया जितना मैंने अपने जीवन में कभी नहीं पाया था। मेरे दिल

और दिमाग के बीच जंग छिड़ी हुई थी और मेरा दिल जीत रहा था।

ज्यों-ज्यों हम एक-दूसरे को जानने लगे, मुझे एहसास होने लगा कि डैनी बहुत हद तक मेरी तरह थे। वे हमारी बिरादरी के अन्य पुरुषों की तरह नहीं थे। उनका जन्म भी हाँगकाँग में हुआ और वे अंग्रेज़ी स्कूल में पढ़े-लिखे। वे हमारे अनेक रिवाज़ों को नहीं मानते थे, खास तौर पर स्त्रियों व विवाह से जुड़ी मान्यताओं पर उनका विश्वास नहीं था। उन्होंने हमेशा पूरे मन से मुझे अपना स्नेह दिया और उनका यह प्रेम सभी शर्तों से परे और नि:स्वार्थ था। पहली बार मैंने यह दबाव महसूस नहीं किया कि मुझे किसी पुरुष का दिल जीतने के लिए किसी खास ढंग से पेश आना है या उसके हिसाब से चलना है।

डैनी को हँसी-मज़ाक करना बहुत अच्छा लगता है। मुझे उनकी यह खूबी भी बहुत पसंद आई। वे बहुत आसानी से हँस देते जिसका असर उनके आसपास के लोगों पर भी पड़ता और वे भी उन्हीं की तरह हँसना-मुस्कुराना शुरू कर देते। इस तरह हमारी मुलाकातें बेहद मज़ेदार रहतीं। मानो उन्हें पता होता कि मुझे किस समय फोन करना है और किस वक्त क्या कहना है। वे बहुत ही सौम्य, मज़बूत और प्रेरक किस्म के इंसान थे। शायद इसीलिए मैं उनकी दीवानी हुई जा रही थी।

हालाँकि अब भी मुझे यही लगता था कि यह सब केवल कुछ ही समय की बात है, इसके बाद उन्हें मेरी कमियों का पता लग जाएगा और वे मुझसे मायूस हो जाएँगे। लेकिन ऐसा कभी नहीं हुआ। डैनी का प्यार एक पल के लिए भी कम नहीं हुआ। वे केवल मेरा हाल जानने के लिए भी फोन कर लेते और खास मौकों पर तोहफे और फूल भेजा करते। वे दूसरे पुरुषों की तरह नहीं थे। उन्हें मेरी आज़ादी से प्यार था और मेरी रुचियों, सपनों व महत्वाकांक्षाओं से भयभीत होने के बजाय, उन्हें मेरे वे प्रसंग सुनने में मज़ा आता था कि मैं कैसे अपने माता-पिता की ओर से शादी के लिए खोजकर लाए गए प्रस्तावों को टाल देती थी। उन्हें मेरी यही खूबियाँ भाती थीं। वे मेरे उसी रूप को सराहते थे, जैसी मैं थी और स्वीकृति की उनकी यह भावना मेरे लिए बहुत ही नई और तरोताज़ा कर देनेवाला अनुभव थी।

डैनी ने यूनिवर्सिटी से व्यवसाय में स्नातक (ग्रेजुएशन) की उपाधि ली थी। जैसा कि हमारी बिरादरी में होता है, उनके पिता एक कंपनी के मालिक थे और इकलौता बेटा होने के नाते वह कंपनी डैनी को ही सँभालनी थी।

उस समय, मेरी नौकरी के कारण हाँगकाँग से बाहर के कुछ दौरे भी होते रहते

थे। चूँकि डैनी भी पिता का व्यवसाय सँभाल रहे थे इसलिए वे अकसर मेरे दौरे के साथ ही उस इलाके में अपने लिए कोई काम निकाल लेते और मुझे अकसर घर से दूर भी उनका प्यार और सुरक्षा मिल जाया करती।

एक शाम हम हाँगकाँग द्वीप पर मेरे प्रिय समुद्री तटों में से एक 'डीप वाटर बे' पर टहल रहे थे। मैंने डैनी से पूछा कि क्या वे मेरी पिछली सगाई के बारे में कुछ जानते हैं या उन्हें पता है कि बिरादरी के लोग मेरे बारे में कैसी बातें करते हैं? हमने इस बारे में पहले कभी बात नहीं की थी इसलिए मुझे उनसे पूछने में थोड़ा डर भी लग रहा था। मैं पूरे यकीन से नहीं कह सकती थी कि इस बारे में पहली बार पता लगने पर वे कैसा महसूस करेंगे।

'हम्म', उन्होंने जवाब दिया, 'मैं तो इसके बारे में तब से जानता हूँ, जब हमारी पहली मुलाकात हुई थी। हमारी शानदार बिरादरी की मेहरबानी। मैं शर्त लगा सकता हूँ कि मैंने तुम्हारे बारे में जो भी सुना है, उसे उन्होंने मिर्च-मसाला लगाकर दस गुना बड़ा बना दिया होगा।'

'जब आपको मेरे बारे में यह पता चला तो आपने कैसा महसूस किया?' मैंने ज़रा संकोच के साथ पूछा क्योंकि मुझे पता नहीं था कि वे क्या कहनेवाले हैं।

'क्या तुम वाकई सच जानना चाहती हो?' उन्होंने पूछा और उनके होंठों के कोनों पर मुस्कान खेल उठी।

'जी, सच और वह भी पूरा। मैंने उनके जवाब का सामना करने के लिए खुद को तैयार कर लिया था।

'खैर! जब मैंने पहली बार इस बारे में जाना तो मेरे मन में सबसे पहले एक ही बात आई : हाँ, बिलकुल मैं ऐसी ही किसी औरत से शादी करना चाहूँगा – कोई ऐसी जो कम से कम अपने दिमाग से काम तो लेती है!'

मेरे चेहरे पर एक बड़ी सी मुस्कान आ गई और ऐसा लगा जैसे सारे जहाँ का सुकून मेरे हाथ आ गया हो। मुझे याद है कि मैंने कहा था, 'तो ठीक है, मान लूँ न कि तुमने मेरे चपाती बनाने के हुनर के कारण तो मुझे पसंद नहीं किया, ना?'

'अरे! यंग लेडी! तुम मेरी काबिलीयत पर शक नहीं कर सकतीं। मैं खुद बड़ी अच्छी गोल चपाती बेल सकता हूँ – और इतना ही नहीं, इसके अलावा मैं घर व बाथरूम की सफाई के साथ-साथ कपड़े भी बहुत अच्छी तरह धो लेता हूँ।'

और उसी समय मेरी मुस्कान ठहाके में बदल गई। हम दोनों रेत पर पड़े, तब तक हँसते रहे जब तक हमारी आँखों से खुशी के आँसू नहीं निकल आए। हम एक ही बार में हर बात- बेबात पर एक साथ हँस रहे थे।

आखिरकार जब हमारी हँसी थमी तो वे घुटनों के बल रेत पर बैठ गए। मैं अभी रेत पर ही बैठी थी और हमारी आँखें आपस में मिलीं। वे मेरे दोनों हाथ अपने हाथों में लेकर बोले, 'अनीता! जिस दिन से हमारी मुलाकात हुई है, उसी दिन से मैं तुमसे यह पूछने का इंतज़ार कर रहा हूँ। क्या तुम मुझसे शादी करोगी?'

उस एक पल में मैं यह महसूस कर सकती थी कि वे मेरे लिए ही जन्मे थे। मैंने अपना सच्चा जीवनसाथी पा लिया था।

मार्च 17, 1995 को डैनी ने मेरे सामने विवाह का प्रस्ताव रखा। उससे ठीक दो माह बाद एक अनहोनी घटी। फोन की घंटी बजी और मैंने पलंग में करवट लेते हुए घड़ी पर नज़र डाली।

'क्या हो रहा है?' मैंने हाथ में रिसीवर लेते हुए सोचा, अभी तो सुबह के सवा पाँच बजे हैं। इससे पहले कि मैं फोन पर कोई जवाब देती, मेरे मन ने कहा कि कोई अच्छी खबर नहीं मिलनेवाली।

'बेटा, अनीता, क्या तुम बोल रही हो?' इससे पहले कि मैं कुछ कह पाती, फोन के दूसरी ओर से माँ का रुआँसा सा सुर सुनाई दिया।

'हाँ जी, मम्मी! क्या हुआ?' मेरे पूरे शरीर में डर की लहर दौड़ गई। ऐसा लगा जैसे दिल ने धड़कना ही बंद कर दिया हो। मन का एक हिस्सा प्लास्टिक के उस चोगे से निकली आवाज़ को सुनने से डर रहा था और दूसरा हिस्सा चाहता था कि जल्द से जल्द पता चले कि आखिर क्या हुआ है?

'डैड! बेटा! तुम्हारे डैड! आज वे सोकर नहीं उठे। सोते-सोते ही भगवान को प्यारे हो गए।' माँ ने कहा।

पिछले कुछ महीनों से पापा की तबीयत ज़्यादा ही खराब रहने लगी थी, तभी से माँ और पापा भारत चले गए थे ताकि वहाँ आयुर्वेदिक इलाज वगैरह से उन्हें आराम मिल सके। मैं यही उम्मीद कर रही थी कि वे मेरी शादी तक ठीक होकर वापस आ जाएँगे ताकि हम शादी में एक साथ मिलकर भाँगड़ा (एक पंजाबी नृत्य) कर सकें। मुझे

अपने कानों पर यकीन नहीं हो रहा था। मैंने पागलों की तरह रोते हुए अपना सूटकेस पैक किया। जो सामान सामने मिला उसे ही बैग में ठूँसा और भाई के साथ, अगली फ्लाइट से भारत के लिए रवाना हो गई। भारत में हमें पुणे शहर में पहुँचना था जो मुंबई से चार घंटे की दूरी पर स्थित है।

मेरा भारत दौरा अंतिम संस्कार और परिवार के बीच बीता मेरा वह समय अब धुँधली यादों से ज़्यादा कुछ नहीं रहा, पर मैं उस दिन को कभी नहीं भूल सकती, जब हम डैड की अस्थियों को, धातु के एक पात्र में इंद्रायणी नदी पर लेकर गए जो पुणे के पूर्व में आलंदी की पवित्र नगरी में प्रवाहित होती है। हम चट्टानों पर खड़े उस शुभ समय की प्रतीक्षा करते हुए नदी को देख रहे थे जिसके बारे में हमें पंडित ने बताया था। मेरे भाई ने पात्र को खोला और वे अस्थियाँ नदी में विसर्जित कर दीं। बहती हवा के साथ वे सारी अस्तियाँ पानी की सतह पर फैल गईं। हम ऐसे अद्‌भुत इंसान को अलविदा कैसे कह सकते थे?

'डैड! मेरे प्यारे डैड। अगर मेरे कारण कभी भी आपको कोई तकलीफ हुई हो, तो मुझे क्षमा कर दीजिए।' मैंने प्रणाम की मुद्रा में दोनों हाथ जोड़कर अपने पिता से मन ही मन कहा।

मेरा विवाह हो रहा है और अब आप ही मुझे अग्नि के आसपास प्रदक्षिणा करते हुए देख नहीं रहे। आप पूरा जीवन इसी दिन की प्रतीक्षा में रहे कि मेरा विवाह हो जाए। अब आप मुझे छोड़कर कैसे जा सकते हैं! मैंने उन लहरों से पूछा जो उनकी अस्थियों के साथ अलोप होती चली गईं। उस क्षण मेरी आँखों से आँसू बहने लगे।

अगले कुछ महीने खट्टे-मीठे अनुभवों के साथ बीते। मैं और मेरा परिवार मेरे पिता के निधन का शोक मना रहा था और इसके साथ ही हम कभी-कभी आनेवाले विवाह समारोह के बारे में भी बात कर लेते थे। मैं देख सकती थी कि माँ को मेरे विवाह की तैयारियों का काम हाथ में लेकर, थोड़ी राहत मिली है क्योंकि शायद अगर ऐसा न होता तो यह उनके जीवन का सबसे उदास और कठिन समय साबित होता। विवाह की तैयारियों में व्यस्त होने से उनका ध्यान बँटाने में मदद मिली।

फिर भी हम सभी उदास थे और इस बात के लिए डैड को बहुत याद करते थे कि वे ही मेरी शादी को लेकर कितने रोमांचित थे और वही हमारे बीच नहीं हैं। मेरा विवाह होता देखना उनके लिए जीवन की किसी बड़ी मुहिम से कम न था। पर मैंने खुद को यह कहकर दिलासा दिया कि कम से कम वे मेरी सगाई के समय तो साथ ही थे

और वे मेरे व डैनी के रिश्ते से बहुत खुश थे। मानो वे अपने दिल पर पड़ा भारी बोझ उतारकर ही इस संसार से विदा हुए हों।

हमने डैनी के परिवार के सदस्यों के साथ मिलकर, महाराज से विवाह का शुभ मुहूर्त निकलवाया। हमने उन्हें बताया कि विवाह इस साल के अंत में ही होना चाहिए क्योंकि अभी हम अपने पिता की मौत के गम से उबर नहीं सके हैं और घर में समारोह मनाने की मानसिक अवस्था किसी की नहीं थी। उन्होंने अपना पंचांग और हमारी जन्मतिथियों को देखकर दिसंबर माह की तिथि निकाली और इस तरह 6 दिसंबर 1995 को हमारे विवाह का शुभ मुहूर्त तय कर दिया गया।

उस समय ऐसा लगता था कि अभी विवाह होने में बहुत समय बचा है, लेकिन सारी तैयारियों के बीच वह सारा समय कब निकल गया हमें पता ही नहीं चला। जगह का चुनाव, निमंत्रण पत्रों का चुनाव, शादी के जोड़े और एक भारतीय शादी से संबंधित हज़ार कामों को पूरा करने के बीच ही विवाह की तिथि पास आ गई।

माँ ने अपने गम से उबरने के लिए खुद को पूरी तरह से विवाह की तैयारियों में लगा दिया। वे अपने दु:ख का भार इसी तरह हलका कर रही थीं। उन्होंने मेरे लिए शादी के मौके पर पहनी जानेवाली साड़ी के अलावा और भी कई पोशाकें तैयार करवाई थी। उन्होंने शादीवाले दिन के लिए काँसे के रंग की लेसवाली सुंदर सी साड़ी चुनी और कानूनी विवाह रस्म के लिए सफेद रंग की साड़ी चुनी जिस पर सुनहरे धागे से बारीक कढ़ाई की गई थी।

इस तरह, 6 दिसंबर 1995 को मैंने अपने जीवनसाथी डैनी से एक भव्य समारोह में विवाह किया। हमारा यह जश्न करीबन एक सप्ताह तक जारी रहा। दुनिया के अलग-अलग हिस्सों से हमारे दोस्त और संबंधी हाँगकाँग आए थे ताकि उन सभी कार्यक्रमों और रीति-रिवाज़ों का हिस्सा बन सकें। ये सभी कार्यक्रम हाँगकाँग द्वीप के दक्षिण में स्थित मेरे प्रिय समुद्री तट 'डीप वाटर बे' के पास हाँगकाँग कंट्री क्लब के लॉन में आसमान तले मनाए जा रहे थे।

एक दिन, विवाह की तिथि से बहुत पहले हम दोनों विवाह के लिए उचित स्थान के बारे में बात कर रहे थे और मैंने यूँ ही मज़ाक में कहा, 'अगर हम उसी समुद्र तट पर शादी करें, जहाँ आपने पहली बार मेरे सामने विवाह का प्रस्ताव रखा था, तो कैसा रहेगा?'

हम कुछ देर तक इसी बारे में कल्पनाएँ करते रहे पर जल्द ही हमने अपने इस विचार को खारिज़ कर दिया क्योंकि हमने अंदाज़ा लगा लिया था कि जब महिला मेहमान रेत पर चलकर आएँगी तो उनकी ऊँची एड़ी के सैंडिलों की वहाँ क्या दशा होगी। इसके बाद ही मुझे हाँगकाँग कंट्री क्लब की याद आई, उसके दूर तक फैले लॉन्स में यह समारोह मनाया जा सकता था और वहाँ से वह स्थान भी दिखाई देता था जहाँ डैनी ने मेरे सामने विवाह का प्रस्ताव रखा था। हमने उसी समय तय कर लिया गया कि विवाह के लिए उपयुक्त स्थान हाँगकाँग कंट्री क्लब के अलावा कोई और नहीं हो सकता।

वह एक खूबसूरत शाम थी जहाँ हाँगकाँग कंट्री क्लब में रात के अंधेरे सायों को दूर भगाते हुए, हवा में शहनाई के सुर घुले हुए थे। डैनी और मैंने हाथों में हाथ लेकर अग्नि के चारों ओर सात फेरे लिए और महाराज ने संस्कृत में हमारे विवाह के मंत्र पढ़े। डैनी अपनी शेरवानी और पगड़ी में किसी राजकुमार से कम नहीं दिख रहे थे। मैंने माँ के हाथों चुनी गई वही लेसवाली साड़ी पहनी थी। बालों में मोगरे के फूल लगाए थे और उनके ऊपर ही साड़ी का छोटा सा पल्लू डाला हुआ था। मेरे हाथों और पैरों पर मेहंदी के खूबसूरत डिज़ाइन उकेरे गए थे जो भारतीय दुल्हन के लिए एक महत्वपूर्ण रिवाज़ है।

अग्नि के फेरे लेते हुए मैं अपने परिवार के सदस्यों के चेहरे देख सकती थी और यह भाँप सकती थी कि उस दिन माँ और भाई डैड के लिए कितना तरस रहे थे। वे चाह रहे थे कि काश डैड भी उस खास शाम का हिस्सा बन पाते।

जब सारे रीति-रिवाज़ पूरे हो गए तो नाच-गाने और खाने-पीने की धूम मची। सारे कार्यक्रम पूरे होने के बाद मैं और डैनी हमारी सुहागरात के लिए होटल के कमरे में आ गए। मैं बहुत थक गई थी पर मेरे उत्साह में कोई कमी नहीं आई थी। मैं जानती थी कि यह वही शख्स था, जिसके साथ मैं अपना सारा जीवन बितानेवाली हूँ। अब हम हमेशा के लिए खुशी-खुशी साथ रहनेवाले थे...।

5

भय की पहचान

जैसे–जैसे समय बीतता गया मैं और डैनी एक साथ अपने जीवन के तार बाँधते चले गए। उन्होंने अपना पारिवारिक व्यवसाय छोड़ एक बहुराष्ट्रीय कंपनी के साथ जुड़कर मार्केटिंग व सेल्स का कॅरियर चुन लिया। इसके बाद हम शहर के बीचों–बीच बसे उनके पुराने घर को छोड़कर हाँगकाँग के उपनगरीय इलाके में बने एक सुंदर सी अपार्टमेंट में रहने आ गए। हमने एक कुत्ता भी पाल लिया जिसका नाम कॉस्मो रखा गया।

मेरे विवाह के कुछ समय बाद ही मेरे भाई ने तय किया कि वह भारत जाकर काम करना चाहता है क्योंकि उन दिनों हाँगकाँग में मंदी का दौर चालू हो चुका था। उसे भारत में तरक्की के आसार नज़र आए इसलिए वह अपनी पत्नी मोना और बेटे शान के साथ भारत चला गया; उनके जाने के कुछ समय बाद ही मेरी माँ भी उसके पास भारत चली गईं। मैं उन सबको बहुत याद करती थी क्योंकि मैं अपने परिवार से अलग किसी दूसरे देश में कभी नहीं रही थी।

मंदी के चलते मेरी नौकरी भी चली गई जिसने मेरी उदासी को और भी बढ़ा दिया। उस फ्रेंच कंपनी की बिक्री बहुत नीचे आ गई थी इसलिए मुझे काम से हटा दिया गया। मैं बहुत बुरी तरह परेशान हो गई क्योंकि यह सब अचानक हुआ था। ऊपर से परिवार के जाने का तनाव व दु:ख भी इसमें शामिल हो गया।

उसी समय मेरी बिरादरी और साथियों की ओर से यह दबाव बनाया जाने लगा कि अब मेरे घर में भी एक बच्चे का जन्म हो जाना चाहिए, जबकि उस समय मेरी

दिलचस्पी बच्चा पैदा करने के बजाय काम करने, यात्रा करने व दुनिया को जानने में ज़्यादा थी।

आखिरकार मुझे एक रीलोकेशन कंपनी में काम मिल गया। यहाँ मेरा काम था, दूसरे देश से काम करने आए हुए लोगों को हाँगकाँग में बसने में मदद करना। यह काम पूरे दिनभर का नहीं था इसलिए मुझे इसे करने में आनंद आने लगा और बीच में काफी समय भी मिलने लगा।

मैं अभी माँ बनने के लिए तैयार नहीं थी लेकिन हमारी संस्कृति में विवाह होने के तुरंत बाद ही आपसे उम्मीद की जाने लगती है कि आप जल्द से जल्द माँ बन जाएँ। मैं अकसर खुद को अपनी इच्छाओं और बाहरी अपेक्षाओं के बीच उलझा हुआ पाती और कई बार एक अधूरापन सा महसूस होता। मेरी सारी सहेलियाँ तो विवाह के बाद बच्चों को जन्म दे रही थीं, फिर मैं ही अपने बच्चे के जन्म को टालना क्यों चाहती थी? इस सवाल का जवाब मेरे पास भी नहीं था।

मेरी बिरादरी की औरतें मुझे अकसर याद दिलाती रहतीं कि औरत होने के नाते हमारे शरीर का चक्र एक घड़ी के समान होता है जो उलटा चलता है। इन बातों से और तो कोई फायदा नहीं हुआ, बस मेरे भीतर पहले से बसे डर नए सिरे से जीवित हो गए। पुरानी चिंताएँ व्याकुलता के साथ मिलकर सिर उठाने लगीं क्योंकि मैं एक लड़की थी और मैं कहीं भी फिट नहीं होती थी। मुझे याद है, मैं हमेशा सोचती थी कि अगर मैं बच्चा गोद लेना चाहूँ तो ले सकती हूँ! इस दुनिया में बहुत से बच्चे ऐसे हैं जो अपने लिए एक प्यारभरा घर पाकर सुकून महसूस करेंगे। इसके बाद मुझे अपने शरीर की जैविक घड़ी की चिंता करने की भी आवश्यकता नहीं थी!

डैनी और मैं इस बारे में बहुत गंभीरता से बात कर चुके थे और हम दोनों ने ही हामी भरी थी कि बच्चा गोद लेना ही ठीक रहेगा। इस तरह मेरा अपने शरीर की गुलाम बनकर रहने का दबाव भी समाप्त हो जाता। हालाँकि जब कभी मैं अपने रिश्तेदारों के बीच इस बारे में बात करती तो उनकी ओर से हमेशा नकारात्मक प्रतिक्रियाएँ ही मिलती, उनमें से सबसे आम थी : 'क्या तुम बच्चा पैदा नहीं कर सकतीं? ओह, माफ करना, यह तो बहुत बुरा हुआ।'

एक बार फिर मैंने पाया कि मेरे दिमाग में सबकी अपेक्षाओं पर खरे न उतर पाने का डर सवार होने लगा है... लेकिन जल्द ही मेरा ध्यान इससे हटकर दूसरी ओर चला गया।

सन 2001 की गरमियों के दौरान मेरी सबसे अच्छी सहेली सोनी को कैंसर हो गया और इस खबर ने मुझे अंदर तक हिला दिया। एक दिन उसे साँस लेने में तकलीफ हुई और जब वह जाँच कराने गई तो पता चला कि उसकी छाती में एक बड़ा सा ट्यूमर है जो फेफड़ों पर दबाव डाल रहा है। मुझे यकीन नहीं हुआ कि मेरी सहेली के साथ यह सब हो रहा है। वह जवान, मज़बूत, ज़िंदादिल और सेहतमंद लड़की थी और अभी तो उसके सामने अपना पूरा जीवन था। डॉक्टरों ने उसे सर्जरी के लिए तुरंत अस्पताल में भर्ती कर लिया और इसके बाद रेडिएशन व कीमोथैरेपी उपचार दिया जाने लगा।

सोनी के कैंसर का समाचार मिलने के कुछ महीने बाद ही हमें खबर मिली कि डैनी की बहन के पति यानी जीजाजी को भी कैंसर हो गया है। उनका कैंसर भी शरीर में काफी फैल चुका था।

इन खबरों ने मुझे बुरी तरह से दहला दिया क्योंकि वे दोनों ही लगभग मेरी ही आयु के थे। मैं कैंसर और उसके कारणों से जुड़ी हर तरह की जानकारी बटोरने लगी। पहले-पहल मैंने यह सब इसलिए शुरू किया क्योंकि मैं सोनी की मदद करना चाहती थी, कैंसर से उसकी चल रही लड़ाई में मैं उसका साथ देना चाहती थी, लेकिन मैंने पाया कि मैं इसके बारे में जितना पढ़ती गई, मेरा डर उतना ही बढ़ता चला गया। मुझे लगने लगा कि हर चीज़ कैंसर का कारण बन सकती है जैसे-कीटनाशक, माईक्रोवेव ओवन, प्रीज़र्वेटिव, जेनेटिक तौर पर तैयार आहार, सूर्य की धूप, वायु प्रदूषण, प्लास्टिक के बर्तन, मोबाइल फोन वगैरह सब कुछ। इस तरह यह सब जारी रहा और आखिर तक मैं ज़िंदगी से ही डरने लगी।

26 अप्रैल 2002 हमारे जीवन का एक ऐसा दिन था जिसे मैं और डैनी आसानी से नहीं भुला सकेंगे। हमने सकुचाते हुए, डॉक्टर के कमरे में ऐसे कदम रखा जैसे मौत के घर में जा रहे हों। हमारे चारों ओर डर फैला हुआ था और चेतावनी दे रहा था कि हमें किसी भी सदमे का सामना करना पड़ सकता है। उस दिन शुक्रवार था और दोपहर हो चुकी थी। शुक्रवार के बाद अकसर हमारा मजेदार सप्ताहांत शुरू होता था। जिसे हम दोनों मिलकर मनाते थे। लेकिन आज जब हम दोनों डॉक्टर के पास जा रहे थे, उस समय हर कोई अपने सप्ताह का सारा काम निपटाकर अपने परिवार के पास पहुँचने की हड़बड़ाहट में था। लोग अपने करीबियों के साथ खुशियों भरे पल बिताना चाहते थे और हम डॉक्टर के पास जा रहे थे। रास्ते में बंदरगाह के पीछे छिपते जा रहे सूरज की संतरी किरणों ने ऊँची इमारतों के काँच को अपने रंग में रंगना शुरू कर दिया था।

आज हमें डॉक्टर से मेरे सारे टेस्ट्स की रिपोर्ट मिलनेवाली थी।

कुछ दिनों पहले ही मुझे अपनी कॉलरबोन के ठीक ऊपर दाएँ कंधे पर एक गाँठ सी महसूस हुई। उस एक पल में, मैंने हर संभावना को नकारा और अपने आपसे कहा कि 'यह माँस की कोई बड़ी गाँठ या फोड़ा है।' हालाँकि मेरे मन के किसी कोने से एक भद्दा सा स्वर लगातार किसी अभिशाप की तरह मुझे यह यकीन दिलाने में लगा था कि यह गाँठ कुछ और है।

पिछले कुछ महीनों के दौरान मैं अस्पताल के बिस्तर पर कैंसर से जूझ रही सोनी के साथ आँखों में आँसू लिए काफी समय बिता चुकी थी। मैंने बहुत गहरे भय और दु:ख के बीच उसकी देह को देखा जिसे इस रोग ने इंच दर इंच निगल लिया था और जो उन्नत आधुनिक चिकित्सा विज्ञान के हाथों भी समाप्त होने को तैयार नहीं था। मैं अपने आपको यह सोचने तक की इजाज़त नहीं दे सकी कि ऐसा मेरे साथ भी हो सकता है। फिर भी गर्दन के पीछे उभरी उस गाँठ के कारण मुझे इस संभावना का सामना करना ही पड़ा और मैं उसकी जाँच करवाने अस्पताल गई। मैंने बायोप्सी करवाई थी और उस दिन मुझे उसकी रिपोर्ट मिलनेवाली थी।

डॉक्टर ने बहुत ही सहज भाव और नरमदिली से अपनी बात कही:

'आपको लिम्फोमा है, जो कि लिम्फेटिक तंत्र के कैंसर का एक रूप है।' जैसे ही उनके मुख से कैंसर शब्द निकला, उसके बाद मैंने उनकी कोई और बात सुनी तक नहीं। उनकी आवाज़ मुझ तक ऐसे आई मानो वे पानी के नीचे से बोल रहे हों। मेरी आँखों में पानी आ गया और मैं क्लीनिक की खिड़की से बाहर दूसरी ओर ताकने लगीं। बाहर कुछ भी नहीं बदला था। सूरज की यात्रा जारी थी वह अब भी बंदरगाह के पीछे हौले-हौले डूब रहा था विशाल इमारतें संतरी और लाल रंग की आभा में दमक रही थीं; और लोग अपनी हँसी-खुशी की दुनिया के बीच रमने जा रहे थे। लेकिन मेरे भीतर जो चल रहा था उसकी हकीकत जानते ही जैसे मेरी सारी दुनिया बदल गई थी।

डॉक्टर ने अपनी ओर से दिलासा देते हुए मेरे सामने मौजूद विकल्पों के बारे में बताया, 'मैं आपके साथ हूँ, आप चाहे जो भी फैसला लें, जो भी उपचार चुनें, मैं आपका ध्यान रखूँगा। पर इससे पहले मुझे सोमवार के दिन आपके शरीर का स्कैन करवाना होगा ताकि हम यह पता लगा सकें कि फिलहाल कैंसर किस स्टेज पर है। कैंसर की स्टेज के बारे में पता होना ज़रूरी है। सोमवार को स्कैन के बाद मुझसे आकर मिलिए, हम आपके रिपोर्ट्स के बारे में बात करेंगे।'

मेरे लिए उनकी आवाज़ जैसे एक धुँधली सी बुदबुदाहट के सिवा कुछ नहीं रह गई थी। मैंने उनकी सलाह पर गौर तक नहीं किया। जब उन्होंने हमें अपना सप्ताहांत अच्छी तरह मनाने और चिंता न करने को कहा, तो मैं उनकी बात को सुन ही नहीं सकी, मानो मैं वहाँ थी ही नहीं।

डर ने मुझ पर हिंसक हमला किया था। डैनी और मैं कुछ सोच ही नहीं पा रहे थे। जैसे हमारे दिमाग ने कुछ भी सोचने से इनकार कर दिया हो। हम कैंसर, उसके विकल्पों और मौत के बारे में सोचना ही नहीं चाहते थे! मैं अपने आसपास की साधारण सी दुनिया में खो जाना चाहती थी। दरअसल मैं उस समय इस हाल में थी ही नहीं कि किसी तरह के विकल्पों पर गौर कर पाती। यह सब कुछ बहुत डरावना था और मेरा दिमाग बुरी तरह से चकरा रहा था। शुक्र है, डॉक्टर ने कहा कि सोमवार से पहले हमें कोई भी फैसला नहीं लेना था। सोमवार को मुझे अपना सीटी स्कैन करवाने के बाद डॉक्टर से अपने आगे के इलाज के बारे में बात करनी थी।

हालाँकि दिमाग में बहुत से सवाल चक्कर काट रहे थे पर डैनी ने सलाह दी कि हमें बाहर घूमने जाना चाहिए और कुछ समय के लिए बाकी सब कुछ भुला देना चाहिए। तो जब हम घर वापस आए, मैंने अपनी लाल रंग की मनपसंद पोशाक पहनी। मेरे पति ने मुझे अपनी बाँहों में भरा और बोले, 'तुम बिलकुल मत डरो। हम मिलकर इसका सामना करेंगे।' उस शाम हम अपनी मुसीबतों और बीमारी से बचकर भाग रहे थे... कम से कम कुछ समय के लिए तो हमने उससे छुटकारा पा ही लिया था।

मैंने हमारे प्रिय रेस्त्राँ एल सिड में तारों की छाँव में रात के भोजन का आनंद लिया। यह हाँगकाँग द्वीप के दक्षिण में स्टेनले खाड़ी तट के पास स्थित है। चाँद आसमान में अपनी पूरी आभा के साथ मौजूद था। चारों ओर बड़ी सुहानी हवा चल रही थी। पास ही मौजूद समंदर की लहरों का स्वर और हर मेज़ पर जाकर अपना संगीत सुनानेवाले मरीयाची बैंड की धुनें जैसे जुगलबंदी कर रही थीं। हमने उस रात को और भी हसीं बनाने के लिए बैंड को टिप दी और वे काफी देर तक हमारी मेज़ के पास खड़े मेरे प्रिय गीतों की धुनें बजाते रहे। शांगरीला बहता रहा, संगीतज्ञ धुनें बजाते रहे और हम अपनी मेज़ से परे किसी और ही दुनिया में खो गए।

अगली सुबह, जब मैं उठी तो डैनी की बाँहों के घेरे में थी। सब कुछ भुलाकर, उनके साथ समय बिताना वाकई बहुत हसीन था। मैं डॉक्टर से हुई उस मुलाकात को एक बुरे सपने की तरह भुला देना चाहती थी, पर हकीकत ने झट से मेरी सोच पर वार

करके मुझे ज़मीन पर ला खड़ा किया। मुझे अब भी कैंसर था और मैं इस हकीकत से आँखें नहीं मूँद सकती। मैं अपने ही शरीर से दूर कैसे जाती?

हम अपने मन ही मन में कैसे खेल रचते हैं, मैं उसे देखकर दंग थी। शनिवार की सुबह दोपहर में ढली और मैं किसी को भी इस बारे में कुछ भी बताना नहीं चाहती थी। मैंने सोचा अगर किसी को इसके बारे में पता नहीं चलेगा, तो मुझे इसका सामना भी नहीं करना होगा। भले ही शारीरिक रूप से इससे बचना संभव न हो लेकिन मैं अपने मन में तो इससे बचाव कर ही सकती थी।

'देखो, हमें अपने परिवारवालों को इस बारे में बताना ही होगा,' डैनी ने तर्क दिया।

'मैं जानती हूँ पर वे सब बात का बतंगड़ बना देंगे। इससे पहले कि हम सबको इस बारे में बताएँ, क्या मुझे सुकून और शांति के बीच बिताने के लिए एक दिन मिल सकता है?' मैंने किसी सौदेबाज़ की तरह अपनी बात रखी।

हालाँकि उसी दिन दोपहर को मेरी माँ का फोन आया और उन्होंने जानना चाहा कि उन्हें हमने बायोप्सी के नतीजे क्यों नहीं बताए। डैनी से रहा नहीं गया और इसके बाद बस यही पता चला कि वे हाँगकाँग आने के लिए फ्लाइट की टिकट बुक करवा रही थीं। भाई का फोन भी आया और उसने कहा कि वह भी जल्द ही मेरे पास पहुँच जाएगा।

मैं नहीं चाहती थी कि वे लोग इस बात को इतनी गंभीरता से लें; मैं अपने आसपास ये सारा तमाशा नहीं चाहती थी। इन चीजों ने सारे हालात को और भी कठिन बना दिया था! इन दोनों के प्रेम की वजह से मेरी अवस्था मानो किसी ठंढी बेजान मछली के जैसी हो गई थी। मुझे कैंसर हो गया है, इस सच से बचकर भागने की अब कोई गुंजाइश ही नहीं थी।

सोमवार को डैनी और मैं अस्पताल गए। हम दोनों ने डॉक्टर से इलाज के विकल्पों के बारे में खुलकर बात की। कुछ ही देर पहले एम.आर.आई. हुआ था और डॉक्टर अपने चेहरे पर चिंता की रेखाओं के साथ उसके नतीजों को देख रहे थे।

'यह स्टेज 2A है।' उन्होंने विनम्रता से कहा।

'और इसका क्या मतलब है?' डैनी ने पूछा।

'इसका मतलब है कि यह छाती में और बाजू के नीचेवाले हिस्से में फैल गया है, पर अभी यह शरीर के ऊपरी हिस्से में ही है।' डॉक्टर ने बहुत धीरज से जवाब दिया। अब हमें यह देखना होगा कि आपके लिए इलाज के कौन से विकल्प मौजूद हैं। मेरी सलाह यही होगी कि आप कीमोथैरेपी के साथ रेडिएशन करवा लें।

'मैं कीमोथैरेपी नहीं करवाऊँगी', मैंने अपनी बात पर ज़ोर देते हुए कहा।

'लेकिन डार्लिंग! हमारे पास इसके सिवा कोई दूसरा उपाय भी तो नहीं है।' डैनी ने ज़रा हैरानी भरे स्वर में कहा और मैंने उनकी ओर दृढ़निश्चय से ताका।

'आपने देखा नहीं कि कीमोथैरेपी ने सोनी की क्या हालत कर दी थी और क्या आपको याद नहीं कि आपकी बहन के पति के साथ क्या हुआ था?' मैंने जवाब दिया।

मैं इस बारे में बात नहीं करना चाहती थी। मैं चाहती थी कि सब कुछ पहले की तरह हो जाए। मैंने अपने दोनों हाथों में अपने चेहरे को ढाँपते हुए इन सब बातों को परे झटकना चाहा।

'क्या आप सचमुच चाहते हैं कि मेरी मौत इसी तरह हो?' मैं अपनी आवाज़ में छिपे आतंक को भाँप सकती थी। 'वे दोनों तो जैसे बस अपने जाने के इंतज़ार में हैं ...और कितने कष्ट में जी रहे हैं। मैं तो चाहूँगी कि यह इलाज करवाने के बजाय मैं इसी पल दम तोड़ दूँ।'

'मैं जानता हूँ।' डैनी ने करीब आकर मेरी ठंढी हथेलियों पर अपने कोमल हाथ रख दिए, जो अब तक डॉक्टर की डेस्क पर बेजान से पड़े थे। 'पर मैं तुम्हें खोना नहीं चाहता। हम इसके सिवा और कर भी क्या सकते हैं?'

हमारे विवाह को छह साल ही तो हुए थे। अभी तो हमें अपने बहुत से सपने साकार करने थे, जाने कितनी जगहों की सैर करनी थी जाने कितने काम पूरे करने थे। पर टूटकर बिखरते उत्तरी ग्लेशियरों की तरह हमारे सपनों के महल भी हमारे सामने ही टूट-टूटकर चकनाचूर हो रहे थे।

खुद को अपने डर से परे ले जाने के लिए मैंने उन्हें दिलासा देने की कोशिश की: 'इसके सिवा और उपाय भी तो होंगे?' मैं डॉक्टर की ओर मुड़ी और उनसे अपनी बात का समर्थन चाहा। डॉक्टर ने कहा, 'मैं मानता हूँ कि कैंसर पर जीत पाने के लिए कीमोथैरेपी के सिवा दूसरे उपाय भी हो सकते हैं।'

उस दिन से, डैनी और मैं मानो एक लंबी यात्रा पर निकल पड़े। ऐसा लग रहा था मानो हम दोनों किसी प्राचीन पौराणिक कथा के नायक-नायिका हों, जो इस रोग से जूझने निकले हों, ऐसा रोग जो धीरे-धीरे हमारे जीवन पर हावी होता जा रहा था। आरंभ से ही, मेरा यह सफर जैसे भावनाओं का रोलर कोस्टर (एक तरह का विशाल झूला) रहा, जिसमें मैं मायूसी, निराशा, भय और आखिरकार गुस्से जैसे भावों के साथ झूल रही थी।

कैंसर के रोग के बारे में पता चलने से पहले, जीवन में मेरे लिए सबसे बड़ा डर ही यही था कि कहीं मुझे कैंसर न हो जाए, ऐसा लगने लगता था जैसे मेरे सभी परिचित इसकी चपेट में आते जा रहे हों। जब मैंने डैनी के जीजाजी और अपनी सहेली सोनी को इस रोग से लड़ते देखा और साथ ही अपने रोग के बारे में जाना तो मानो मेरे अपने ही डर की पुष्टि हो गई। मैं असहाय होकर देख रही थी कि किस तरह कीमोथैरेपी उन्हें सेहतमंद बनाने की जगह धीरे-धीरे उनकी शरीर को खोखला करती जा रही थी। और अब इसने हमारे जीवन पर हमला कर दिया था... हमारी दुनिया को, हर सुख को तहस-नहस कर दिया था।

अपने रोगी प्रियजनों के बारे में सोच-सोचकर मैं डर और गुस्से के मिले-जुले भावों के बीच जी रही थी। अब कैंसर के भय ने मुझे भी अपनी चपेट में ले लिया था मानो किसी ने अपनी भिंची मुट्ठी से वार करके मेरे पेट को गले में लाकर अटका दिया हो। कीमोथैरेपी के असर ने मुझे और भी डरा दिया था। हर माँसपेशी जैसे एक सुरक्षात्मक आवरण में जकड़ी गई थी और अपने प्राणों की भीख माँग रही थी।

अपने कैंसर का पता चलने से कई माह पहले मैं सोनी की सेहत को दिन-ब-दिन गिरते हुए देख चुकी थी। उस दौरान, अगर मैं अपने दोस्तों के साथ मौज-मस्ती करने जाती तो मुझे अपराध-बोध होने लगता और अस्पताल के बिस्तर पर बीमार पड़ी सोनी के लिए दु:ख होता मानो उसके कष्ट के बीच मेरा यह आनंद कोई पाप हो। जैसे-जैसे उसकी तबीयत बिगड़ती गई, मेरे लिए अपने जीवन का आनंद लेना या खुद को अपराध बोध से दूर रखना मुश्किल होता चला गया।

अब जबकि मैं खुद कैंसर से जूझ रही थी तो अपनी सहेली को दिन-ब-दिन रोग के साथ घुलते देखना और कठिन होने लगा था। मैंने पाया कि अब मैं उसके साथ पहले जितना समय नहीं बिता पा रही थी। जब मैं सोनी की ओर देखती तो उसे सकारात्मकता या उम्मीद नहीं दे पाती और इस तरह अपने लिए भी उम्मीद बनाए

रखना मुश्किल होता जाता। कुछ ही दिनों में यह स्थिति आ गई कि अब हमारे एक साथ समय बिताने से, न तो उसे कोई लाभ था और न ही मुझे। कैंसर उसकी देह की क्या दशा कर रहा था, यह देखकर मेरा डर और बढ़ जाता। साथ ही उसके इलाज से जुड़े दुष्प्रभाव भी मुझे साफ दिखाई दे रहे थे। मैं यह सोचकर भावुक हो जाती कि मेरे लिए भी आनेवाले समय ने यही सब तय कर रखा था और इस सोच पर काबू पाना वाकई मेरे बस के बाहर था।

जिस दिन सोनी की बहन का फोन आया कि सोनी अब इस संसार में नहीं रही, उस दिन मैं बुरी तरह से बिखर गई और फूट-फूटकर रोई। वह हमें छोड़कर संसार से विदा ले चुकी थी।

हालाँकि इस सोच ने मन को दु:खी कर दिया कि सोनी नहीं रही पर कहीं न कहीं थोड़ा सुकून भी मिला कि आखिरकार उसने अपने कष्टों से मुक्ति पा ली।

जिस दिन सोनी का अंतिम संस्कार हुआ वह दिन मैं कभी नहीं भूल पाऊँगी। मुझे आज भी याद है कि अपनी जवान बेटी को खोने के गम में उसके माता-पिता की क्या दशा हो गई थी; उसकी छोटी बहन और बड़े भाई का अपनी बहन को खोने का दु:ख, अपने गम से जूझते हुए उसके पति के मन की पीड़ा। इन सबके अलावा आँसुओं से भरे मासूम चेहरोंवाले सोनी के बच्चों को कभी नहीं भूल सकती जो सहमी हुई नज़रों से अपनी माँ के अंतिम संस्कार में शामिल थे। मैं जानती थी कि ये सब यादें मुझे मेरी मृत्यु तक यूँ ही कष्ट देती रहेगी। और उस दिन अपने कष्ट के प्रति दु:ख के साथ-साथ मेरे मन में गुस्से के भाव भी शामिल हो गए। और इससे भी बदतर बात यह हुई कि अभी सोनी का अंतिम संस्कार हुए ज्यादा समय नहीं बीता था कि एक फोन आया, डैनी के जीजाजी भी कैंसर से अपनी लड़ाई हारकर, दुनिया से चले गए। वे भी अपने पीछे अपनी युवा पत्नी (डैनी की बहन) और दो नन्हे बच्चे छोड़ गए थे।

मैं नियति के इस क्रूर मज़ाक से खफा थी जिसे हम ज़िंदगी के नाम से पुकारते हैं। मैं समझ नहीं सकी कि यह सब किसलिए था। मानो हम कुछ साल जीते हैं, अपने संघर्षों से सीखते हैं और अंतत:, जब हम इन चीज़ों के आदी हो जाते हैं तो हमें अर्थी समेत आग के हवाले कर दिया जाता है। बेशक, यह सब इतनी जल्दी नहीं होना चाहिए। अब मुझे सब कुछ बेहद अर्थहीन और बेमानी लगने लगा था।

6

मुक्ति की चाह

क्रोध,

आशंका,

कुंठा,

भय और

निराशा

सोनी की मौत के बाद मैं इन्हीं सब भावों के बीच झूल रही थी। सुबह से लेकर शाम तक, सारा दिन जैसे मैं अपने हालातों के बारे में खुद से ही सवाल पूछती, चुनौती लेती, गुस्सा करती और फिर निराश हो जाती। मुझे केवल अपने बारे में नहीं बल्कि अपने परिवार के बारे में भी यही महसूस होता था। मैं यह सोचकर काँप जाती कि वे मेरी मौत का सामना कैसे कर पाएँगे।

अपनी इस असहाय अवस्था के दौरान ही मैंने संपूर्ण स्वास्थ्य व आरोग्य से जुड़े हर उपाय पर शोध किया, जिनमें पूर्वी आरोग्य पद्धतियाँ भी शामिल थी। मैं प्राकृतिक चिकित्सा पद्धतियों से जुड़े अनेक विशेषज्ञों से मिली और हर प्रकार के आरोग्य सत्रों में भी हिस्सा लिया। मैंने सम्मोहन विद्या, ध्यान, प्रार्थना, मंत्र जाप आदि की मदद ली और चीनी औषधीय चिकित्सा का पालन भी किया। अंत में मैंने अपनी इस तलाश पर रोक लगाई और भारत आ गई ताकि यहाँ आयुर्वेद चिकित्सा ले सकूँ। इस दौरान

डैनी हाँगकाँग में ही रहे। वे अपनी नौकरी के कारण मेरे साथ नहीं आ सकते थे, पर वे दो-दो सप्ताह के लिए दो बार मिलने जरूर आए। हम लगभग हर रोज़ फोन पर बात भी करते थे क्योंकि वे चाहते थे कि मैं उन्हें अपनी रोज़ की दिनचर्या के बारे में बताती रहूँ।

मैं पुणे आ गई जहाँ मेरे पिता का निधन हुआ था। वहाँ रहकर मैंने एक गुरुजी से योग व आयुर्वेद के बारे में जाना। इस तरह मैंने भारत में छह माह बिताए और अंतत: ऐसा लगने लगा कि मेरी सेहत ठीक हो रही है। मेरे योग गुरु ने मेरे लिए एक कड़ी दिनचर्या तय कर दी। मुझे शाकाहारी आहार के साथ-साथ जड़ी-बूटी से बनी औषधियों का सेवन करना था, इसके साथ ही मेरी दिनचर्या में सूर्योदय व सूर्यास्त के समय किए जानेवाले योगासन भी शामिल थे।

मैंने कई महीनों तक इसी दिनचर्या का पालन किया और वाकई बहुत बेहतर महसूस करने लगी। वे एक अद्‌भुत गुरु थे। वे तो यह मानने को भी तैयार नहीं थे कि मुझे कैंसर की बीमारी है। मैंने उनसे कहा कि 'डॉक्टरों ने सारे टेस्ट करने के बाद बताया है कि मुझे लिम्फोमा है।' यह सुनकर वे बोले, 'कैंसर केवल एक शब्द है, जो तुम्हारे भीतर भय पैदा कर रहा है। इस शब्द को भुला दो और केवल अपने शरीर को संतुलित करने पर ध्यान दो। ये सारे रोग हमारे शरीर में असंतुलन के कारण ही पैदा होते हैं। जब पूरा शरीर संतुलित होता है तो कोई रोग शरीर में घर नहीं कर सकता।'

इस प्रशिक्षण के दौरान मैंने अपने योग गुरु की देखरेख में बहुत अच्छा समय बिताया और उन्होंने मेरे कैंसर से जुड़े भय को दूर करने में काफी सहायता की। छह माह के बाद उन्हें पूरा यकीन हो गया कि मैं रोगमुक्त हो चुकी हूँ, और ऐसा हुआ भी था। मैं खुद को विजयी महसूस कर रही थी और यह जीत हासिल करने के बाद अब मैं अपने घर वापस जाना चाहती थी, अपने पति से मिलना चाहती थी। मैं उन्हें बहुत याद करती थी और फिर उनके साथ कितनी सारी बातें भी तो करनी थीं।

जब मैं हाँगकाँग में अपने घर आई तो पहले-पहल सभी देखनेवालों ने यही कहा कि मैं बहुत भली-चंगी लग रही हूँ। निश्चित ही मैंने भी खुद को पहले कभी शारीरिक या मानसिक रूप से इतना बेहतर महसूस नहीं किया था पर मेरी यह खुशी लंबे समय तक नहीं टिक सकी। कुछ ही समय बाद दूसरे लोग यह जानने के लिए उतावले होने लगे कि मैं भारत में इतने समय से क्या कर रही थी और मैंने अपना इलाज कहाँ से और कैसे करवाया। जब मैंने उन्हें अपनी आयुर्वेद चिकित्सा के बारे में बताया, तो मुझे

डरा देनेवाली नकारात्मक प्रतिक्रियाएँ मिलने लगीं। ये मेरे अपने लोग थे जो मेरा भला चाहते थे और वे ही मेरे इस चुनाव पर शंका कर रहे थे। इसीलिए उनकी इन सब बातों का मुझ पर बहुत गहरा असर पड़ा। धीरे-धीरे मेरे सारे डर और शंका फिर से सिर उठाने लगे। मैं अपना बचाव करते-करते मन ही मन इन सभी भावों से दोबारा घिरने लगी। मुझे लगने लगा कि मैंने भारत जाकर सही नहीं किया।

वैसे देखा जाए तो यह सब शुरू होने के बाद मुझे अपनी खोई हुई सेहत पाने के लिए दोबारा भारत आ जाना चाहिए था। लेकिन इसके बजाय मैंने वहीं रहना पसंद किया क्योंकि मेरे दिमाग ने यह मानने से इनकार कर दिया था कि मेरा पहला चुनाव सही था। और इस तरह मैं हाँगकाँग में ही रहकर अपना आगे का इलाज करवाने लगी।

मैंने पारंपरिक चीनी चिकित्सा (टीसीएम) को समझना शुरू कर दिया, वहाँ सबसे ज़्यादा इसी का प्रयोग होता था। हालाँकि आयुर्वेद और इसके तरीकों में ज़मीन-आसमान का अंतर था इसलिए मेरी परेशानी और भी बढ़ती चली गई। आयुर्वेद में आपको शाकाहार लेने पर बल दिया जाता है जबकि टीसीएम में, आपसे माँस और खास तौर पर सूअर का गोश्त खाने को कहा जाता है। जबकि भारतीय पद्धतियों में तो सूअर या गाय का गोश्त खाने से बदतर कुछ नहीं माना जाता।

इससे भी बदतर हालात तब बने जब मैंने पश्चिमी नैचुरोपैथी (प्राकृतिक चिकित्सा पद्धति) की मदद ली क्योंकि मैं बुरी तरह से घबराई हुई थी। इससे न केवल मेरी दुविधा बढ़ गई बल्कि मेरे भय का भी अंत नहीं हुआ। हर तरह की पद्धति एक-दूसरे की विरोधाभासी लगती थी। पश्चिमी प्राकृतिक चिकित्सा पद्धति में चीनी व दूध से बने उत्पादों को लेने की मनाही होती है - उन्हें ऐसा आहार माना जाता है, जो कैंसर कोशिकाओं को बढ़ाने में सहायक होता है। मैं जिन पद्धतियों का अध्ययन कर रही थी उनके अनुसार चीनी, शरीर में रूप बदलनेवाली कोशिकाओं को बढ़ावा देती है। वहीं दूसरी ओर, आयुर्वेद में दूध से बने उत्पाद लेना ज़रूरी माना जाता है और चीनी व मीठे खाद्य पदार्थों को संतुलित आहार का हिस्सा माना जाता है, इस नियम के अनुसार सभी स्वादेंद्रियों का संतुलन होना आवश्यक है।

इस तरह मैं आहार को लेकर इतना तनाव में रहने लगी कि मुझे कुछ भी खाने से डर लगने लगा। मैं नहीं जानती थी कि मेरे लिए क्या सही है और क्या गलत क्योंकि हर चिकित्सा पद्धति अपने ही नियम व सत्यों पर चलती थी। वे एक-दूसरे की पूरक होने के बजाय एक-दूसरे को काटती थी। इस दुविधा ने मेरे पहले से मौजूद डर को

और भी गंभीर व डरावना बना दिया। जैसे ही डर ने एक बार फिर से मुझे अपनी चपेट में लिया, मैं असहाय भाव से अपनी सेहत को लगातार गिरते हुए देख रही थी।

मुझे हमेशा अकेले रहना अच्छा लगने लगा था और मैं केवल परिवार के करीबी सदस्यों से ही मेल-जोल रखती थी। मैं चाहती थी इस सच के मुँह पर ताला लगाने के लिए हकीकत से ही मुँह मोड़ लूँ। लोग मुझसे जिस तरह पेश आते थे या जिस तरह बात करते थे वह मुझसे सहन नहीं होता था। मेरी सेहत गिरने पर जिस तरह से वे लोग अफसोस ज़ाहिर करते या मेरे लिए अपनी सलाहें पेश करते वह सब देखकर ऐसा लगता था जैसे अब मैं उनके जैसी नहीं रह गई हूँ, कोई अलग ही जीव हो गई हूँ। मुझे यह जानकर भी बहुत दुःख हुआ कि मेरे बिरादरीवालों का मानना था कि यह सब मेरे कर्मों का फल है और मैं अपने पिछले जन्म में किए गए कर्मों का फल पा रही हूँ। मैं भी कर्मों पर विश्वास रखती थी इसलिए मुझे लगता था कि निश्चित रूप से मैंने ही ऐसा कुछ किया है, जिसके कारण मुझे यह सब कष्ट सहन करना पड़ रहा है। ऐसा लगता था जैसे मेरी परीक्षा ली जा रही हो। यह सब मुझे और भी मायूस करता चला गया।

मैं सोचती थी कि अगर यह मेरे पिछले जन्म के कर्मों का फल है तो मैं इससे छुटकारा कैसे पा सकूँगी? अब मैं इसे बदलने के लिए कर भी क्या सकती हूँ? इस तरह की सोच मुझे मेरे हालात को लेकर और भी निराश कर देती। पर इन सबके बावजूद मैंने एक मोर्चा सँभाले रखा। मैं हँसती-मुस्कराती रहती और न चाहने पर भी छोटी-मोटी गप्पबाज़ी करती रहती क्योंकि मेरे लिए यह बहुत अहमियत रखता था कि कोई दूसरा मेरी वजह से परेशान व दुःखी न हो। मैं नहीं चाहती थी कि वे लोग मेरे कारण असहज महसूस करें इसलिए मैं अपने से पहले दूसरों की भावनाओं व इच्छाओं का ध्यान रखने लगी। कई लोग कहते कि मैं कितनी 'बहादुर' हूँ और वे यह बात भी कबूल करते कि मैं कितने साहस के साथ अपने रोग से जूझ रही हूँ। अनेक लोगों का यही मानना था कि मैं कितनी खुश और सकारात्मक दिखाई देती हूँ, जबकि हकीकत यही थी कि मैं ऐसा कुछ भी महसूस नहीं करती थी।

केवल डैनी ही जानते थे कि मैं किस मनोदशा से गुज़र रही हूँ और आसपास के लोगों के सामने किया जानेवाला वह दिखावा मुझ पर कैसे हावी हो रहा है। उन्होंने धीरे-धीरे मेरे आसपास सुरक्षात्मक कवच बनाना आरंभ कर दिया, वे लोगों को मुझसे दूर रखने लगे। दूसरों की मौजूदगी में मुझे हमेशा खुद को प्रसन्न और सकारात्मक

दिखाना पड़ता क्योंकि मैं नहीं चाहती थी कि उनका दिल दुखे या वे मेरे लिए चिंता करें। धीरे-धीरे यही चीज़ मेरी ऊर्जा को सोखने लगी और मैंने फोन पर बात करना तक छोड़ दिया क्योंकि मैं अपने रोग के बारे में बात तक नहीं करना चाहती थी। मैं नहीं चाहती थी कि अपने भीतर चल रही दुविधा से मुक्त होने के लिए मैं दूसरों की सलाह पर चलूँ। मैं बार-बार उन अंतहीन प्रश्नों के उत्तर भी नहीं देना चाहती थी जो लोग मुझसे लगातार पूछते रहते थे।

मैंने बाहर जाना बंद कर दिया और अपने ही घर की सुरक्षा के बीच रहने लगी क्योंकि तबीयत खराब होने के साथ-साथ मैं बहुत कमज़ोर भी हो गई थी। मुझे साँस लेने में दिक्कत रहने लगी थी हाथ-पैर बहुत ही दुबले हो गए थे यहाँ तक कि अपना सिर ऊँचा रखने में भी मुझे तकलीफ होने लगी थी। इसी वजह से लोग मुझे जिस नज़र से देखते या मेरे बारे में बातें करते उससे मुझे बहुत खीझ होती थी। मैं जानती थी कि वे मुझे घृणा या नाराज़गी से नहीं देख रहे हैं, बल्कि तरस और कौतूहल का भाव रखते हैं। जब मैं उन्हें मेरी ओर देखते हुए देख लेती तो वे अचानक अपनी नज़रें चुराने लगते और मैं उनकी बेचैनी भाँप जाती। मैं उनके हाव-भाव के पीछे छिपी भावनाओं को पहचान लेती क्योंकि किसी बीमार को देखकर मैं भी ऐसा ही महसूस करती थी। उन्हें मेरे लिए बहुत दुःख होता था। जब लोग मुझे इस तरह देखने लगे तो मैंने जल्दी ही खुद को इसका आदी बना लिया। मुझे खेद था कि मेरी उपस्थिति उन्हें असहज कर देती थी इसलिए मैंने लोगों के बीच बाहर निकलना ही बंद कर दिया।

जल्दी ही मैंने पाया कि मैं अपने ही भय और निराशा के पिंज़रे में बंद होकर रह गई हूँ, जहाँ मेरे जीवन का अनुभव दिन-ब-दिन छोटा और छोटा होता जा रहा था। धीरे-धीरे समय बीतने लगा। मेरे हिसाब से वे लोग किस्मतवाले थे जो कैंसर की चपेट में नहीं आए थे। मैं हर सेहतमंद इंसान से भेंट के दौरान उसके प्रति जलन महसूस करने लगी। इससे कोई अंतर नहीं पड़ता था कि उनका रहन-सहन किस स्तर का था; कम से कम वे उस रोगनुमा राक्षस से तो बचे हुए थे, जो दिन-रात मेरी देह को गला रहा था ...मेरे मन-मस्तिष्क ...मेरे जीवन को नष्ट करता जा रहा था।

मैं हर सुबह, आशा की एक धुँधली सी किरण के साथ उठती कि शायद आज कुछ ऐसा हो कि हालात में बदलाव आ जाए पर हर शाम उसी तरह ढल जाती। हर रात उसी जानी-पहचानी पीड़ा और इस एहसास के बीच बीतती कि मैं दिन-ब-दिन हार रही हूँ।

इसी भ्रम और उलझन के बीच मैंने खुद से पूछना शुरू कर दिया कि आखिर ऐसा क्या है जिसे पाने के लिए मैं इतना कड़ा संघर्ष कर रही हूँ? अपने भय और पीड़ा के बीच मुझे अपने जीवित रहने का कारण ही समझ में नहीं आ रहा था। इन सब बातों का अर्थ क्या था? मैं दिन-ब-दिन पस्त होने लगी और मैंने मानना शुरू कर दिया कि मैं इस रोग से हार चुकी हूँ।

मैं लगातार अस्पताल के चक्कर लगा रही थी ताकि शरीर का दूषित रक्त बदला (ब्लड ट्रान्सफ्यूज़न) जा सके और अन्य किस्म के इलाज हो सकें। जब मैं घर में रहती तो अधिकतर समय सोने में या आराम करने में बीतता। मैं न तो लंबी सैर पर जा सकती थी, न बिस्तर से उठ सकती थी। सिर्फ आधे घंटे की शारीरिक गतिविधि करने पर ही मैं थककर बेदम हो जाती थी। मेरा वज़न तेज़ी से घट रहा था और मुझे लगातार हलका बुखार रहने लगा था।

'क्या आपको लगता है कि इस स्टेज पर मेरी हालत में थोड़ा सुधार हो सकता है?' एक दिन जब मेरा दैनिक मुआयना चल रहा था तो मैंने डॉक्टर से यह सवाल पूछ लिया।

उन्होंने अपनी नज़रें दूसरी ओर मोड़ लीं और बोले, 'मैं एक नर्स को भेजता हूँ, वह आपको कपड़े पहनने में मदद कर देगी।' उन्होंने मुझसे जो नहीं कहा, दरअसल उसे वे डैनी से एकांत में कहना चाहते थे।

'हम इससे ज़्यादा कुछ नहीं कर सकते।' मुझसे परे जाने के बाद डॉक्टर ने उनसे कहा। उसने मेरे पति की आँखों में देखा और कहा, 'उनके पास मुश्किल से तीन माह का समय है। हालिया स्कैन से पता चला है कि ट्यूमर के आकार व संख्या में बढ़ोतरी हुई है और कैंसर उनके लिम्फेटिक तंत्र में पूरी तरह से फैल गया है। अब तो कीमोथैरेपी के लिए भी बहुत देर हो चुकी है – उनका शरीर इस अवस्था में इलाज के तेज़ और विषैले प्रभाव को सहन नहीं कर सकता। वे इतनी कमज़ोर हो गई है कि किसी भी तरह का इलाज उन्हें मौत के और निकट ले जा सकता है। मैं आपसे माफी चाहता हूँ।'

हालाँकि डैनी ने अपनी हिम्मत बनाए रखी और मुझे नहीं बताया कि डॉक्टर ने उस समय क्या कहा था (उन्होंने कई महीने बाद मुझे यह बात बताई)। मुझे अंदाजा हो गया था कि कोई न कोई बात जरूर है। डैनी ने काम पर जाना तो इससे पहले ही बंद कर दिया था लेकिन डॉक्टर से हुई इस मुलाकात के बाद तो उन्होंने बाहर कहीं भी जाना छोड़ दिया। वे मेरे बिस्तर के पास से हटना ही नहीं चाहते थे।

एक दिन मैंने पूछ लिया, 'क्या मैं मरनेवाली हूँ?'

'हम सभी एक न एक दिन मरनेवाले हैं', उन्होंने कहा।

'ओहो! यह तो मैं भी जानती हूँ! मेरे कहने का मतलब था कि क्या मैं कैंसर के कारण जल्द ही मरनेवाली हूँ? अगर मैं सचमुच मर गई तो?'

'तो मैं खुद आकर तुम्हें यहाँ वापस ले आऊँगा', उन्होंने अपने कोमल हाथों से मेरे बाल सहलाते हुए कहा।

यह डॉक्टर से भेंट होने के छह माह बाद की बात है। अब तक मेरे लिए साँस लेना भी एक भारी काम हो गया था और ऑक्सीज़न का टैंक मेरा पक्का साथी बन गया था। मैं सीधा लेट नहीं सकती थी, मुझे हमेशा अपना सिर ऊँचा रखना पड़ता ताकि अपने ही शरीर के तरल द्रव्यों में डूब न जाऊँ। जब भी मैं सीधा लेटने की कोशिश करती तो मेरा दम घुटने लगता और साँस लेना मुश्किल हो जाता, इस तरह बिस्तर में करवट लेना भी एक मुसीबत बन गया था। मेरे पूरे शरीर पर फफोले उभर आए थे और मुझ पर इतने ज़हरीले तत्वों ने हमला कर दिया था कि मेरी त्वचा पर खुले घाव हो गए थे, जिनसे ज़हरीला मवाद गिरने लगा था।

कई बार रात को मैं, पसीने से तर-ब-तर होकर जाग जाती, मेरे सारे कपड़े पसीने से भीगे हुए होते - रातों को पसीने आना, लिम्फोमा का एक आम लक्षण है। अकसर मेरी पूरी देह में खुजली होने लगती, जैसे शरीर पर हज़ारों चींटियाँ रेंग रही हों। मुझे याद है, एक रात यह खुजली और बेचैनी इतनी बढ़ गई कि मैं जितना भी खुजलाती, यह रुकने का नाम ही नहीं ले रही थी। डैनी ने फ्रिज़र से बर्फ के टुकड़े निकाले और उन्हें ज़िपवाले बैग में डाला। इसके बाद हम मिलकर उन टुकड़ों को मेरी टाँगों, बाँहों और पूरे शरीर पर मलते रहे ताकि मेरी सूजन से भरी हुई देह को थोड़ा आराम आ सके। इसमें काफी लंबा समय लगा, पर देह की खुजली थोड़ी शांत हो गई।

हमारी अधिकतर रातें जागते हुए ही बीततीं और इस समय तक आते-आते मैं पूरी तरह से डैनी के आसरे हो गई। वे ही मेरी हर सुख-सुविधा का ध्यान रखते, मेरी देखरेख करते। वे मेरी हर ज़रूरत को पहले से भाँप लेते। वे मेरे घावों पर मरहम-पट्टी करते और मेरे बाल धोने में मदद करते। हालाँकि मुझे मन ही मन यह देखकर बहुत शर्मिंदगी होती थी कि वे सारा दिन इस तरह मेरी देखरेख करते थे पर मैं यह भी जानती थी कि उन्होंने कभी कोई फर्ज़ निभाने या केवल ज़िम्मेदारी निभाने के लिहाज़ से मेरी

सेवा नहीं की। उन्होंने मेरे लिए जो भी किया, वह केवल मेरे लिए उनके नि:स्वार्थ प्रेम से उपजा एक भाव था।

धीरे-धीरे मेरे पाचन तंत्र ने मेरे भोजन से पोषक तत्व लेने बंद कर दिए और मैं कुपोषण का शिकार होने लगी। डैनी मुझे मेरी मनपसंद चॉकलेट लाकर देते और माँ मेरा मनपसंद खाना बनाकर देतीं ताकि थोड़ा भोजन तो मेरे अंदर जा सके, पर मेरी भूख मारी गई थी। जो कुछ भी मेरे गले से किसी तरह नीचे उतरता वह मुझे हज़म न होता। मैं धीरे-धीरे अपनी ही माँसपेशियों को अपने शरीर का साथ छोड़ते देख रही थी और देखते ही देखते, मेरा चलना-फिरना भी बंद हो गया। इसके बाद मुझे पहियाकुर्सी की मदद लेनी पड़ी। मेरा शरीर ज़िंदा रहने के लिए अपने ही भीतर जमा प्रोटीन को खाने लगा, मैं किसी अकालग्रस्त देश से आए बच्चे के पोस्टर जैसी दिखने लगी। मैं अपने ही देह का कंकाल बन गई थी और मेरा सिर तीन सौ पाउंड की बड़ी गेंद जैसा महसूस होता था जिसे तकिए से उठाना भी भारी लगता था।

मैं अब भी अस्पताल आ-जा रही थी पर हर बार जब भी वहाँ जाती, मैं वहाँ से जल्दी से जल्दी बाहर निकलकर घर आना चाहती थी। मुझे ऐसा लगता था कि वे सारे अस्पताल बहुत ही निष्प्राण, मशीनी और मायूस कर देनेवाले थे। इस तरह मैं जितनी बीमार थी, वे उससे भी ज़्यादा बीमारी का एहसास दिलाते थे। इसके बाद हमने एक नर्स का प्रबंध किया जो दिन में मेरे साथ रहती थी।

उन दिनों माँ और मेरे पति एक पल के लिए भी मेरे सिरहाने से नहीं हटते थे। डैनी तो सारी रात मेरे साथ बैठे रहते। वे चाहते थे कि बस किसी तरह मेरी साँसें चलती रहें और अगर मैं कहीं आखिरी साँसें ले रही होऊँ तो वे निश्चित रूप से मेरे सिरहाने ही हों। कई रातों तक खाँसी के कारण मैं सो नहीं पाती थी इसलिए उनकी मौजूदगी से मुझे बहुत राहत मिलती। पर मैं उनके दर्द से भी वाकिफ थी और मेरे लिए अपने हालात को सहन करना और भी कठिन होता जा रहा था। इन सब बातों के बावजूद मैंने बहुत ही बहादुरी से मोर्चा सँभाला और सबको यही आश्वासन देती रही कि मैं तकलीफ में नहीं हूँ। मैं उनसे यही कहती कि मैं बेहतर महसूस कर रही हूँ जबकि हकीकत इससे कोसों दूर थी!

उसी समय मैं अपनी माँ के मन की दशा का भी अनुमान लगा सकती थी। मैं जानती थी कि किसी भी माँ के लिए इससे दुःखद और कुछ नहीं हो सकता कि वह अपने बच्चे को अपनी आँखों के आगे दुनिया से विदा लेते हुए देखे। वे तो मुझे

तिल-तिल मरते हुए देख रही थीं।

1 फरवरी, 2006 मैं पहले से कहीं ज़्यादा सकारात्मक महसूस कर रही थी। दरसअल मैंने अपने आसपास की चीज़ों पर ध्यान देना शुरू कर दिया। सामान्य दिनों की तुलना में आसमान कहीं ज़्यादा नीला दिख रहा था और सारा संसार खूबसूरत लग रहा था। हालाँकि मैं हमेशा की तरह मेरे साथ रहनेवाले ऑक्सीज़न टैंक के साथ अपनी पहियाकुर्सी पर थी। जब मुझे पहियाकुर्सी पर बिठाकर क्लीनिक से घर की ओर लाया जा रहा था, तो ऐसा लग रहा था कि सब कुछ छोड़कर जाने में कोई हर्ज़ नहीं है और अब सब ठीक होनेवाला है।

अगर मैं इस दुनिया में न भी रही तो यह सारा संसार थम नहीं जाएगा। मुझे किसी भी विषय या चीज़ के बारे में चिंता नहीं करनी चाहिए। मुझे समझ में नहीं आया कि ऐसा क्यों हुआ, लेकिन मैं भावनात्मक तौर पर बेहतर महसूस कर रही थी। मुझे याद है, इतना बेहतर तो मैंने पिछले कुछ सालों में कभी महसूस नहीं किया था।

मेरी पूरी देह में पीड़ा थी। साँस लेना तक मुश्किल हो रहा था इसलिए मुझे बिस्तर पर लिटा दिया गया। जब दर्द के कारण नींद नहीं आई, तो नर्स ने जाने से पहले मॉरफिन का इंजेक्शन दे दिया ताकि मुझे थोड़ा आराम मिल सके। पर उस दिन कुछ तो अलग हो रहा था। मुझे गहरी राहत महसूस हो रही थी और ऐसा लग रहा था कि मैंने उस चीज़ पर अपनी गहरी पकड़ छोड़ दी थी, जिसे हम ज़िंदगी के नाम से जानते हैं। अब तक हमेशा ऐसा ही लगता रहा है, मानो मैं किसी गहरी खाई के मुहाने पर झूल रही हूँ। मैं लगातार एक हारी हुई लड़ाई लड़ रही थी और अपनी पकड़ बनाए रखने की कोशिश कर रही थी। अब तक मैं जो सब कुछ कसकर थामे बैठी थी, उसे अपने हाथों से छोड़ने का समय आ गया था। मैंने खुद को एक गहरी नींद के आगोश में जाते हुए महसूस किया।

अगली सुबह, 2 फरवरी, मैंने अपनी आँखें नहीं खोलीं। मेरे चेहरे पर भारी सूजन आ गई थी। मेरे हाथ-पैर व टाँगों का भी यही हाल था। डैनी ने मुझे एक नज़र देखते ही डॉक्टर को फोन किया जिन्होंने मुझे फौरन बड़े अस्पताल ले जाने को कहा।

मैं कैंसर से चल रही अपनी जंग को खत्म करने जा रही थी।

खण्ड 2

मृत्यु की ओर मेरी यात्रा... और वापसी

7

छूट गया संसार

जब मुझे अस्पताल ले जाया जा रहा था तो मेरे आसपास की दुनिया हकीकत से कोसों दूर किसी सपने जैसी दिखने लगी। उस समय मैं खुद को लगातार अपनी चेतना से दूर बहुत दूर जाते हुए महसूस कर रही थी। जब मैं अस्पताल पहुँची तो कोमा (गहरी बेहोशी) में थी। वहाँ पता चला कि मेरे बचने की आस लगभग न के बराबर थी। डॉक्टरों के पास मायूसी से भरे जवाब के सिवा कुछ नहीं था। यह वह जगह नहीं थी जहाँ मुझे मेरी बीमारी के दौरान अकसर ले जाया जाता था और जहाँ मेरी नियमित जाँच होती रही। मैं सालों से जिस जगह पर जा रही थी, वह एक बड़े अस्पताल की तुलना में एक बड़े क्लीनिक जैसा था। बेशक मेरी उन दिनों की स्थिति के हिसाब से वह काफी था, पर वह क्लीनिक आपातकालीन स्थितियों के लिहाज़ से उपयुक्त नहीं था। यह मेरा अपना चुनाव था कि मेरा इलाज पड़ोस के उस छोटे अस्पताल में ही होता रहे क्योंकि वहाँ जाकर मुझे डर महसूस नहीं होता था। जबकि अस्पतालों के तो नाम से ही मुझे नफरत थी। मेरी सबसे अच्छी सहेली और डैनी के जीजाजी, उन दोनों ने बड़े कैंसर विशेषज्ञ अस्पतालों में ही दम तोड़ा था। इसी कारण से मुझे अस्पताल जाने के नाम से ही डर लगने लगा था।

उस दिन जब मैं सुबह कोमा में चली गई तो डैनी ने मेरे डॉक्टर से बात की। उन्होंने हाँगकाँग के सबसे उन्नत चिकित्सा उपकरणों से लैस अस्पताल में ही मुझे ले जाने की सलाह दी जहाँ विशेषज्ञ डॉक्टरों का दल मेरा इंतजार कर रहा था। इस तरह मैं वहाँ पहली बार आई थी और पहली बार डॉक्टरों का वह दल मुझे अपनी सेवाएँ दे रहा था।

जैसे ही कैंसर विशेषज्ञा ने मुझे देखा, उन्हें गहरा सदमा लगा जिसका असर उनके चेहरे के हाव-भाव पर साफ नज़र आया।

'आपकी पत्नी का दिल भले ही धड़क रहा हो, पर अब वे यहाँ नहीं हैं। उन्हें बचाने के लिए बहुत देर हो गई है,' उन्होंने डैनी से कहा।

'डॉक्टर किसके बारे में बात कर रही हैं?' मैंने सोचा। मैंने तो अपने जीवन में इतना बेहतर कभी महसूस ही नहीं किया! डैनी और माँ इतने घबराए हुए क्यों दिख रहे हैं? 'माँ, मेहरबानी करके, आप रोना बंद करो। क्या हो गया है? क्या आप मेरे लिए रो रही हैं? रोना बंद करो! मेरी प्यारी माँ, मैं ठीक हूँ, मैं बिलकुल ठीक हूँ।' मैंने सोचा कि मैं इन शब्दों को ज़ोर से बोल रही थी पर गले से कोई आवाज़ नहीं निकली। मेरी आवाज़ जा चुकी थी।

मैं अपनी माँ को गले लगाना चाहती थी, उन्हें दिलासा देना चाहती थी। उन्हें बताना चाहती थी कि घबराने की कोई बात नहीं थी, लेकिन मैं समझ नहीं पा रही थी कि मैं ऐसा क्यों नहीं कर पा रही हूँ? मेरा अपना शरीर मेरा साथ क्यों नहीं दे रहा है? ऐसा क्यों है कि मेरा बेजान शरीर बस वहाँ रखा हुआ है? जब मैं अपने प्यारे पति और माँ को गले लगाकर दिलासा देना चाह रही थी, उन्हें यकीन दिलाना चाह रही थी कि मेरी सारी पीड़ा और दुःखों का अंत हो गया है, तो मैं ऐसा क्यों नहीं कर पा रही थी?

हालात की गंभीरता को देखते हुए डॉक्टर ने झट से मदद के लिए दूसरे कैंसर विशेषज्ञ को बुलवाया। मृत्यु के निकट पहुँचने की इस अवस्था में, मैं अपने आसपास के माहौल के प्रति पूरी तरह से सजग थी, इतनी सजगता तो कभी सामान्य अवस्था में भी नहीं रहती थी। मैं अपनी पाँचों भौतिक इंद्रियों का प्रयोग नहीं कर पा रही थी, लेकिन फिर भी सब कुछ स्पष्ट देख, सुन और समझ रही थी। मानो वे इंद्रियाँ अब भी मेरा साथ दे रही हों। यह सब केवल एक एहसास से कहीं ज़्यादा था। ऐसा लगा, जैसे मैं आसपास घट रही घटनाओं से भी परे जा रही हूँ, मानो मैं धीरे-धीरे इन सबके बीच ही कहीं विलीन होती जा रही हूँ, एकाकार होती जा रही हूँ।

वरिष्ठ कैंसर विशेषज्ञ ने तत्काल अपने डॉक्टरों के दल को आदेश दिया कि मुझे रेडियोलॉजी लैब में ले जाया जाए, ताकि मेरे पूरे शरीर का स्कैन हो सके। मैंने पाया कि मेरे सिर को अब भी ऊँचे तकियों का सहारा देकर टिकाया हुआ था, जैसे कि पिछले कुछ दिनों से हम घर में करते आ रहे थे। ऐसा इसलिए किया गया था, जैसा

कि मैंने आपको पहले भी बताया था कि मेरे फेफड़ों में इतना पानी भर गया था कि अगर मुझे सीधे लिटाया जाता तो मैं अपने ही शरीर में भरे द्रव्यों के कारण दम घुटने से मर जाती।

मैं अब भी छोटे ऑक्सीजन टैंक से जुड़ी हुई थी। जब मैं रेडियोलॉजी लैब में पहुँची तो उन्होंने मेरे चेहरे से ऑक्सीजन मास्क हटा दिया, मुझे उठाया और एमआरआई मशीन में डाल दिया। कुछ ही पलों में मैं ज़ोर-ज़ोर से हाँफते हुए, खाँसने लगी। मेरा दम घुट रहा था।

'मेहरबानी करके, उसे ऑक्सीजन टैंक से अलग न करें - और वह सीधे नहीं लेट सकती! कृपया गौर करें, वह साँस नहीं ले पा रही है। उसका दम घुट रहा है। अगर आपने ऐसा किया तो वह नहीं बचेगी!' मैंने डैनी को डॉक्टरों के दल से चिल्लाकर बात करते हुए सुना।

'पर हमें तो ऐसा करना ही होगा। जाँच का कोई और उपाय नहीं है,' एक रेडियोलॉजिस्ट ने कहा। 'प्लीज़! आप चिंता न करें। हम अपनी ओर से पूरा ख्याल रखेंगे। ये एक बार में तीस सैकेंड तक ऑक्सीजन के बिना काम चला सकती हैं।'

इस तरह रेडियोलॉजिस्ट हर तीस या चालीस सेकेंड के बाद मुझे एमआरआई कैप्स्यूल से बाहर निकालते, ऑक्सीजन मास्क लगाते और एक या दो मिनट बाद फिर से एमआरआई कैप्स्यूल में डाल देते। नतीजन इस स्कैन को पूरा होने में बहुत समय लग गया। उनका काम खत्म होने के बाद मुझे आई.सी.यू. (गहन प्रतीक्षा कक्ष) में भेज दिया गया।

डॉक्टरों के दल ने मेरे पति के आग्रह पर थोड़ी तत्परता दिखाई और आश्वासन दिया कि वे अपनी ओर से मेरे बचाव का हर संभव प्रयास करेंगे। समय बीत रहा था, मैं आई.सी.यू. में पड़ी हुई थी, स्टाफ सुइयों और नलियों के बीच मुझे घेरे खड़ा था; मायूसी में डूबा मेरा परिवार मुझे काँच की दीवार के बाहर से ताक रहा था।

इसके बाद मेरे बिस्तर के आसपास एक मोटा परदा टाँग दिया गया ताकि मुझे दोनों ओर के रोगियों से परे किया जा सके। अब डैनी और माँ परदे से बने उस घेरे के बाहर थे।

मैंने देखा कि नर्सेस अब भी मेरे आसपास मँडराते हुए मुझे जीवनरक्षक उपकरणों से जोड़ने की कवायद में जुटी थीं। वे जल्द से जल्द अपनी मशीनरी और अस्पताल

के ऑक्सीजन उपकरणों को मेरी लगभग निष्प्राण हो चुकी देह से जोड़ना चाहती थी ताकि तरल दवाओं व ग्लूकोज़ का प्रवाह मेरी नसों तक पहुँचाया जा सके क्योंकि मेरे शरीर में पोषण की गहरी कमी हो गई थी। मेरे सिर पर एक मॉनीटर था और उन्होंने मुझे उससे जोड़ना शुरू कर दिया ताकि वे मेरा रक्तचाप और हृदयगति भी माप सकें। मेरी नाक के ज़रिए एक भोजन नली अंदर डाली जा रही थी जिसे मेरे गले के रास्ते पेट तक पहुँचाना था ताकि मुझे उसी से कुछ खिलाया जा सके और एक रेस्पीरेटर (श्वास यंत्र) की मदद से, नाक से श्वास दी जा रही थी। उन्हें भोजनवाली नली को भीतर तक पहुँचाने में दिक्कत हो रही थी इसलिए उन्होंने मेरे गले की माँसपेशियों को सुन्न करने के लिए कोई स्प्रे किया, और इस तरह वह नली आसानी से पेट तक उतार दी गई।

जब कुछ लोग मुझे देखने आए, तो मैं जानती थी कि वे लोग कौन थे और क्या कर रहे थे। हालाँकि मेरी आँखें बंद थीं, पर मैं अपने आसपास और उससे परे की, एक-एक मिनट की गतिविधि का जायज़ा ले सकती थी। मैं जागृत अवस्था में अपनी इंद्रियों का जितना प्रयोग करती थी, उसके मुकाबले यह एहसास और भी तीव्र व प्रखर था। ऐसा लगता था कि मैं सब कुछ जानती और समझती हूँ - केवल वही नहीं जो मेरे आसपास घट रहा है, बल्कि वह भी जो सभी महसूस कर रहे थे, मानो, मैं हर इंसान के मन को पढ़ते हुए उससे परे भी सब जान रही हूँ। मैं उनकी मायूसी, उनके डर और मेरे हालातों से उनकी हार को बहुत अच्छी तरह भाँप सकती थी।

डैनी और माँ बहुत ही उदास और डरे हुए दिख रहे थे। काश वे जान पाते कि मैं अब किसी भी तरह की तकलीफ में नहीं थी - काश मैं उन्हें बता सकती। 'मम्मी! प्लीज़ आप रोना बंद करो। मैं ठीक हूँ! मैं यहाँ बिलकुल आराम से हूँ, मैं अब आपके साथ हूँ!'

मैं अपने आसपास चल रही हर हलचल को देख और समझ सकती थी। हालाँकि सब कुछ एक ही समय में, एक साथ घट रहा था, लेकिन मैं जिस भी चीज़ पर केंद्रित होती, वह बिलकुल स्पष्ट रूप से मेरे सामने आ जाती।

'मुझे इनकी नस नहीं मिल रही है!' मैंने एक नर्स को ड्यूटी पर खड़े डॉक्टर से कहते सुना। उसकी आवाज में डर था। 'इनकी नसें पूरी तरह से खिंच गई हैं। ज़रा, इनके अंगों को तो देखो! इन पर माँस का कतरा तक नहीं दिखाई दे रहा। मानो, इनका शरीर पोषक द्रव्यों को बिलकुल भी सँभाल नहीं पा रहा।' मुझे अच्छी तरह से याद है, यह एक पुरुष नर्स की आवाज थी।

इसकी आवाज में कितनी मायूसी है, मैंने सोचा। यह मेरा इलाज करने के बावजूद सारी उम्मीद छोड़ने को तैयार बैठा है, पर इस बात के लिए इसे भी दोष नहीं दिया जा सकता।

'इनके फेफड़ों में पानी भरा है। ये अपने ही शरीर में भरे पानी में डूब रही हैं। मुझे इनके फेफड़ों से थोड़ा पानी बाहर निकालना होगा ताकि कम से कम इन्हें साँस लेने में तो आसानी हो,' वरिष्ठ कैंसर विशेषज्ञ ने कहा। जब वे मेरे लगभग बेजान पड़े शरीर पर काम कर थे, तो मैं उन्हें देख रही थी - उस क्षण में, खुद को जितना महसूस कर पा रही थी, उसके अनुपात में यह काया बड़ी ही सीमित, नाममात्र की रह गई थी।

हालाँकि चिकित्सा दल बहुत तेज़ी से काम कर रहा था और उनके हर काम में आपातकाल की झलक दिखाई दे रही थी, लेकिन मैंने उनके बीच पनप चुके स्वीकृति भाव को महसूस कर लिया। वे अब इस बात को अपनी मंज़ूरी दे चुके थे कि मेरे भाग्य को पलटने के लिए अब बहुत देर हो चुकी है। मैं हर छोटी से छोटी बात के लिए भी पूरी तरह से सजग और सचेत थी। लेकिन भौतिक रूप से कुछ भी महसूस नहीं कर सकती थी - कुछ भी नहीं, बस एक मुक्ति और स्वतंत्रता का ऐसा भाव, ऐसा सुकून था जिसे मैंने उस दिन से पहले कभी नहीं जाना था।

'आह!! यह कितना अद्भुत और अविश्वसनीय है! मैं खुद को कितना हलका और मुक्त महसूस कर रही हूँ! यह सब हो क्या रहा है? मैंने तो कभी इतना अच्छा महसूस नहीं किया? न तो अब मेरे शरीर पर कोई नलियाँ हैं और न ही किसी पहियाकुर्सी की जकड़न। मैं अब किसी की भी मदद के बिना आसानी से चल-फिर सकती हूँ और अब मुझे साँस लेने में भी कोई कठिनाई नहीं हो रही - यह सब कितना विलक्षण, कितना शानदार है!'

अस्पताल के बिस्तर पर पड़ी इस बेजान दिखती देह के प्रति अब मेरा कोई भावात्मक लगाव नहीं रह गया है। इसे देखकर लगता ही नहीं कि यह कभी मेरा शरीर रहा होगा। मैं स्वयं को जिस घर में पा रही हूँ, उसके सामने तो यह कितना तुच्छ, कितना बौना और मामूली दिख रहा है। अब तो मैं मुक्त, स्वतंत्र और भव्यता के बीच थी।

सारे कष्ट, दुःख व पीड़ाएँ जैसे कहीं ओझल हो गए थी! मैंने स्वयं को पूरी तरह से भारमुक्त अनुभव किया। मुझे याद नहीं था कि उस दिन से पहले, मैंने कभी ऐसा महसूस किया हो।

ऐसा लग रहा था मानो मैं पिछले चार सालों से अपनी देह की बंदी बनकर रह गई थी। जब से कैंसर ने मेरी देह को गलाना शुरू किया था, तब से मैं उसकी बंदी बनती चली गई। और आखिरकार अब, मैंने मुक्ति पा ली। मैं पहली बार इस आज़ादी का स्वाद चख रही थी! मैंने खुद को बहुत हलका महसूस किया और यह सजगता भी जागी कि मैं किसी भी समय कहीं भी अपनी मरज़ी से आ–जा सकती हूँ ...और यह सब मुझे अटपटा नहीं लग रहा था। सब कुछ एकदम सामान्य लग रहा था, मानो दुनिया को, चीज़ों को देखने का यही सबसे उपयुक्त तरीका हो। मुझे यह भी अजीब नहीं लगा कि मैं आई.सी.यू. के बाहर बातचीत करते अपने पति और डॉक्टरों को भी सुन सकती थी, देख सकती थी, जबकि वे मुझसे करीब चालीस फीट दूर नीचे बने, एक गलियारे में खड़े बातें कर थे।

'मि. मूरजानी! हम आपकी पत्नी के लिए कुछ नहीं कर सकते। उनके अंगों ने पहले ही काम करना बंद कर दिया है। उनके पूरे लिम्फेटिक सिस्टम में नींबू जितने बड़े आकार के ट्यूमर दिख रहे हैं जो उनके सिर के आधार से लेकर पेट के निचले हिस्से तक फैले हुए हैं। फेफड़ों की तरह ही उनके दिमाग में भी पानी भर गया है। उनके शरीर पर बड़े–बड़े फफोले उभर आए हैं जिनसे ज़हरीला मवाद बाहर आ रहा है। वे तो शायद आज रात तक भी अपनी साँसों की डोर नहीं थाम सकेंगी,' उस डॉक्टर ने डैनी से कहा। मैंने इस डॉक्टर को पहले कभी नहीं देखा था।

मैंने देखा कि डैनी के चेहरे पर गहरी निराशा उभर आई है। मैं उन्हें चिल्लाकर कहना चाहती थी, 'सब ठीक है, डार्लिंग – मैं बिलकुल ठीक हूँ! प्लीज़! तुम चिंता मत करो। डॉक्टर की बात पर ध्यान मत दो। उन्होंने जो भी कहा, वह सच नहीं है!' पर मैं ऐसा नहीं कर सकी। मेरे मुँह से एक शब्द भी नहीं निकल पाया। वे मुझे सुन ही नहीं सके।

'मैं उसे खोना नहीं चाहता। मैं उसे खोने के लिए तैयार नहीं हूँ,' डैनी ने कहा।

हालाँकि अब मैं अपनी देह के लिए कोई लगाव महसूस नहीं कर रही थी लेकिन मेरे आसपास यह जो भावात्मक खेल चल रहा था, वह मुझे अपनी ओर तेज़ी से खींच रहा था। मैं उस समय केवल डैनी को उस भावना से मुक्त करना चाहती थी जो मुझे खोने के भय के कारण उसके मन में पनप रही थी।

'डार्लिंग, क्या तुम सुन रहे हो? प्लीज, मेरी बात सुनो! मैं तुम्हें बताना चाहती हूँ कि मैं बिलकुल ठीक हूँ।'

जैसे ही मैंने अपने आसपास हो रहे इस खेल के प्रति भावनात्मक लगाव महसूस किया, मुझे यह भी लगने लगा कि जैसे साथ ही साथ मुझे कोई दूसरी ओर खींच रहा हो। मानो, कोई दिव्य योजना मेरे सामने प्रकट होना चाहती हो। जब मुझे यह महसूस होने लगा कि सब कुछ ठीक है और तयशुदा योजना के अनुसार ही घट रहा है तो मेरी मानसिक व्याकुलता शांत होने लगी।

जैसे ही मेरे भाव आसपास के परिवेश से परे छिटकने लगे, मैंने पाया कि मैं किस तरह अपने चारों ओर मौजूद स्थान में अंतरिक्ष में विस्तार पा रही हूँ और यह विस्तार तब तक जारी रहा, जब तक मैं उस परिवेश और वहाँ की हर चीज़ से एकाकार नहीं हो गई। मैं हर चीज़ से, हर व्यक्ति से ओत-प्रोत हो गई थी, दरअसल मैं स्वयं उनका ही रूप बन गई थी। मैं अपने परिवार और डॉक्टरों के बीच चल रही बातचीत के हर अंश के प्रति पूरी तरह से सजग थी, जबकि वे लोग भौतिक रूप से मेरे कमरे से बाहर, कुछ दूरी पर थे। मैं अपने पति के चेहरे पर छाए भय को पहचान सकती थी, मानो उस एक पल में मैंने उनका ही रूप ले लिया हो।

इसके साथ ही मुझे यह भी पता चल रहा था कि मुझसे हज़ारों मील की दूरी पर बैठा, मेरा भाई अनूप बहुत बेचैनी के साथ, मुझसे मिलने आ रहा था। हालाँकि इसके बारे में मुझे पहले से कुछ भी पता नहीं था। जब मैंने उसे और उसके चेहरे पर छाया भय देखा तो एक बार फिर से ऐसा लगं मानो भावनाओं का यह खेल मुझे अपनी ओर खींच रहा हो और मुझे फिर से इस भौतिक संसार का हिस्सा बना देना चाहता हो।

'अरे वाह!! वह तो अनूप है और एक विमान में सवार है। लेकिन वह इतना परेशान क्यों दिख रहा है? लगता तो यही है कि शायद वह मुझे देखने के लिए हाँगकाँग आ रहा है!'

मुझे अच्छी तरह याद है वह किस तरह जल्द से जल्द मेरे पास पहुँचने के लिए बेताब था। मैंने पाया कि उसके लिए मेरी भावनाओं का आकर्षण उमड़ रहा है।

ओह, बेचारा अनूप। वह मेरे लिए चिंतित है और चाहता है कि मेरे आखिरी साँसें गिनने से पहले कम से कम मुझे एक बार देख तो ले। 'अनूप, मेरे प्यारे भईया, चिंता मत करो। मैं यहीं हूँ! तुम्हें हड़बड़ी मचाने की ज़रूरत नहीं है। अब मुझे कोई दुःख या कष्ट नहीं रहा!'

मैं चाहती थी कि उसके पास जाकर उसे गले से लगाकर तसल्ली दूँ कि मैं

बिलकुल ठीक हूँ। लेकिन मैं यह नहीं समझ पा रही थी कि मैं उस तक पहुँच क्यों नहीं पा रही हूँ।

'भाई! मैं यही हूँ! तुम्हारे पास!'

मुझे याद है, मैं नहीं चाहती थी कि उसके आने से पहले मेरा भौतिक शरीर दम तोड़ दे। मैं जानती थी कि अगर ऐसा हुआ तो उसे कैसा लगेगा और मैं नहीं चाहती थी कि वह उस मानसिक पीड़ा से गुज़रे।

पर एक बार फिर ज्यों ही भाई के लिए मेरे मोह का आकर्षण उमड़ने लगा और मैं स्नेहवश यह चाहने लगी कि वह अपनी प्यारी छोटी बहन के जाने के गम में दुःखी न हो पाए, तभी मैंने ठीक उसी समय खुद को इन हालात से दूर जाते हुए पाया। जब भी मेरे भाव हालात पर हावी होते, मैं स्वयं को उस विस्तार के बीच पाती और ऐसा लगता मानो मुझे हर तरह के मोह से मुक्ति मिल गई हो। एक बार फिर से मैं महान आश्वासन से भरी उस भावना के बीच थी, जिसमें हर चीज़ ठीक उसी तरह से घट रही थी, जैसे उसे दिव्य योजना के अधीन घटना चाहिए।

मैं जैसे-जैसे वह बाहरी विस्तार पाती गई, मेरे लिए इस चमत्कारी अवस्था में प्रवेश करना सहज होने लगा - दरअसल उस समय तक लगने लगा था कि यह सब जो भी घट रहा है, उसमें कुछ भी असामान्य नहीं है; यह तो जैसे मेरे लिए उस समय की सबसे कुदरती घटना हो गई थी। मानो कुछ भी नया या अनूठा नहीं, बल्कि सब कुछ स्वाभाविक था। भले ही बाहरी दुनिया के लिए मैं कोमा में थी पर अपनी बेहोशी के बावजूद मैं अपने आसपास घट रही हर गतिविधि और अपने शरीर पर की जा रही हर प्रक्रिया के प्रति पूरी तरह से सचेत थी।

मैंने पाया कि मैं लगातार अपने भौतिक परिवेश से परे विस्तार में खिंचती चली जा रही थी। मानो अब समय व स्थान की कोई सीमा ही न रह गई हो। चेतना के उस अनंत विस्तार में मेरा प्रसार जारी रहा। मुझे एक ऐसी आज़ादी और मुक्ति का एहसास हुआ जिसे मैंने अपने भौतिक जीवन में पहले कभी नहीं पाया था। मैं इस भाव को केवल भरपूर आनंद और जबर्दस्त खुशी के मेल के रूप में ही प्रकट कर सकती हूँ। यह मेरी रोगी तथा मृतप्राय: देह से मुक्ति पाने से उपजा था, यह आनंद व मुक्ति का ऐसा भाव था, जिसने मुझे रोग से मिली पीड़ा से आज़ाद कर दिया था।

जब मैं निरंतर दूसरे लोक की ओर बढ़ रही थी, बाहर की ओर विस्तार पाते हुए,

हर वस्तु और व्यक्ति के साथ एकाकार होती जा रही थी। मुझे ऐसा लगा, मानो मेरे प्रियजनों के प्रति मेरा स्नेही भाव और अपने आसपास की दुनिया के प्रति मेरा लगाव भी जैसे छूटता चला जा रहा हो। मैं केवल अपने चारों ओर महसूस किए जा सकनेवाले विलक्षण और अद्भुत नि:स्वार्थ प्रेम का वर्णन कर सकती हूँ जिसने मेरे इस त्याग के साथ-साथ मुझे अपने साथ बाँध लिया था। दरअसल उस भावना को नि:स्वार्थ प्रेम जैसे शब्दों से भी प्रकट नहीं किया जा सकता क्योंकि इस शब्द का इतना अधिक प्रयोग किया गया है कि इसने अपने मायने खो दिए हैं। मैं एक लंबे अरसे से जो लड़ाई लड़ती आ रही थी, उसने मुझे अपनी मज़बूत पकड़ से आज़ाद कर दिया था और आज़ादी का यह एहसास बहुत ही प्यारा था।

मुझे ऐसा नहीं लग रहा था कि मैं भौतिक रूप से कहीं जा रही हूँ। मुझे तो दरअसल ऐसा लग रहा था जैसे मेरी चेतना जाग उठी हो। शायद मैं एक बुरे सपने से जाग गई थी। मेरी आत्मा को सही मायनों में अपनी सच्ची भव्यता का एहसास हो रहा था! और इस तरह मैं अपने शरीर और इस भौतिक संसार से भी परे होती जा रही थी। यह विस्तार इतना अधिक था कि जो न केवल इस अस्तित्व बल्कि उस दूसरे लोक में भी शामिल हो गया था जो इस समय व स्थान से भी परे था।

मेरे रोम-रोम से, मेरी अंतरात्मा से प्रेम, स्नेह, आनंद और विस्मय की धारा प्रवाहित हो रही थी और मैं इसी धारा ने सराबोर हुई जा रही थी। मैं गहरे स्नेह के सागर में इतने गोते लगा रही थी, जिसकी मैंने कभी कल्पना तक नहीं की थी। मैंने खुद को इतना जीवंत और मुक्त कभी नहीं पाया था। जैसा कि मैंने कहा, मैं अचानक उन बातों को भी जानने लगी जो कि भौतिक तौर पर संभव नहीं थीं जैसे मैं अपने अस्पताल के बिस्तर से काफी दूर मौजूद परिवार के सदस्यों व मेडिकल दल की बातें भी सुन पा रही थी।

ये भावुक संवेदनाएँ मानो दूसरे ही लोक की थीं जिन्हें शब्दों में प्रकट नहीं किया जा सकता। संपूर्ण, विशुद्ध तथा नि:स्वार्थ प्रेम के इस भाव को तो मैंने पहले कभी अनुभव ही नहीं किया था। मुझे इसे पाने के लिए कुछ भी करके दिखाने या कुछ भी बनने की आवश्यकता नहीं थी और न ही इसे पाने के लिए मुझे अपनी योग्यता प्रमाणित करनी थी। इसमें किसी भी तरह का कोई भेदभाव नहीं था।

जब मैंने अपने पिता की उपस्थिति को अनुभव किया तो मेरे विस्मय की सीमा न रही, वे तो दस साल पहले ही गुज़र चुके थे और जब मैंने स्वयं को उनके निकट

पाया तो मैं सचमुच सांत्वना के अविश्वसनीय स्तर तक पहुँच गई।

'डैड! आप यही हैं। मुझे विश्वास नहीं हो रहा है!'

मैं उन शब्दों को बोल नहीं रही थी। मैं केवल उन्हें सोच रही थी – मानो, वे भाव मेरे शब्दों की पहुँच से परे थे, मानो उस लोक में संवाद करने के लिए अपने मन की बात को दूसरे तक पहुँचाने के लिए इसके सिवा कोई दूसरा साधन ही नहीं था!

'हाँ, मेरी बच्ची! मैं यही हूँ और हमेशा से तुम्हारे पास ही था – तुम्हारे और तुम्हारे परिवार के लिए!' मेरे पिता ने मुझसे बात की। इस बार भी शब्द मौजूद नहीं थे, लेकिन मैं उन भावों को साफ तौर पर समझ सकती थी।

फिर मैंने अपनी सहेली सोनी की आत्मा की मौजदूगी महसूस की जिसने तीन साल पहले कैंसर से दम तोड़ा था। मैंने उस समय जो अनुभव किया, उसे केवल उन उत्साहजनक भावनाओं के रूप में ही व्यक्त किया जा सकता है जिन्होंने मुझे दिलासा देते हुए अपने गले से लगा लिया हो। ऐसा लग रहा था जैसे मैं जानती हूँ कि वे तो बहुत पहले से मेरे साथ थे, भले ही मुझे इस बारे में पता नहीं था लेकिन वे मेरी बीमारी के दौरान मेरे साथ ही बने हुए थे।

मैं अपने आसपास के दूसरे लोगों के प्रति भी सचेत थी। मैं उन्हें पहचान नहीं सकी, लेकिन मैं जानती थी कि वे लोग मुझे बहुत प्यार करते थे और वे मेरी रक्षा कर रहे थे। मैंने महसूस किया उन्होंने हमेशा से ही मुझे अपने स्नेहपाश में घेर रखा था जिसकी मुझे जानकारी तक नहीं थी।

सोनी की आत्मा से भेंट के बाद मुझे बहुत सुकून मिला क्योंकि जब से वह गई थी, मुझे उसकी बहुत याद आती थी। मैं उसके लिए नि:स्वार्थ प्रेम के अतिरिक्त कुछ और अनुभव नहीं कर पा रही थी। तभी मैंने अनुभव किया कि मेरी आत्मा सोनी की आत्मा के साथ एकाकार हो गई और मैं 'वह' बन गई हूँ। मैं समझ पा रही थी कि वह चारों ओर, हर जगह मौजूद थी। वह अपने प्रियजनों के लिए हर जगह हर समय उपस्थित रहने योग्य थी।

हालाँकि मैं अपनी भौतिक इंद्रियों का प्रयोग नहीं कर रही थी, मेरा बोध असीमित हो गया था, मानो, मुझे एक नया ही बोध मिल गया हो, ऐसा बोध, जो मेरी भौतिक इंद्रियों से कहीं अधिक सजग व सचेत था। मुझे अपने आसपास के परिवेश और माहौल के लिए पूरी सजगता मिल चुकी थी और मैं एक साथ अपने आसपास, सामने और

पीछे की ओर भी आसानी से देख सकती थी। भले ही यह बात सुनने में विचित्र लगे लेकिन मुझे यह पूरी तरह से सामान्य दिख रही थी। अब केवल एक देह में बँधकर रहना ऐसा था, मानो हम किसी कैद में हों।

उस लोक में समय भी कुछ अलग लग रहा था, मैं सभी पलों को एक साथ महसूस कर सकती थी। मैं अपने साथ घटी हर घटना के प्रति सचेत थी - अपने भूत, वर्तमान और भविष्य को एक साथ महसूस कर पा रही थी। मैं उन सभी बातों के लिए सजग थी, जो कई जीवनों में एक साथ घट रही थीं। एक जन्म में मेरा कोई छोटा भाई था और मैं उसका बहुत ख्याल रखती थी लेकिन मैं जानती थी कि उस भाई की आत्मा वही थी, जो अब अनूप की आत्मा है। अंतर केवल इतना था कि इस अस्तित्व में वह मुझसे बड़ा था। मेरा और अनूप का पिछला जन्म एक अल्पविकसित देहाती इलाके में हुआ था समय और स्थान का पता नहीं चल सका। हम एक कच्ची झोंपड़ी में रहते थे और जब हमारे माता-पिता खेतों में काम करने जाते तो मैं अनूप की देखरेख करती।

भाई की देखरेख करनेवाली बड़ी बहन की संवेदनाओं का अनुभव करते हुए मैं यह ध्यान रखती थी कि हमारे पास खाने के लिए भरपूर भोजन हो और हम अवांछित बाहरी तत्वों से सुरक्षित रहें। ऐसा नहीं लगा कि यह किसी पिछले जन्म की बात थी। भले ही यह दृश्य ऐतिहासिक लग रहा था, लेकिन उस लोक में यह ऐसा ही लगता था, मानो ठीक उसी समय घट रहा हो।

दूसरे शब्दों में, हम समय को जिस तरह यहाँ रेखीय रूप में अनुभव कर पाते हैं, वहाँ ऐसा नहीं था। हमारा मन हर घटना को समय के धागे में सिलसिलेवार तरीके से पिरोता है; लेकिन असल में, जब हम अपने शरीर के माध्यम से खुद को प्रकट नहीं कर रहे होते तो सब कुछ एक साथ घटता हुआ ही दिखता है भले ही वह भूत हो, वर्तमान हो या फिर भविष्य!

हालाँकि उस समय मैं उस लोक में इन सभी घटनाओं को साफ तौर पर देख पा रही थी और कोई संशय नहीं था, लेकिन उसे याद करके, यहाँ लिखते समय थोड़ा भ्रम हो रहा है। जब समय एक रेखा में न चल रहा हो तो कुछ याद करके बताना थोड़ा उलझनभरा हो जाता है।

ऐसा लगता है कि हमारी पाँच इंद्रियाँ हमें केवल इस योग्य बनाती हैं कि हम दिए गए समय में केवल एक ही बिंदु पर अपना ध्यान लगा पाते हैं। और हम इन्हें ही आपस में जोड़कर एक रेखीय यथार्थ का भ्रम पैदा कर लेते हैं। हमारी भौतिकता ही

हमें इस तरह सीमाओं में बाँध देती है कि हम अपने आसपास के समय व स्थान का भी पूरा बोध नहीं कर पाते बल्कि स्वयं को केवल उस बोध से जोड़ लेते हैं जिसे हम देख, सुन, सूँघ, चख या छू सकते हैं। हालाँकि अपने शरीर के बिना मैं समय व स्थान के सभी आयामों को एक साथ देखते हुए महसूस कर सकती थी।

उस विस्तृत लोक में मेरी उन्नत सजगता किसी भी वर्णन से परे है, भले ही मैं इसे शब्दों में प्रकट करने की कितनी भी कोशिश क्यों न करूँ। वह स्पष्टता वाकई अद्‌भुत थी।

मुझे यह एहसास हुआ कि यह ब्रह्माण्ड वास्तव में अपना एक विशेष अर्थ रखता है! मैं अंततः समझ गई – मैं जानती हूँ कि मुझे कैंसर क्यों हुआ! हालाँकि मैं उन क्षणों को लेकर इतने विस्मय में थी कि खुद को एकाग्र नहीं पा रही थी, लेकिन जल्द ही मैंने पूरी स्पष्टता के साथ इसे महसूस किया। मेरी समझ में यह तथ्य भी आसानी से आ गया कि मैंने इस जीवन में प्रवेश क्यों किया था – अब मैं अपने सच्चे उद्‌देश्य को जानती थी।

मैं जानना चाहती थी कि मैं अचानक यह सब कैसे समझने लगी? मुझे यह जानकारी कौन दे रहा है? क्या यह ईश्वर है? कृष्ण? बुद्ध? जीज़स? और फिर मैं इस तथ्य के सामने आते ही भावुक हो उठी कि ईश्वर कोई जीव नहीं, यह तो अस्तित्व की एक अवस्था है .....और अब मैं स्वयं उस अस्तित्व की एक अवस्था थी!

मैंने देखा कि मेरा जीवन उन सबके बीच बहुत ही बारीकी से गुँथा हुआ था, जिसे मैंने अब तक जाना था। मेरा अनुभव कुछ ऐसा ही था, मानो एक अनंत कैनवस की विशाल व जटिल रंगीन छवियों के बीच बुना गया एक धागा! बाकी सारे धागे और रंग मेरे संबंधों का प्रतिनिधित्व करते थे, जिसमें वह रोज़मर्रा का जीवन भी शामिल था, जिसे मैंने जीया था। वे धागे मेरी माँ, मेरे पिता, मेरे भाई, मेरे पति और जीवन में आनेवाले प्रत्येक व्यक्ति का प्रतिनिधित्व करते थे, भले ही वे मुझसे सकारात्मक तौर पर जुड़े हों या फिर नकारात्मक तौर पर।

हे ईश्वर! यहाँ तो एक तार उस बिली के लिए भी था, जो बचपन में मुझे सताया करता था! प्रत्येक व्यक्ति और उससे हुई भेंट एक साथ मिलकर एक वस्त्र सा रच रहे थे, जो इस बिंदु तक मेरे सारे जीवन का सार था। भले ही मैं एक धागा थी, लेकिन मैं उस संपूर्ण चित्र का एक अखंड अंश थी।

यह सब देखते हुए मैं समझ गई कि अपनी ही अनूठी आत्मा को इस संसार के सामने लाने के लिए मैं अपनी स्वयं की स्वयं से मिलनेवाले प्रत्येक व्यक्ति की तथा इस जीवन की ऋणी थी। कोई और वस्तु या व्यक्ति बनने की कोशिश करके मैं बेहतर नहीं हो सकती थी क्योंकि इस तरह तो मैं अपने ही अस्तित्व से और भी दूर हो जाती! और दूसरे लोग मेरे सच्चे अस्तित्व को महसूस न कर पाते, न ही मैं सही मायनों में उनके साथ कोई जुड़ाव रख पाती। यदि मैं सच्ची न होती तो वह उद्‌देश्य भी कहीं खो जाता कि मैं यहाँ क्या बनने आई थी और क्या प्रकट करना चाहती थी।

स्पष्टता की उस अवस्था में मैंने यह भी जाना कि मैं वह नहीं थी, जो मैं आज तक स्वयं को समझती आई थी। यहाँ मेरा कोई शरीर, जाति, वंश, संस्कृति, धर्म या मान्यता नहीं थी... लेकिन फिर भी मेरा अस्तित्व था। तो फिर मैं क्या हूँ? कौन हूँ? मैं निश्चित तौर पर खुद को किसी से कमतर नहीं समझती। इसके विपरीत, मैंने तो खुद को कभी इतना बलशाली, विशाल या इतना भरा-पूरा महसूस ही नहीं किया था जितना कि उस समय कर पा रही थी!

मैं अपने शरीर और भौतिक गुणों के बिना वहाँ थी और इसके बावजूद मेरा सच्चा अस्तित्व मौजूद था और यह मेरे संपूर्ण सार का कोई घटा हुआ तत्व नहीं था। दरअसल, यह तो मेरे भौतिक अस्तित्व से कई गुना विशाल, गहन और भव्य था - कुल मिलाकर अद्वितीय! मैंने स्वयं को शाश्वत पाया, मानो मेरा अस्तित्व सदा से था और वह हमेशा बिना किसी आदि या अंत के यूँ ही बना रहेगा। मैं यह जानती थी कि मैं वास्तव में विलक्षण थी!

'मैंने स्वयं को कभी इस तरह क्यों नहीं जाना?', मैंने सोचा।

जब मैंने अपने जीवन के इस बिंदु तक के संग्रह को दर्शानेवाले कैनवास को देखा तो मैं अच्छी तरह समझ गई कि मैं उस दिन किस वजह से वहाँ तक आ पहुँची थी। ज़रा मेरे जीवन के इस पथ को तो देखो! क्यों, ऐसा क्यों? मैं हमेशा अपने साथ इतनी कठोरता से पेश क्यों आती रही? मैं हमेशा अपना ही तिरस्कार क्यों करती रही? मैंने अपना पक्ष लेते हुए, अपनी ही आत्मा का सौंदर्य संसार के सामने क्यों नहीं आने दिया?

मैं सदा दूसरों को प्रसन्न देखने के लिए अपनी बुद्धिमत्ता व रचनात्मकता को क्यों दबाती रही? जितनी बार मैंने 'न' कहने की इच्छा के बावजूद 'हाँ' कहा, उतनी ही बार मैंने स्वयं के साथ छल किया है। मैंने सदा अपने लिए दूसरों से मंज़ूरी चाही और

इसी प्रक्रिया में अपने आपसे दूर होती चली गई, क्यों? मैंने अपने प्यारे से दिल की बात क्यों नहीं सुनी और लोगों तक अपना ही सच क्यों नहीं जाने दिया?

जब हम अपने भौतिक शरीरों के साथ होते हैं तो हमें इस बात का एहसास क्यों नहीं होता? मैं यह क्यों नहीं जान सकी कि हमें अपने साथ इतनी कठोरता से पेश नहीं आना चाहिए?

मैं अब भी स्वयं को निःस्वार्थ स्नेह और स्वीकृति के सागर में डूबा हुआ पा रही थी। मैं स्वयं नई दृष्टि से देख सकती थी। मैंने देखा कि मैं तो ब्रह्माण्ड का एक खूबसूरत जीव थी। मैं समझ गई कि केवल मेरा होना ही मुझे इस सम्मान के योग्य बना देता है, इसके सिवा किसी दूसरी परख की ज़रूरत नहीं है। मुझे कुछ भी खास करने की ज़रूरत नहीं थी; मैं केवल इसीलिए प्रेम पाने के योग्य थी क्योंकि मैं एक अस्तित्व रखती थी, इससे अधिक और कुछ नहीं हो सकता था।

यह हकीकत मेरे लिए बहुत हद तक चौंका देनेवाली अनुभूति रही क्योंकि मैंने तो हमेशा से यही सोचा था कि मुझे किसी का स्नेह पाने के लिए कुछ करना होगा। मैं यही मानती आई थी कि अगर मुझे किसी के स्नेह को पाने के लिए पात्र बनना है या कोई मेरी परवाह करे, इसके लिए मेरा इस लायक होना ज़रूरी है। लेकिन यहाँ आकर पता चला कि ऐसा करना ज़रूरी नहीं था और यह जानकर मेरे दिल को बहुत तसल्ली मिली। मुझे निःस्वार्थ भाव से स्नेह मिल रहा था और इसका कारण केवल मेरे अस्तित्व का होना भर था।

जब मुझे अपने इस भव्य और विस्तृत स्वरूप का एहसास हुआ तो मैं ऐसी स्पष्टता के साथ रूपांतरित हो गई जिसकी कल्पना तक नहीं की जा सकती। यह मेरे अपने अस्तित्व का सच था। यह समझ पूरी तरह से साफ थी– मैं अस्तित्व के एक नए ही आयाम को देख रही थी अपनी ही सजगता का निर्मल प्रकाश बन गई थी। जो भी हो रहा था, उसके प्रवाह, कीर्ति और अद्भुत सौंदर्य में कोई दखल नहीं दे सकता था।

मैं यह जान गई कि हम सभी आपस में कहीं न कहीं कोई जुड़ाव रखते हैं। यह जुड़ाव न केवल हर व्यक्ति और जीवित प्राणी के बीच था बल्कि यह आपस में गुँथा हुआ जुड़ाव इस तरह महसूस हो रहा था मानो इसमें ब्रह्माण्ड की हर वस्तु शामिल हो गई हो। जैसे प्रत्येक व्यक्ति, पशु, पौधा, कीटक, पर्वत, समुद्र, निर्जीव वस्तुएँ तथा जगत! मैंने अनुभव किया कि संपूर्ण ब्रह्माण्ड चेतना से भरपूर था, जो सारी प्रकृति और

जीवनों में समाया था। सब कुछ उसी संपूर्ण अनंत से संबंध रखता है। मैं स्वयं बहुत ही सूक्ष्म रूप से उसी सारे जीवन का एक ऐसा अंश थी, जिसे किसी भी तरह उससे अलग नहीं किया जा सकता। हम सभी उसी एकता के पहलू हैं – हम सभी एक हैं और हममें से प्रत्येक उसी समग्रता पर अपना प्रभाव रखता है।

मैं जानती थी कि डैनी का जीवन और उद्‌देश्य बहुत ही उलझे हुए रूप में मुझसे जुड़े थे और यदि मैं नहीं रही तो शीघ्र ही वे भी इस संसार को त्याग देंगे। लेकिन मैं यह भी समझती थी कि यदि ऐसा हुआ भी तो भी इस दिव्य तसवीर में कहीं कोई खराबी नहीं आएगी।

मुझे समझ में आया कि कैंसर, मेरे किसी बुरे कर्म का नतीजा नहीं था, न ही मैं अपने पिछले कर्मों के नकारात्मक नतीजे भुगत रही थी जैसा कि मैं पहले मानती आई थी। मानो हर क्षण में अनंत संभावनाएँ थीं और मैं अपने जीवन में जिस बिंदु पर थी, वह प्रत्येक निर्णय, चुनाव तथा मेरे जीवन के प्रत्येक विचार का संग्रह था। मेरे अनेक प्रकार के डर तथा मेरी शक्तियों ने ही इस रोग का रूप ले लिया था।

8

कुछ अनंत और कुल मिलाकर अद्‌भुत

यूँ तो मैंने इस पुस्तक द्वारा मृत्यु को निकट से देखने का अनुभव बाँटने की कोशिश की है, लेकिन किसी भी भाषा में ऐसे कोई शब्द नहीं हैं जिनसे इसके साथ आनेवाले अथाह ज्ञान की गहराई का अनुमान लगाया जा सके। मैं इसे केवल कई तरह की मिसालों, उदाहरणों व उपमाओं के द्वारा ही प्रकट कर सकती हूँ। उम्मीद करती हूँ कि मैंने जो भी महसूस किया अपने शब्दों के माध्यम उसके सार का कम से कम सौवाँ हिस्सा तो आप तक पहुँचा ही सकूँगी।

ज़रा कल्पना कीजिए कि आप एक विशाल और अंधेरे गोदाम में हैं। आप वहाँ रहते हैं और आपको केवल एक ही फ्लैशलाइट से रोशनी मिलती है। उस विशाल जगह पर आप सिर्फ वहीं तक देख पाते हैं जहाँ तक प्रकाश की वह इकलौती किरण जाती है। आपको इसके सिवा और कुछ भी दिखाई नहीं देता। जब भी आप कुछ देखना चाहें तो हो सकता है कि वह आपको न मिले, लेकिन इसका यह अर्थ नहीं लगाया जा सकता है कि वह वस्तु वहाँ है ही नहीं। वह वस्तु वहीं है, लेकिन उस पर प्रकाश नहीं पड़ रहा है। जब उस पर प्रकाश पड़ा तो वह आपको अलग ही तरह की दिखने लगी। इसका अर्थ है कि आप केवल उसी वस्तु को देख सकते हैं, जिस पर आपका प्रकाश केंद्रित होता है। और केवल उसे ही पहचान सकते हैं जिसे आप पहले से जानते हैं।

इसके बाद कल्पना करें कि एक दिन अचानक कोई वहाँ बड़ी रोशनी जला देता है। अचानक ही आप उस ध्वनि, प्रकाश और उज्ज्वल निखार के बीच पूरे गोदाम को देखने में सक्षम हो जाते हैं। जबकि आपने कभी कल्पना तक नहीं की थी कि एक दिन

ऐसा कुछ होगा। प्रकाश झिलमिला रहा है, लाल, पीले, हरे, और नीले रंग की बत्तियाँ चमचमा रही हैं। आप ऐसे-ऐसे रंग देखते हैं, जिन्हें आपने पहले कभी नहीं देखा है। चारों तरफ एक संगीत है, जो पूरे कक्ष को एक नया ही नज़ारा और आभा दे देता है। आपने ध्वनि और प्रकाश के बीच ऐसा जगमग दृश्य पहले कभी नहीं देखा। वह संगीत उस कक्ष को ऐसी आलीशान, अद्भुत और विविध धुनों की मिठास से सराबोर कर देता है जिन्हें आपने पहले कभी नहीं सुना।

आपके आसपास सिंदूरी, लाल, पीले, हरे, नीले और सुनहरे रंगों में इंद्रधनुष सी दमकती नियॉन बत्तियों की जगमगाहट है। बिजली से चलनेवाले खिलौने पटरियों से ऊपर-नीचे भाग रहे हैं, उनके आसपास अनगिनत दराज़ों और शेल्फों पर कई रंगों के बक्से, पैकिंग का सामान, कागज़, पेन्सिल, पेंट्स, स्याही, भोजन के डिब्बे, डिब्बों में बंद रंगीन टॉफियाँ और कैंडीज़, चमकती हुई सोड़े की बोतलें, हर तरह की चॉकलेट और दुनिया के हर कोने से आई शैंपेन दिखाई दे रही है। अचानक आकाश में हवाई रॉकेट छूटने से रोशनी की झालरें बिखर जाती हैं जिनसे रंगीन फूल झरने लगते हैं, सीटियाँ बजाते अंगारे दिखने लगते हैं और अद्भुत रूप से जीवंत प्रकाश का दृश्य दिखाई देने लगता है।

आपके आसपास की हर वस्तु की जटिलता, गहराई और प्रसार लगभग भावुक कर देनेवाला है। आप अंतरिक्ष के दूसरे छोर तक सब कुछ देख नहीं पाते लेकिन आप समझ सकते हैं कि जो भी आपकी इंद्रियों और भावों को उत्तेजित कर रहा है, वह इस दिखनेवाले दृश्य से कहीं अधिक विशाल है। पर आपको यह एहसास बहुत गहराई से होने लगता है कि आप असल में किसी जीवंत, अनंत और कुल मिलाकर एक अद्भुत चीज़ का हिस्सा हैं, आप एक विशाल और समेटे न जा सकनेवाले चित्र का हिस्सा हैं, जो आपकी अपनी ध्वनि और प्रकाश से भी परे है।

आप समझ जाते हैं कि आप जो सोचते थे, वह वास्तव में आपके आसपास फैले इस विस्तृत विस्मय की चिंगारी मात्र थी। आप देख सकते हैं कि किस तरह वे सारे अंश आपस में गुँथे हुए हैं, किस तरह वे सब आपस में मिलकर चलते हैं और किस तरह सब कुछ अपने आप ही अनुकूल होता जाता है। आप देखते हैं कि उस गोदाम में न जाने कितनी ऐसी वस्तुएँ हैं, जिन्हें न तो कभी आपने देखा और न ही उसके बारे में कभी सोचा था। वे अपनी भव्यता, रंगों, ध्वनियों और बनावट के बीच अनूठी हैं। वे भले ही दिखाई न दें लेकिन वे यहाँ हैं और उन सभी चीज़ों के साथ उपस्थित हैं,

जिन्हें आप पहले से जानते थे। यहाँ तक कि अब ये चीज़ें भी एक नए संदर्भ में सामने आ जाती हैं और बिलकुल नई व वास्तविक दिखने लगी हैं।

यहाँ तक कि उस विशाल लाइट का स्विच बंद होने के बाद भी कोई उस समझ और स्पष्टता को आपसे छीन नहीं सकता। आपको अपने जीवंत अनुभव से सुंदरता और विस्मय का जो एहसास हुआ, वह अब आपका है। उस गोदाम में जो भी मौजूद है, उसकी उपस्थिति को अब कोई खारिज़ नहीं कर सकता। अब वहाँ जो भी है, आपको उसके बारे में पता है। अब आप जानते हैं कि उसे कैसे पाना है जो इससे पहले उस छोटी सी प्रकाश किरण के माध्यम से भी संभव नहीं था। आप अपने उन अनुभवों और जीवंत पलों से मंत्रमुग्ध हैं। जीवन ने एक नया ही अर्थ ले लिया है और आपके आगे आनेवाले नए अनुभव भी इस सजगता से रचे जा रहे हैं।

मैंने दूसरे लोक से मिली इस समझ-बूझ के बारे में सोचा और इसका पूरा आनंद लेते हुए वहाँ चारों ओर फैली चेतना की पड़ताल की। ऐसा करते ही मुझे लगा कि अब मुझे एक चुनाव करना होगा। मैं एक ऐसे बिंदु पर पहुँची जहाँ मुझे एक बार फिर से अपने पिता की सुखद उपस्थिति अनुभव होने लगी मानो वे मुझे गले लगा रहे हों।

'डैड! ऐसा लगता है कि जैसे मैं घर आ गई हूँ! मैं यहाँ आकर बहुत खुश हूँ। यह जीवन कितना पीड़ादायी है!' मैंने उनसे कहा।

'पर डार्लिंग! तुम तो हमेशा से ही अपने घर में थीं,' उन्होंने कहा।

'मैं चाहता हूँ कि तुम यह बात हमेशा याद रखो। तुम सदा से घर में थी और सदा वहीं रहोगी।'

हालाँकि अपनी किशोरावस्था के दौरान मेरा उनसे बहुत भावात्मक जुड़ाव नहीं था पर अब मैं उनके भीतर से फूट रहे नि:स्वार्थ स्नेह को महसूस कर सकती थी। मैं उनके साथ अपने भौतिक जीवन के दौरान (जब वे मुझे भारतीय सांस्कृतिक नियमों के अनुसार ढालने की कोशिश करते) अकसर उनकी कुछ बातों से कुंठित हो जाती। जैसे छोटी आयु में मेरा विवाह करवाने की कोशिश या रिवाज़ों के अनुकूल न होने पर मुझे यह महसूस करवाना कि मैं वहाँ से मेल नहीं खाती। लेकिन उस लोक में मुझे यह पता चला कि उन सांस्कृतिक शर्तों व उम्मीदों से परे उनके पास मेरे लिए विशुद्ध प्रेम के सिवा कुछ नहीं था।

उन्होंने आजीवन मुझ पर जो भी सांस्कृतिक दबाव डाले, मानो वे सब ओझल

हो गए थे क्योंकि वे भौतिक अस्तित्व का अंश थे। मृत्यु के बाद वे मूल्य कोई महत्त्व नहीं रखते थे; वे मृत्यु के बाद उनके साथ नहीं आए थे। केवल हमारा संबंध तथा हमारे बीच का वह बेशर्त प्रेम ही बाकी था। तो पहली बार मैंने स्वयं को पिता की उपस्थिति में प्रसन्न और सुरक्षित महसूस किया। यह वास्तव में अद्भुत था मानो, मैं सही मायने में अपने घर वापस आ गई हूँ!

हमारे बीच हुआ संवाद मौखिक नहीं था पर हम परस्पर भावों तथा विचारों को समझ सकते थे। ऐसा नहीं था कि मैं अपने पिता को बस यूँ ही समझ पा रही थी बल्कि ऐसा लग रहा था जैसे मैंने ही अपने पिता का रूप ले लिया हो। मुझे एहसास हो गया था कि वे संसार से जाने के बाद भी इतने वर्षों से हमारे परिवार के साथ ही रहते आए थे। वे मेरी माँ के साथ रहे, उन्हें सहारा दिया, उनकी देखरेख की और मेरे विवाह तथा रोग के दौरान भी वे मेरे साथ थे।

मुझे एहसास हुआ कि पिता की आत्मा मुझसे और स्पष्ट रूप से बात कर पा रही थी : 'बेटा, अभी तुम्हारे लिए इस घर में वापस आने का समय नहीं हुआ है लेकिन फिर भी यह तुम्हारा अपना चुनाव होगा कि तुम मेरे साथ आना चाहती हो या अपने शरीर में वापस जाना चाहती हो।'

'लेकिन मेरा शरीर तो रोगी और जर्जर है!' मेरे मन में सबसे पहले यही सोच आई। 'मैं उस कैंसर ग्रस्त शरीर में वापस क्यों जाऊँ? जिसने मुझे कष्ट के सिवा कुछ न दिया – यह न केवल मेरे लिए बल्कि डैनी और माँ के लिए भी दु:ख का कारण बना। मुझे तो वापस जाने का कोई प्रयोजन नहीं दिखता!'

दरअसल नि:स्वार्थ प्रेम का वह रूप इतना आनंददायी था कि मैं वापस आने के बारे में सोच तक नहीं पा रही थी। मैं उसी जगह पर रहना चाहती थी जो सदा-सदा से मेरी ही थी।

उसके बाद जो शानदार अनुभव हुए उन्हें शब्दों में पूरी तरह से बयाँ नहीं किया जा सकता। पहली बात कि मुझे एहसास हुआ कि मैं अपनी चेतना को जिस ओर केंद्रित करती, वही मेरे सामने प्रकट हो जाती। दूसरी बात कि समय का भाव ही समाप्त हो गया था मानो उसका कोई अस्तित्व ही न रह गया हो।

इस बिंदु से पहले डॉक्टरों ने मेरे अंगों की कार्यक्षमता से जुड़े टेस्ट किए थे और उनकी रिपोर्ट पहले ही तैयार हो चुकी थी। लेकिन उस लोक में ऐसा लगता था कि मेरे

टेस्ट की रिपोर्ट उस समय मेरे द्वारा लिए गए निर्णय पर आधारित होगी – मुझे तय करना था कि जीना है या मौत की ओर आगे बढ़ना है। अगर मैं मौत को चुनती तो टेस्ट की रिपोर्ट यही बताती कि मेरे अंगों ने अपना काम करना बंद कर दिया है। और अगर मैं भौतिक जीवन में वापस आने का निर्णय लेती तो मेरे शरीर के अंग फिर से काम करने लगते।

इसी एक क्षण में मैंने तय किया कि मैं वापस नहीं आना चाहती। अब मैं अपने मरणासन्न भौतिक शरीर के प्रति सजग हो गई और मैंने अपने परिवार को डॉक्टरों से बात करते हुए देखा। डॉक्टर उन्हें बता रहे थे कि मेरे अंगों ने काम करना बंद कर दिया, जिसके कारण मेरी मौत हुई।

उसी समय मेरे पिता ने मुझसे बात की। 'स्वीट हार्ट, तुम केवल यहीं तक आ सकती हो। यदि तुमने इससे आगे आने के बारे में सोचा तो फिर लौटकर नहीं जा सकोगी।'

मैं अपने आगे बनी सीमारेखा के प्रति सचेत हो गई, हालाँकि वहाँ भौतिक रूप से कोई रेखा नहीं थी। लेकिन ऊर्जा के स्तरों में आनेवाले अंतर से मानो एक अदृश्य दहलीज़ सामने आ गई हो। मैं जानती थी कि यदि मैंने उसे लाँघा, तो वापस आने की गुंजाइश नहीं रह जाएगी। इस भौतिक संसार से मेरे सभी संबंध स्थायी रूप से टूट जाएँगे और जैसा कि मैंने देखा था कि मेरे परिवार से कहा जाएगा कि लिम्फोमा की आखिरी स्टेज में शरीर के जीवनरक्षक अंगों ने काम करना बंद कर दिया, जिसके कारण मेरी मौत हो गई।

वह नि:स्वार्थ स्नेह और स्वीकृति इतनी विलक्षण थी कि मैं उस दहलीज़ को पार कर जाना चाहती थी ताकि अनंत काल तक उस भाव का अनुभव कर सकूँ। मानो मैं हर प्राणी की आत्मा के साथ एकाकार हो गई थी जिसमें उनके कष्ट, पीड़ा, अभिनय और अहं शामिल नहीं थे।

मैंने अपना ध्यान अपने दु:ख में डूबे परिवार पर केंद्रित किया कि मेरी मृत्यु के समाचार के बाद उनकी क्या प्रतिक्रिया है। डैनी ने अपना सिर मेरी निष्प्राण छाती पर रखा था और अपने एक हाथ से मेरा बेजान हाथ थाम रखा था। उनका पूरा देह गहरी और रोकी न जा सकनेवाली सुबकियों से काँप रहा था। मेरे पास खड़ी माँ मुझे हैरानी से फक्क होकर ताक रही थीं, मानो, मेरे जाने का विश्वास न कर पा रही हों और मेरे भाई अनूप को यह जानकर सदमा लगा कि वह मेरे अंतिम समय तक मेरे पास नहीं

पहुँच सका।

इससे पहले कि मैं पूरी तरह से देख पाती कि मेरे भौतिक शरीर और परिवार का क्या हुआ, मैंने खुद को अपने ही भावों से दूर खिंचते हुए पाया। एक बार फिर से मैं अपने आपको उस एक आश्वासन से भरे एहसास से घिरा हुआ पा रही थी। मैं जानती थी कि यदि मैंने वापस जाने का फैसला न भी लिया तो भी कोई हानि नहीं होगी और सब कुछ वैसे ही चलता रहेगा जो इस जीवन के ताने-बाने में पहले से ही तय है।

जिस एक क्षण में मैंने मृत्यु की ओर जाने का फैसला लिया, मैं सच के एक नए स्तर के संपर्क में आ गई। मैंने पाया कि चूँकि मैंने अपने असली रूप को जान लिया था और मैं अपनी सच्ची आत्मा को उसकी भव्यता में देख चुकी थी इसलिए यदि मैंने वापस जाने का निर्णय लिया तो मेरा शरीर रोगी नहीं रहेगा – यह काम महीनों या सप्ताहों में नहीं बल्कि दिनों में हो जाएगा। मैं जानती थी कि यदि मैंने अपने शरीर में वापस जाने का निर्णय लिया तो इस देह में कैंसर का नामोनिशान तक नहीं रह जाएगा।

ऐसा कैसे हो सकता था? मैं इस एहसास से हैरत में पड़ गई। अब मैं इसका कारण समझना चाहती थी।

तभी मुझे समझ में आया कि मेरा शरीर मेरी ही आंतरिक अवस्था का प्रतिबिंब है। अगर मेरे आंतरिक स्व को इसकी महानता और उस सर्वज्ञ से अपने संपर्क का ज्ञान है तो मेरी देह भी जल्द ही रोगमुक्त हो जाएगी।

हालाँकि मेरे पास हमेशा चुनाव करने की आज़ादी थी पर मैंने यह समझ भी पाई कि हम जो जानते हैं, उससे अधिक कुछ न कुछ हमेशा होता है... ऐसा लगा कि जैसे मुझे अभी कोई उद्देश्य पूरा करना है, लेकिन वह उद्देश्य क्या है? मैं उसका पता कैसे लगाऊँ?

मैंने यह जाना कि मुझे उस उद्देश्य की तलाश के लिए कहीं बाहर नहीं जाना होगा, वह स्वयं ही मेरे सामने आ जाएगा। इसमें बहुत से लोगों की सहायक होंगे। सैंकड़ों और हज़ारों लोग जो मेरी सहायता करेंगे, शायद उन्हें कोई संदेश भी देना है। लेकिन इसके लिए मुझे किसी तरह का तनाव नहीं झेलना होगा कि यह काम कैसे किया जा सकता है या मैं इसे कैसे प्राप्त कर सकूँगी। मुझे तो बस इसे अपने सामने आने की इजाज़त देनी होगी।

मैं इसे इजाज़त देने की दशा में तभी आ सकती थी, जब मैं केवल वही बनी रहती

जो मैं थी यानी अपने अस्तित्व के साथ एकाकार होना। मुझे एहसास हुआ कि पिछले कुछ वर्षों के दौरान भी मुझे केवल यही तो करना था कि मैं जो हूँ, वही बनी रहूँ। मुझे अपने दोषों के लिए किसी तरह की कोई परख या ग्लानि नहीं रखनी थी। इसके साथ ही मैं यह भी समझ गई कि भीतर से हम सबकी आत्मा विशुद्ध प्रेम के मेल से ही बनी है। हम सब विशुद्ध प्रेम ही हैं। यदि हम सभी उस एक संपूर्ण सत्ता से आए हैं और हमें वापस भी जाना है तो ऐसा कैसे हो सकता है कि हम एक न हों? मैं जानती थी कि एक बार यह एहसास होने के बाद जीवन में किसी भय के लिए कोई स्थान नहीं रहेगा और यह भय नहीं सताएगा कि हम कौन हैं? इस तरह प्रेममयी होना और अपने सच्चे स्वरूप के साथ एक होना, दोनों एक ही बात हैं।

जैसे ही मैंने इस सबसे बड़े रहस्य का अनुभव किया ऐसा लगा जैसे कोई बिजली सी कौंधी हो। मैं समझ गई कि केवल उसी प्रेम का रूप लेने से जो कि मैं सही मायनों में हूँ, मैं स्वयं को और दूसरों को आरोग्य दे सकती थी। हालाँकि यह बात पूरी तरह से साफ थी कि उस दिन से पहले मैं इसे कभी नहीं जान पाई। यदि हम सब एक हैं, उस संपूर्ण का एक पक्ष हैं जो निःस्वार्थ प्रेम है तो निश्चित तौर पर हम सब 'प्रेम' ही हैं! मैं जान गई कि जीवन का एकमात्र उद्देश्य क्या था: अपने असली स्वरूप के साथ होना, अपने सत्य को जीना और जो हम सही मायनों में हैं, वह प्रेममयी स्वरूप बनना।

मानो मैंने अपने एहसास की पुष्टि के लिए ही अपने पिता और सोनी से संवाद किया, 'अब जबकि तुम यह सच जानती हो कि तुम कौन हो, तो वापस जाओ और निडर होकर अपना जीवन जीओ!'

9
करिश्मे का एहसास

जब मैं अस्पताल के बिस्तर पर पड़ी थी तो किसी के बताए जाने से पहले ही, मेरे भाई अनूप को जाने कैसे इस बात का अंदेशा हो गया कि मैं गहरी बेहोशी में हूँ और अपनी आखिरी साँसें गिन रही हूँ। जाने कैसे उसे पता लग गया कि कुछ तो है जो गलत हो रहा है। अनूप उस समय भारत के पुणे शहर में था, जैसे किसी ने उसे विवश किया कि वह किसी ट्रेवल एजेंट को फोन करे और हाँगकाँग के लिए फ्लाइट का टिकट बुक करवाए। उसने ट्रेवल एजेंट को फोन करके अपने लिए उसी दिन का टिकट माँगा क्योंकि उसे लग रहा था कि उसे सचमुच जल्द से जल्द मेरे पास पहुँच जाना चाहिए। एजेंट ने कहा कि पुणे से जानेवाले विमान में सीट नहीं है, लेकिन मुंबई से सीट मिल सकती है। अनूप ने तुरंत वह सीट आरक्षण करवा लिया। वह किराए की कार करके चार घंटे के सफर के बाद मुंबई आया और वहाँ से हाँगकाँग के लिए उड़ान भरी।

डैनी ने पुणे में मेरे भाई के घर फोन किया ताकि उसे मेरी हालत के बारे में बताकर जल्दी से आने को कहा जा सके, लेकिन उनका फोन मेरी भाभी मोना ने उठाया। उसने डैनी को बताया कि अनूप तो पहले से ही हाँगकाँग के लिए रवाना हो चुका है।

मोना बौद्ध धर्म की अनुयायी है, जब उसे मेरी हालत के बारे में पता चला तो उसने झट से अपने बौद्ध साथियों से संपर्क किया ताकि मेरे स्वास्थ होने के लिए मंत्रजाप किया जा सके।

इस दौरान हाँगकाँग में माँ अस्पताल के गलियारे में लगातार चक्कर काटते हुए, भगवान शिव के आगे हाथ जोड़ रही थीं कि उनकी बेटी के प्राणों की रक्षा हो सके। वे खुद को लाचार महसूस कर रही थीं और समझ नहीं पा रही थीं कि वे मेरे लिए इससे अधिक और क्या कर सकती है। इसलिए वे उस हिंदू मंदिर में चली गईं, जहाँ हम बचपन से जा रहे थे। वे प्रवेश द्वार पर बनी चौड़ी सीढ़ियों से ऊपर की ओर गईं और बरामदे से होते हुए प्रमुख प्रार्थना कक्ष में पहुँचीं। वहाँ सामने की दीवार पर जगमगाते प्रकाश और रंगों के बीच भगवान कृष्ण, शिव तथा गणेश की सुंदर प्रतिमाएँ थीं। माँ ने अपने सिर चुनरी ओढ़ ली और भगवान की उन प्रतिमाओं के आगे अपने सिर को झुकाकर बैठ गईं। वे उनसे मन ही मन अपनी बेटी के लिए प्रार्थना कर रही थी और अपने मन को दिलासा देने की कोशिश कर रही थीं।

उसी समय हमारी एक निकटतम पारिवारिक मित्र लिंडा, जो कि ईसाई धर्म को मानती हैं, उन्होंने अपने चर्च में एक प्रार्थना दल का आयोजन किया। उन्होंने पादरी को मेरी दशा के बारे में बताया। पादरी ने तुरंत चर्च में मेरे नाम से प्रार्थना की।

मैं बिस्तर पर बेसुध थी और मुँह, नाक व बाजुओं में नलियाँ ही नलियाँ लगी थीं। मेरे सिरहाने बैठे मेरे पति, बार-बार मेरे कान में हौले-हौले बोल रहे थे ताकि मुझे उनकी मौजूदगी का एहसास होता रहे। वे मुझसे लौट आने का आग्रह कर रहे थे।

'हम दोनों को अभी बहुत कुछ साथ-साथ करना है, डार्लिंग', मैं डैनी के शब्दों की हलकी बुदबुदाहट को सुन सकती थी। 'प्लीज़! प्लीज़, लौट आओ। मैं यहाँ तुम्हारा इंतज़ार करता रहूँगा भले ही पूरा जीवन क्यों न बीत जाए।'

उन्होंने सारी रात जागते हुए मेरे बिस्तर पर लगे डायल और मीटरों पर नज़र बनाए रखी। वे चाहते थे कि मैं उनके पास वापस आ जाऊँ। उन्हें डर था कि कहीं वे वहाँ से उठे और मैं उनसे मिले बिना ही संसार से विदा न ले लूँ।

'मेरे प्यारे डैनी! उम्मीद करती हूँ कि तुम जानते हो कि मैं तुमसे कितना प्यार करती हूँ', मैंने पाया कि मैं मन ही मन उनसे संवाद कर रही थी। 'भगवान के लिए मेरी चिंता मत करो। मैं बिलकुल ठीक हूँ। काश! मैं तुम्हें वह सब बता सकती जो मैं अब जानती हूँ। तुमने मेरे जिस शरीर का हाथ थाम रखा है, वह असलियत में मैं हूँ ही नहीं। हम हमेशा एक साथ रहेंगे, समय व स्थान की सीमाओं से परे भी हमारा जुड़ाव बना रहेगा। हमें कोई अलग नहीं कर सकता। मैं भौतिक रूप से अपने प्राण क्यों न त्याग दूँ पर हमारा साथ बना रहेगा। हम कभी अलग नहीं होंगे। अब मैं यह जानती हूँ और

चाहती हूँ कि तुम भी जान लो कि सब कुछ पहले की तरह ही बिलकुल ठीक है।

इसके बाद सुबह चार बजे के करीब, मेरी साँस डूबने लगी। मैं इस तरह हाँफ रही थी जैसे मुझे साँस न आ रही हो। डैनी घबरा गए और उन्हें लगा कि मैं दम तोड़ रही हूँ। उन्होंने घबराकर आपातकालीन अलार्म बजा दिया। नर्सेस दौड़ती हुई आईं और मेरी हालत देखकर, उनमें से एक ने झट से डॉक्टर को बुलाया। फिर उन्होंने मुझे उलटा किया और मेरी पीठ पर हाथों से धीरे-धीरे चपत मारने लगे।

डॉक्टर को वहाँ आने में बीस मिनट लगे। उन्होंने मुझे देखकर डैनी को बताया कि आपकी पत्नी के फेफड़ों में पानी भर गया था और वे अपने शरीर में भरे उस द्रव के कारण ही साँस नहीं ले पा रही हैं। डॉक्टर ने नर्सेस को प्लूयरल एफ्यूज़न किट लाने को कहा। मैंने देखा कि यह एक पारदर्शी बैग था, जिसके साथ एक बड़ी सी सुई दी गई थी। उन्होंने मेरी पीठ से ले जाते हुए, फेफड़ों में उस सुई को डाला, वे उस सुई में भरकर शरीर से कोई तरल पदार्थ निकालकर बैग में खाली करते गए। उन्होंने इसे तीन-चार बार दोहराया, इस तरह बैग में करीब एक लीटर तरल पदार्थ आ गया। फिर उन्होंने सुई निकाल दी। मैं अब भी अपने शरीर को देख सकती थी। अब यह आसानी से साँस ले पा रहा था।

मेरे पति सारा दिन मेरे सिरहाने ही बने रहे और मेरे बिस्तर पर लगे डायल और मीटरों को देखते रहे। इस दौरान उन्होंने लगातार मेरा हाथ थामे रखा।

मेरा भाई दोपहर को हाँगकाँग पहुँचा और एयरपोर्ट से उसने पहले डैनी को कॉल किया।

डैनी ने उससे कहा, 'घर मत जाओ, टैक्सी लेकर सीधा अस्पताल आ जाओ। हम नहीं जानते कि हमारे पास कितना समय बचा है। इस तरह अनूप अपने सामान समेत सीधे अस्पताल ही आ गया।

शाम चार बजे के करीब मेरी पलकों में ज़रा फड़फड़ाहट हुई, पर मेरी दृष्टि बहुत धुँधलाई हुई थी। मैं बड़ी मुश्किल से अंदाज़ा लगा सकी कि डैनी मेरे पास झुककर खड़े हैं और फिर मैंने उनकी आवाज़ सुनी, 'इसे होश आ गया। ये लौट आई!'

उनकी आवाज़ से खुशी झलक रही थी। यह 3 फरवरी की दोपहर थी, मुझे कोमा में गए करीबन तीस घंटे हो चुके थे।

इसके बाद मैंने अपने भाई की आवाज़ सुनी और मैंने पाया कि मैं मुस्कराने की कोशिश कर रही हूँ।

'मेरी प्यारी बहन! वेलकम बैक!!' अनूप का उल्लास छिपाए नहीं छिप रहा था।

'तुम आ गए। मैं जानती थी कि तुम यहाँ आ रहे हो। मैंने तुम्हें विमान में सवार देखा था।'

मेरी बात सुनकर वह थोड़ा उलझन में दिखा, उसने मेरी बात को अनसुना सा कर दिया। मेरा परिवार मुझे वापिस अपने बीच पाकर बहुत खुश था। मेरी माँ भी वहीं थीं, वे मेरा हाथ थामकर मुस्कराईं। मैं थोड़ी उलझन में थी क्योंकि मुझे इस बात का एहसास नहीं था कि मैं गहरी बेहोशी से लौटी थी और अब भी यह नहीं समझ पा रही थी कि मेरे आसपास यह क्या हो रहा है। मैं समझ नहीं पा रही थी कि मैं उस दूसरे लोक से लौट आई हूँ।

धीरे-धीरे मुझे साफ दिखाई देने लगा। अब मैं अपने परिवार को अच्छी तरह देख सकती थी। मैंने अनूप के पीछे दीवार के पास रखे सूटकेस को देखा।

डॉक्टर भीतर आए तो मुझे सचेत पाकर विस्मित और प्रसन्न हो उठे। वे बोले, 'आपका स्वागत है! हम सब आपके लिए बहुत चिंतित थे!'

'गुड ईवनिंग! डॉक्टर चान, आपसे दोबारा मिलकर अच्छा लगा।' मैंने कुछ शांत (उनींदे) सुर में कहा।

'आपने मुझे कैसे पहचाना?' उनके चेहरे की हैरानी साफ देखी जा सकती थी।

'क्योंकि मैंने आपको देखा था।' मैंने उनसे कहा। 'आप ही ने तो आधी रात को मेरे फेफड़ों से पानी निकाला था, जब मुझे साँस लेने में दिक्कत हो रही थी।'

वे थोड़ा चकराए हुए दिखे और बोले, 'जी, पर आप तो कोमा में थीं। आपकी आँखें बिलकुल बंद थीं!' उन्होंने बात को यूँ ही हवा में उड़ाना चाहा।

'यह तो वाकई बहुत ही सुखद सरप्राइज़ है। मैंने उम्मीद भी नहीं की थी कि आपको इस तरह जागते हुए देख पाऊँगा, पर मैं भी आपके परिवार के लिए एक खुशखबरी लाया हूँ। आपके लीवर और किडनी की जाँच के नतीजे अभी-अभी मिले हैं जिन्हें देखकर पता लगता है कि उन्होंने फिर से काम करना चालू कर दिया है।' वे बहुत ही खुश दिखाई दिए।

'मैं जानती थी कि मेरे अंग फिर से काम करने लगेंगे।' मैंने धुँधलाई आँखों और थोड़ी उलझन के बीच कहा।

'नहीं, भला आपको कैसे पता होगा!' डॉक्टर चान ने मुझे दिलासा देना चाहा। 'यह तो अचानक ही हुआ है। अब आप थोड़ा आराम करें।' उन्होंने कमरे से बाहर जाते हुए निर्देश दिए।

मेरा परिवार खुशी से दमक रहा था। मैंने अपने परिवार को एक लंबे अरसे से इतना खुश नहीं देखा था। उन्होंने डॉक्टर को उस खुशखबरी के लिए दिल से धन्यवाद दिया।

जब डॉक्टर चान चले गए तो मैंने अपने पति से पूछा, 'उन्हें इस बात पर हैरानी क्यों हो रही थी कि मैंने उन्हें पहचान लिया? मैंने उन्हें अपना इलाज करते हुए देखा। क्या वे वही डॉक्टर नहीं हैं, जिन्होंने तुम्हें बताया था कि मेरे अंगों ने काम करना बंद कर दिया है और मैं अब नहीं बचूँगी, मेरे पास जीने के लिए केवल कुछ ही घंटे बचे हैं?'

'तुमने यह सब कैसे सुना?' डैनी ने पूछा। 'उन्होंने तो यह बात गलियारे में कही थी जो यहाँ से करीबन चालीस फीट नीचे है।'

'मैं नहीं जानती कि मैंने कैसे सुना। और मैं यह भी नहीं समझ पा रही कि मैंने यह सब क्यों सुना, पर मैं पहले से जानती थी कि मेरे अंगों की जाँच के नतीजे क्या होंगे, मुझे डॉक्टर के आने से पहले ही यह बात पता थी', मैंने कहा।

हालाँकि अभी मुझ पर नीद्रा हावी थी पर यह साफ होता जा रहा था कि मेरे साथ कुछ न कुछ खास जरूर हुआ है।

आनेवाले दिनों में मैं धीरे-धीरे अपने परिवार को यह बताने में सफल रही कि दूसरे लोक में क्या हुआ था। मैंने उन्हें उस दौरान हुई कई घटनाओं का हवाला भी दिया जब मैं कोमा में थी। मेरा परिवार उन सभी बातों को सुनकर हैरान था, जो मैंने उस बेहोशी के दौरान सुनी थीं क्योंकि वे सारी बातचीत केवल मेरे कमरे के आसपास ही नहीं बल्कि नीचे हॉल में और अस्पताल के प्रतीक्षा कक्षों में भी हुई थीं। मैं ऐसे कई उपचार प्रक्रियाओं के बारे में जानती थी, जो मुझे दी गईं और मैंने इलाज करनेवाले बहुत से डॉक्टरों व नर्सेस को भी पहचाना, यह देखकर मेरे आसपास के लोग हैरान रह गए।

मैंने अपने परिवार और कैंसर विशेषज्ञ को बताया कि कैसे मुझे साँस लेने में परेशानी हो रही थी और जब मैं आधी रात को अपने ही शरीर में भरे तरल पदार्थों के कारण मरने की कगार पर आ गई तो मेरे पति ने आपातकालीन अलार्म बजाया। मुझे याद था कि किस तरह नर्सेस ने मेरी हालत देखने के बाद झट से डॉक्टर को बुलवाया, जो कि भागे-भागे आए क्योंकि हर किसी को यही लग रहा था कि मैं अपनी आखिरी साँसें गिन रही हूँ। मैंने उस घटना का वर्णन विस्तार से किया, साथ ही यह भी बताया कि यह सब कितने बजे हुआ था। जिसे सुनकर सबके मुँह आश्चर्य से खुले रह गए।

मैंने उस व्यक्ति को भी पहचान लिया, जो मुझे अस्पताल लाए जाने के बाद, मुझे देखकर घबरा गया था। मैंने अपने परिवार के सदस्यों को बताया, 'यह वही पुरुष नर्स था, जिसने कहा था कि मेरी नसें तो खिंच गई हैं। वह लगातार यही बोलता रहा कि मेरे अंगों पर मांस की परत तक नहीं बची है और मैं केवल हड्डियों का ढाँचाभर रह गई हूँ इसलिए मेरे शरीर में ड्रिप लगाने के लिए नस नहीं मिल रही है - दरअसल उसका मायूसी से भरा सुर सुनकर लग रहा था कि मेरे शरीर में ड्रिप चढ़ाने के लिए नस खोजने का भी कोई मतलब नहीं था क्योंकि इससे कोई फायदा नहीं होनेवाला था!

मेरा भाई यह सुनकर थोड़ा खफा हो गया और बाद में उसने माना कि उसने उस पुरुष नर्स को फटकारते हुए कहा था : 'मेरी बहन ने उस समय तुम्हारी एक-एक बात को सुना था, जब तुम्हें उसके शरीर में ड्रिप चढ़ाने के लिए नस नहीं मिल रही थी। वह बता रही थी कि तुमने तो इलाज से पहले ही उसके बचने की आस छोड़ दी थी।'

'मुझे अंदाजा भी नहीं था कि वे मेरी बात सुन सकती हैं। वे तो कोमा में थीं!' मेरे भाई की फटकार सुनकर उसे हैरानी हुई और सदमा भी लगा और फिर उसने अपनी असंवेदनशीलता के लिए मुझसे माफी माँगी।

मेरे कोमा से बाहर आने के दो दिन के भीतर ही, डॉक्टरों ने मुझे सूचित किया कि मेरे अंगों ने करिष्माई तरीके से काम करना शुरू कर दिया है। रोग का टॉक्सिक (ज़हरीला) प्रभाव घटने के बाद शरीर की सूजन में भी कमी आने लगी। मैं बहुत सकारात्मक और आशावादी महसूस कर रही थी इसलिए मैंने डॉक्टरों से आग्रह किया कि वे भोजन देने के लिए लगाई गई नली निकाल दें। मैं अपने आप खाने के लिए तैयार थी। लेकिन एक डॉक्टर ने मेरी बात का विरोध किया। उनका दावा था कि मैं कुपोषण से ग्रस्त हूँ क्योंकि मेरा शरीर पोषक पदार्थों का अवशोषण नहीं कर रहा था। लेकिन मैंने आग्रह किया कि मैं अपना भोजन खुद लेने के लिए तैयार हूँ - जो भी

हो, मेरे अंग सामान्य तौर पर अपना काम कर रहे थे। वे बेमन से मान गईं, साथ ही यह भी कहा कि अगर मैंने ठीक से खाना नहीं खाया तो वे उस नली को दोबारा लगवा देंगी ताकि शरीर में पोषक तत्वों की आपूर्ति बनी रहे।

भोजन को पेट तक ले जानेवाली नली के कारण मुझे बहुत बेचैनी महसूस हो रही थी। यह नली मेरी नाक से होते हुए, साँस नली को पार कर, मेरे पेट तक जा रही थी। इसके माध्यम से तरल प्रोटीन को सीधा मेरे पाचन तंत्र तक पहुँचाया जा रहा था। जिसके चलते गले में बहुत सूखापन और खुजली महसूस हो रही थी और नाक के अंदर भी बेचैनी बनी हुई थी। इसलिए मैं इससे छुटकारा पाने के लिए बेताब थी।

जब उस नली को हटा दिया गया, तो डॉक्टर ने मेरे परिवार को सलाह दी कि इस समय मेरे लिए आईस्क्रीम सबसे बेहतर ठोस आहार है। इससे न केवल मेरे गले को आराम मिलता बल्कि उसे चबाए बिना पचाने में भी आसानी रहती। यह सलाह सुनकर मेरी आँखें चमक उठीं और डैनी मेरा मनपसंद चॉकलेट आईस्क्रीम का टब लेने के लिए झट से चल दिए।

जब एक अन्य कैंसर विशेषज्ञ ने मेरी जाँच की तो वह अपनी हैरानी को छिपा नहीं पाया। उसने कहा, 'केवल तीन दिन के भीतर ही आपके ट्यूमर सिकुड़ गए हैं! ग्रंथियों में आई सूजन भी लगभग आधी ही रह गई है।'

अगले ही दिन मुझे यह जानकर खुशी हुई कि वे ऑक्सीजन नली भी हटा रहे थे। डॉक्टरों ने जाँच के बाद पाया कि मैं सहज रूप से साँस ले पा रही हूँ इसलिए ऑक्सीजन नली को हटा दिया गया। मैं बिस्तर पर उठकर बैठ सकती थी, हालाँकि सिर को तकियों की मदद से ऊँचा करना पड़ता था क्योंकि कमज़ोरी इतनी अधिक थी कि मैं ज़्यादा देर तक सिर उठाकर नहीं रख पाती थी। अब तो मैं सचमुच सातवें आसमान पर थी। मैं अपने परिवार से बातें करना चाहती थी और अनूप से मिलने व बात करने का तो मज़ा ही कुछ और था।

अब तक मेरी हालत में इतना सुधार आ चुका था कि मैं अपने आई-पॉड पर संगीत सुन सकूँ। मैंने डैनी से कहा कि वे घर से मेरा आई-पॉड ले आएँ। मेरे शरीर पर लगी नलियों व तारों और गर्दन पर हुए घावों के कारण मैं कानों में ईयरफोन नहीं लगा सकती थी। इस लिए डैनी ने उन्हें छोटे स्पीकर से जोड़ा और बिस्तर के किनारे रख दिया ताकि मैं संगीत सुन सकूँ।

अब मेरा मन आनंदित था इसलिए मुझे ऐसा संगीत सुनना पसंद आ रहा था, जिसमें बहुत ही जोशीली धुनें थीं। हालाँकि मेरी हालत ऐसी थी कि उस संगीत की धुनों पर नाचना तो दूर रहा, मैं बिस्तर से उठ तक नहीं सकती थी। लेकिन मन ही मन मैं उन धुनों का पूरा आनंद उठाती रही, इससे मुझे खुद को सँभालने में काफी मदद मिली। उस समय तक, मुझे यह समझ में नहीं आ रहा था कि आखिर मैं इतना सकारात्मक क्यों महसूस कर रही हूँ - बस मुझे यह लग रहा था कि इसके पीछे कुछ तो ऐसा है जिसे मैं जानती हूँ।

मैंने खुद को एक बच्चे की तरह महसूस किया। मैं संगीत सुनना चाहती थी, अपनी मनपसंद आईस्क्रीम खाना चाहती थी और अपने परिवार के सदस्यों से बात करना चाहती थी। मैं खिलखिला रही थी और बहुत खुश थी। मैं न तो बिस्तर से उठ सकती थी और न ही आसपास चल सकती थी, लेकिन फिर भी सब कुछ बिलकुल सही लग रहा था। मैंने पहले कभी ऐसा महसूस नहीं किया था।

चूँकि मैं अभी आई.सी.यू. में ही थी इसलिए डॉक्टरों को लगा कि मैं उन रोगियों के लिए परेशानी का कारण बन रही हूँ, जो गंभीर रूप से रोगी थे! उनके परिवार के सदस्यों ने संगीत, हँसी और मेरे परदे के उस ओर से आनेवाली बातों के स्वर को लेकर शिकायत करना शुरू कर दिया था।

'मुझे तो समझ में नहीं आता कि आपसे क्या कहूँ? यह भी नहीं समझ आ रहा कि आपकी फाइल में क्या लिखना चाहिए। आपका केस तो वाकई कमाल है!' सुबह के राउंड में मेरी जाँच के लिए आए डॉक्टर चान ने कहा।

पाँचवाँ दिन आने तक मुझे अस्पताल के सामान्य कक्ष में भेज दिया गया जहाँ मैं अपनी मरज़ी से संगीत सुन सकती थी और जी भर कर ठहाके लगा सकती थी!

धीरे-धीरे मुझे यह समझ में आने लगा कि दरअसल मेरे साथ हुआ क्या था। जब मेरा मन शांत हुआ और मैं अपने साथ घटी घटनाओं को याद करने लायक हुई तो मैंने पाया कि मुझे छोटी-छोटी बातों पर रोना आने लगा। मेरे मन में उदासी की एक हलकी सी लहर उमड़ी कि मैं दूसरे लोक की उस आज़ादी और अद्भुत सुंदरता को अपने पीछे छोड़ आई! इसके साथ ही मैं इस बात को लेकर खुश थी और आभार प्रकट कर रही थी कि मुझे एक बार फिर अपने परिवार के साथ जुड़ने का अवसर मिला था। मैं एक साथ खुशी और पश्चाताप के आँसुओं के बीच थी।

इसके अलावा मैंने हर किसी के साथ एक ऐसा अटूट बंधन महसूस किया जिसका एहसास मुझे पहले कभी नहीं हुआ था – यह जुड़ाव केवल परिवार के सदस्यों के साथ ही नहीं बल्कि मेरे कमरे में आनेवाले डॉक्टर, नर्सेस और सहायकों के लिए भी था। जो भी मेरे कमरे में किसी काम से आता या मुझे अपनी सेवाएँ देने आता, उसके लिए मैं अपने भीतर स्नेह का स्रोत उमड़ते हुए महसूस करती। मैं स्नेह के इस रूप से परिचित नहीं थी। मैंने महसूस किया कि मैं उन सबसे गहरे तल पर एक जुड़ाव रखती हूँ और जानती हूँ कि वे क्या सोच रहे हैं या महसूस कर रहे हैं मानो हम सबका मन एक ही हो गया हो।

मेरा पलंग खिड़की के करीब ही था और जब मुझे कमरे में लाया गया तो नर्स ने मुझसे पूछा कि क्या मैं पलंग पर बैठकर बाहर की दुनिया का नज़ारा लेना चाहूँगी? मुझे एहसास हुआ कि मैंने बहुत समय से इस चारदीवारी के बाहर नहीं देखा है इसलिए मैं उनका यह प्रस्ताव सुनते ही उत्साहित हो गई और बोली, 'हाँ-हाँ, क्यों नहीं, मैं बाहर जरूर देखूँगी।'

नर्स ने मुझे थोड़ा ऊँचा करते हुए बिठा दिया और ज्यों ही मैंने खिड़की से बाहर देखा, मेरी आँखें नम हो गईं। मैं अपने आँसुओं की बाढ़ को रोक नहीं सकी। अभी तक मुझे इस बारे में कोई जानकारी नहीं थी कि यह अस्पताल, हॅपी वैली के मेरे उस घर से, कुछ ही ब्लॉक की दूरी पर था; जहाँ मेरा बचपन बीता था।

जैसा कि मैंने पहले भी कहा था, यह वह जगह नहीं थी जहाँ पिछले कुछ समय में मैं अपना इलाज करवाने या रक्त बदलवाने के लिए जा रही थी, यह बस एक बड़ा सा क्लीनिक था। जिस दिन मैं कोमा में गई मैंने उसी दिन पहली बार यहाँ कदम रखे थे।

मैं वहाँ लेटे-लेटे लगभग वही दृश्य देख रही थी, जो मुझे बचपन में दिखाई देता था। मैं अस्पताल की इमारत के सामने घुड़दौड़ का मैदान देख सकती थी। मुझे वह ट्राम लाइन भी दिख रही थी जिस पर मैं आ फांग के साथ जाती थी! जब मैं आँसुओं से नम आँखों के साथ बचपन की यादों से सजे ये दृश्य देख रही थी तो ऐसा लगा मानो मैंने एक चक्र पूरा कर लिया हो।

हे ईश्वर! मुझे विश्वास नहीं हो रहा, मैंने विस्मय से भरकर सोचा। इन गाड़ियों, बगीचों, इमारतों और बचपन की यादों से सजे दृश्यों को देखो। ये कैसा संदेश दे रहे हैं – मुझे एक और अवसर दिया गया है! मैं नए सिरे से शुरुआत कर सकती हूँ।

हालाँकि दृश्य जाना-पहचाना था और सब कुछ सामान्य ही था, लेकिन इसके बावजूद सारा संसार जैसे एकदम नया सा दिख रहा था। सब कुछ कितना ताज़ा और सुंदर हो गया था मानो मैं उसे पहली बार देख रही हूँ! मैंने रंगों को पहले कभी इतना उजला नहीं पाया और जैसे मैं हर चीज़ को पहली बार बारीकी से देख पा रही थी। मैंने उन सभी इमारतों को देखा जो मेरे जीवन के किसी न किसी दौर से जुड़ी हुई थीं, इनमें से एक निचली इमारत में मेरा बचपन बीता; सड़क के दूसरी ओर बना पार्क, मैं अपने बचपन में वहाँ जाया करती थी; वहाँ से गुज़रती ट्राम तेज़ी से निकलती कारें; अपने कुत्तों को घुमाने निकले या रोज़मर्रा के कामों को निकले पैदल चलते लोग। मैंने हर चीज़ को जैसे नई नज़र से देखा मानो मैं फिर से एक बच्ची बन गई थी। यह दृश्य तो सामान्य ही था लेकिन मैंने एक लंबे समय से इससे बेहतर दृश्य नहीं देखा था... या शायद कभी नहीं देखा था।

10

आरोग्य का प्रमाण

आई.सी.यू. से बाहर आने के कुछ दिन बाद मैंने अपनी माँसपेशियों को मज़बूती देने के लिए फिजिकल थैरेपी लेना शुरू किया। जिस दिन मैं कमरे में चहलकदमी करने लायक हुई तब नर्स मुझे बाथरूम में ले गई ताकि मैं आइने में स्वयं को देख सकूँ। ज्यों ही मैंने अपने कंकाल जैसे ढाँचे को देखा मेरा दिल भर आया। मैं कोमा से बाहर आने के बाद पहली बार खुद को देख रही थी, अपना कंकाल जैसा शरीर देखकर मैं बहुत मायूस हो गई।

मैंने नर्स से कहा कि वह मुझे कुछ देर के लिए वहीं छोड़ दे ताकि मैं एकांत में कुछ समय बिता सकूँ। मैं अपने-आपको आईने में ताकती रही। मैं तो यह भी नहीं जानती थी कि इस आईने से कौन झाँक रहा था - मानो मेरी उससे कोई जान-पहचान ही नहीं थी। मेरे बाल गुच्छों में झड़ गए थे आँखें अपनी कोटर के हिसाब से बड़ी लगने लगी थीं गालों की हड्डियाँ बाहर को उभर आई थीं और मेरी गर्दन के एक ओर बैंडेज लगी थी ताकि वहाँ मौजूद घाव को छिपाया जा सके। मैं अपनी ही छवि से अवाक हो उठी और रोने लगी।

दरअसल मैं अपना गर्व टूटने पर नहीं रोई थी। उस वक्त मेरा भौतिक स्वरूप कोई महत्त्व नहीं रखता था। दअरसल मैं वह गहरी उदासी महसूस कर रही थी, जो ऐसी दशा झेल रहे किसी भी व्यक्ति को देखकर महसूस होती। मैंने पाया कि मेरे दुःख में एक तरह की हमदर्दी का भाव भी था। मैं आईने में उस युवती की छवि को देख सकती थी - उसके चेहरे को, उसकी आँखों को - बरसों की उस पीड़ा को, जो मुझे आज

कहाँ ले आई थी।

मैंने खुद को इतनी गहरी पीड़ा से कैसे गुज़रने दिया? मैं अपने लिए इतनी पीड़ा का कारण कैसे बनी? ये सब सोचकर ही मैं दुःखी होने लगी।

जी, मुझे ऐसा ही लगा मानो अपनी उस दशा के लिए मैं स्वयं ही दोषी थी। मैं अपना हाथ आईने के पास ले गई और अपने नम चेहरे को छूना चाहा। मैंने वादा किया कि आज के बाद अपने आपको इतना कष्ट कभी नहीं दूँगी।

डॉक्टर मेरी सेहत को लेकर बहुत सावधान थे, खासतौर पर इसलिए क्योंकि मुझे बिलकुल मरणासन्न दशा में अस्पताल लाया गया था जिस कीमोथैरेपी से मैं हमेशा डरती आई थी, अब वे उसे नए सिरे से शुरू करना चाह रहे थे।

जब नर्सेस कीमो शुरू करने आई तो मैं उन्हें ही देख रही थी। उन्होंने दवाओं के थैले आई वी स्टैंड पर लगाए। वे मेरी नसों में जो भी दवाएँ दे रही थीं उनके थैलों पर बड़े-बड़े और साफ अक्षरों में 'ज़हर' लिखा था। नर्सेस ने अपने दस्ताने और मास्क पहने ताकि वे कहीं गलती से भी उन विषैले रसायनों के संपर्क में न आ जाएँ। कितनी विचित्र बात थी, इन दवाओं को मेरे रक्त में मिलाने की स्पष्ट सहमति दी गई थी।

मैं जानती थी कि मुझे कीमो करवाने की ज़रूरत नहीं है, लेकिन डॉक्टर के पास इसके अपने कारण थे। मुझे पता था, अब मुझे कोई हरा नहीं सकता, कोई भी मुझे नष्ट नहीं कर सकता, यहाँ तक कि मेरी नसों में सीधे जो ज़हर दिया जा रहा था, वह भी मेरा कुछ नहीं बिगाड़ सकता। यही वह चीज़ थी जिससे मैं बरसों से डरती आई थी! दिलचस्प बात यह थी कि मुझे कीमो से जुड़े सामान्य दुष्प्रभावों का सामना नहीं करना पड़ा। मेरे मेडिकल दल को बहुत हैरानी थी कि मुझे इस उपचार के बाद मिचली (उबकी) भी महसूस नहीं हुई जो कि एक सामान्य बात है।

मुझे मन ही मन एक जीत का एहसास हुआ। मैं हर चीज़ के भय से ऊपर उठ गई थी - मरने से लेकर कैंसर और फिर कीमोथैरेपी तक। इस तरह मेरे सामने यह बात सच हो गई कि यह भय ही मुझे नष्ट कर रहा था। मैं अच्छी तरह जानती थी कि यदि यह सब दूसरे लोक का अनुभव पाने से पहले हुआ होता, तो मेरी नसों में दी जानेवाली दवा पर लिखे शब्द, 'ज़हर' को पढ़ते और खुद को उसके असर से बचाती नर्सों को देखते ही मैं डर के मारे ही मर जाती। यह सोच ही मुझे मारने के लिए काफी थी क्योंकि मैं जानती थी कि मैं इससे पहले कितना भयभीत रहती थी।

लेकिन इसके बावजूद मैंने खुद को अजेय पाया। मैं जानती थी कि मैंने दूसरी ओर से वापस आने का जो निर्णय लिया था वह इस भौतिक जगत के किसी भी फैसले से परे था।

डॉक्टर मेरे मौजूदा हालात को अच्छी तरह समझने के लिए कई तरह के टेस्ट करना चाहते थे। उसी के अनुसार कीमो की खुराक भी तय होनी थी। मैंने बेमन से हामी भर दी। मैं जानती थी कि मुझसे ज़्यादा डॉक्टरों को इन टेस्टों के नतीजे चाहिए थे ताकि वे स्वयं को मेरी सँभलती हुई सेहत के बारे में दिलासा दे सकें, जबकि मुझे कुछ हद तक यह अंदाजा था कि मेरे टेस्ट के नतीजे क्या होंगे। इस तरह मुझे भी खुद को साबित करने का मौका मिल जाता। हालाँकि डॉक्टरों को लगता था कि मैं कड़ी जाँच के हिसाब से कमज़ोर थी इसलिए सारे टेस्ट एक-एक करके दो सप्ताह की लंबी अवधि में किए गए। धीरे-धीरे मैं मज़बूत होती चली गई। मेरा वज़न नब्बे पाउंड से कम था और मुझे किसी भी टेस्ट से पहले अपना पोषण स्तर सुधारना था, जिसमें छोटी सी सर्जरी भी शामिल थी वरना किसी भी तरह की अनुचित स्थिति मेरे पहले से सीमित संसाधनों पर भारी पड़ सकती थी।

मेरे शरीर पर खुले घाव थे जिन्हें नर्स रोज़ साफ करके मरहम लगाती। ये घाव बहुत थे इसलिए डॉक्टर को लगता था कि शायद ये अपने-आप ठीक न हों। मेरे शरीर में छोटी-मोटी चोट या घावों से उबरने के लिए पर्याप्त शक्ति या पोषण नहीं था। इसलिए मेरी इस हालत पर सलाह लेने के लिए एक बड़े सर्जन को बुलाया गया। वे रीकंस्ट्रक्टिव सर्जन थे।

उन्होंने भी कहा कि मेरे घाव इतने बड़े हैं कि वे बिना पोषण के अपने-आप नहीं भर सकते। उन्हें लगा कि मैं अभी उनकी सर्जरी के भी लायक नहीं हूँ और उन्होंने नर्सेस से यही आग्रह किया कि वे मेरे सँभलने तक उसी तरह उन घावों की सफाई और देखरेख करती रहें। मेरी हड्डियों पर अभी तक माँस की परत नहीं आई थी।

आई.सी.यू. से बाहर आने के छह दिन के बाद मैंने खुद को थोड़ा सशक्त महसूस किया और थोड़ी-थोड़ी देर में अस्पताल के गलियारे में चक्कर लगाने लगी। इसके बाद मुझे आराम की सख्त ज़रूरत महसूस हुई। डॉक्टरों ने जो पहला टेस्ट तय किया, वह था बोन-मैरो बायोप्सी। इस टेस्ट में बहुत दर्द होता है, लेकिन डॉक्टरों को लगा कि अब मैं वह पीड़ा सह सकती हूँ। इसमें एक मोटी सुई को रीढ़ की हड्डी में डालकर, हड्डी में से उसका मैरो या सार निकाला जाता है।

लिम्फोमा की एडवांस स्टेजवाले रोगियों में इस रोग का बोन-मैरो तक पहुँच जाना सामान्य बात है और डॉक्टर टेस्ट द्वारा इसी की पुष्टि करना चाहते थे। इन नतीजों के आधार पर ही तय होना था कि मुझे कौन सी दवाएँ दी जाएँ और इनकी खुराक कितनी हो।

मुझे वह दिन अच्छी तरह याद है जिस दिन इस टेस्ट के नतीजे सामने आए। डॉक्टर अस्पताल के अधिकारियों के पूरे दल के साथ कमरे में आए, वे सब चिंतित दिख रहे थे। डॉक्टर बोले, 'बोन-मैरो बायोप्सी के नतीजे आ गए हैं पर ये ज़रा परेशान करनेवाले हैं।

इतने दिनों के बाद मुझे बेचैनी सी होने लगी। क्यों? क्या समस्या है?

परिवार के सदस्य भी अस्पताल के कमरे में मेरे साथ थे और उनके चेहरों पर भी चिंता की लकीरें दौड़ गईं।

'हमें आपकी बोन-मैरो बायोप्सी में कैंसर नहीं मिला।' वे बोले।

'तो यह समस्या कैसे हुई?' डैनी ने पूछा। 'क्या इसका यह अर्थ नहीं कि इसके बौन-मैरो में अब कैंसर है ही नहीं?'

'नहीं, ऐसा हो ही नहीं सकता।' डॉक्टर ने कहा, 'इनके शरीर में कैंसर था और वह इस तरह अचानक ओझल नहीं हो सकता। हमें इसका पता लगाना ही होगा; और जब तक हम इसका पता नहीं लगा लेते, तब तक यह एक समस्या ही बना रहेगा क्योंकि तब तक मैं अपनी दवा की खुराक तय नहीं कर सकता।'

इसके बाद मेरा बोन-मैरो सैंपल देश की सबसे बेहतरीन पैथोलॉजी लैब में भेजा गया। चार दिन बाद नकारात्मक नतीजे सामने आए – कैंसर का कोई नामोनिशान नहीं था। मैंने यह खबर सुनी तो अपनी जीत की खुशी में भावुक हो उठी।

डॉक्टर इतनी जल्दी हार मानना नहीं चाहते थे, इसलिए अब उन्होंने कैंसर का पता लगाने के लिए लिम्फ-नोड बायोप्सी करवाने को कहा। पहले-पहल तो यही लगा कि मुझे उन्हें पलटकर जवाब दे देना चाहिए- नहीं, आप कोई और टेस्ट नहीं करेंगे क्योंकि यह मेरा शरीर है और मैं पहले से जानती हूँ कि अब आपको मेरे शरीर में कहीं कोई रोग नहीं मिलेगा।

हालाँकि डॉक्टर ज़ोर देते रहे और उन्होंने मेरे परिवार को याद दिलाया कि मुझे

पहले दिन किस दशा में यहाँ लाया गया था। मैंने तय किया कि उन्हें मना नहीं करूँगी क्योंकि मैं अच्छी तरह जानती थी कि उन्हें मेरे शरीर में कोई रोग नहीं मिलेगा। मुझे यह भी लगा कि ज्यों-ज्यों मैं उनके मेडिकल टेस्टों की परीक्षा पार करती जाऊँगी, मुझे भी भीतर से जीत का एहसास होगा।

मैंने डॉक्टर से कहा, 'आप जो करना चाहते हैं, करें। मगर मैं आपको बताना चाहती हूँ कि आप यह सब अपने मन की संतुष्टि के लिए कर रहे हैं। मैं तो पहले से ही नतीजे जानती हूँ।'

लिम्फ-नोड बायोप्सी से पहले उन्होंने मेरे शरीर को सशक्त बनाने के लिए कुछ और दिनों का समय लिया, इस प्रक्रिया में भी एक छोटी सी सर्जरी शामिल थी। प्रक्रिया से ठीक पहले मुझे रेडियोलॉजी लैब में भेजा गया। रेडियोलॉजिस्ट को अपने अल्ट्रासाउंड उपकरणों की मदद से सबसे बड़ा लिम्फ नोड खोजना था और मेरी त्वचा पर उस जगह निशान लगाना था ताकि डॉक्टर उस पर चीरा लगाकर मेरी बायोप्सी कर सकें।

जब मैं रेडियोलॉजी लैब की मेज़ पर लेटी थी तो मैंने पाया कि मेरे सारे स्कैन, लाइट बॉक्स पर लगाए गए थे। वे सब वही स्कैन थे, जो उस दिन किए गए जब मैं अस्पताल में भर्ती हुई थी। रेडियोलॉजिस्ट ने उन्हें देखा तो पाया कि मेरी गर्दन भीतर से सूजी हुई ग्रंथियों व ट्यूमर के कारण गल सी गई थी इसलिए उसने मेरी गर्दन के पिछले हिस्से पर मशीन घुमाई और उसे मेरी खोपड़ी के तले तक ले गया। इसके बाद उसने मेरी गर्दन के दोनों ओर और फिर ऊपर-नीचे अपनी मशीन घुमाई। उसके चेहरे पर विस्मय और उलझन के भाव एक साथ तैर गए।

उसने एक बार फिर पुराने स्कैनों को गौर से देखा और फिर वहीं आ गया, जहाँ मैं लेटी थी। उसने पूछा कि क्या वह मेरी बाजुओं के नीचे अल्ट्रासाउंड कर सकता है। मैंने हामी भर दी, लेकिन उस हिस्से को देखने के बाद भी उसकी हैरानी कम नहीं हुई और फिर उसने मेरी छाती, पीठ और पेट के निचले हिस्से का स्कैन किया।

'सब ठीक तो है?' मैंने पूछा।

'मैं ज़रा उलझन में हूँ।' वह बोला।

'क्यों, क्या हुआ?' मुझे उसकी दुविधा का कुछ-कुछ अंदाज़ा था।

'माफ कीजिएगा, मैं अभी आया।' उसने कहा।

इसके बाद वह रेडियोलॉजिस्ट पास रखे फोन की ओर चल दिया। मैंने सुना कि वह मेरे कैंसर विशेषज्ञ से बात कर रहा है।

'मैं समझ नहीं पा रहा। मेरे पास दो सप्ताह पहलेवाले स्कैन हैं जो बताते हैं कि इस रोगी का लिम्फेटिक तंत्र कैंसर के कारण पूरी तरह गल गया था, पर अब तो मुझे उसके शरीर में एक भी लिम्फ नोड नहीं मिल रहा है जिससे कैंसर की पुष्टि हो।' मैंने उसे कहते सुना।

मेरे चेहरे पर एक मुस्कान खिल उठी। जब वह मेरे पास आया तो मैंने उठते हुए कहा, 'ठीक है, तो क्या अब मैं जा सकती हूँ?'

'अभी नहीं। आपके डॉक्टर ने कहा है कि मुझे आपके शरीर पर कोई लिम्फ नोड खोजना ही होगा क्योंकि ऐसा हो ही नहीं सकता कि आपके शरीर में कैंसर ही न हो। कैंसर इस तरह गायब नहीं हो सकता। तो मुझे आपकी देह के किसी हिस्से पर नोड खोजना ही होगा, जैसे आपकी गर्दन। उसने किसी तरह मेरी गर्दन के एक छोटे लिम्फ नोड पर निशान लगा दिया। हालाँकि वह बहुत बड़ा नहीं था पर उसकी बायोप्सी की गई और सर्जन ने मेरी गर्दन के बायीं ओर चीरा लगा दिया ताकि उस लिम्फ नोड को निकाल सकें।

यह सब लोकल एनेस्थीसिया देकर किया गया इसलिए मुझे सर्जरी के दौरान भी यह पता चल रहा था कि क्या हो रहा था। जब डॉक्टर ने गर्दन के उस हिस्से पर चीरा लगाया तो वहाँ उठे दर्द और बैचेनी को मैंने स्पष्ट महसूस किया। मुझे अब भी याद है, जब डॉक्टर मेरे घाव को दाग रहे थे तो मैंने अपने ही माँस के जलने की गंध महसूस की। मुझे लगा कि शायद मैंने उनकी बातों के लिए हामी भरकर अच्छा नहीं किया।

हालाँकि, एक बार फिर नतीजों से पता चला कि शरीर में कहीं कैंसर नहीं बचा है। इसके बाद मैंने अपने शरीर पर किए जा रहे अलग-अलग टेस्ट और दी जा रही दवाओं का विरोध करना शुरू कर दिया। बेशक मैं अच्छी तरह जानती थी कि अब मैं पूरी तरह से ठीक हो गई थी और अस्पताल में रहने से बेचैनी बढ़ती जा रही थी। मैं वहाँ से बाहर निकलकर दुनिया को नई नज़र से देखना चाहती थी, खास तौर पर जब मैं यह जानती थी कि अब मैं पूरी तरह से ठीक हो जाऊँगी। लेकिन इसके बावजूद डॉक्टरों ने मेरी बात नहीं मानी, वे मुझे और दवाएँ लेने और जाँच करवाने के लिए मजबूर करते रहे। वे मुझे बार-बार याद दिलाते कि मुझे किस हाल में वहाँ भर्ती करवाया गया था।

'अगर आपको मेरे शरीर में कहीं भी कैंसर नहीं दिख रहा तो फिर आप यह सब क्यों कर रहे हैं?' मैंने पूछा।

'क्योंकि तुम्हारे शरीर में कैंसर नहीं मिलने का यह अर्थ नहीं लगाया जा सकता कि कैंसर है ही नहीं। यह मत भूलो, जब तुम्हें यहाँ लाया गया था तो तुम्हारा रोग कितनी गंभीर अवस्था में पहुँच चुका था!' उन्होंने कहा।

आखिर में उन्होंने मेरे पूरे शरीर का पीइटी स्कैन (प्रोसीट्रोन-एमीशनटोमोग्राफी) किया और जब जाँच में यह पता चला कि मैं कैंसर से मुक्त हो चुकी हूँ, तो उन्होंने मेरा इलाज बंद कर दिया।

मेडिकल टीम को यह देखकर भी आश्चर्य हुआ कि मेरी गर्दन पर हुए घावों को बंद करने के लिए जो सर्जरी की जानी थी, उसकी ज़रूरत ही नहीं पड़ी क्योंकि वे सारे घाव अपने आप ही भर गए।

अस्पताल में भर्ती होने के पाँच सप्ताह के बाद 9 मार्च 2006 को मुझे घर जाने की इजाज़त दे दी गई। मैं बिना किसी मदद के चल सकती थी, हालाँकि सीढ़ियों से आने-जाने के लिए मुझे अब भी थोड़ी मदद की ज़रूरत होती थी। लेकिन मेरे अंदर इतना उल्लास था कि डॉक्टरों को मेरे दवाईयों के पर्चे पर बड़े-बड़े अक्षरों में लिखना पड़ा, 'इन्हें आराम करने के लिए घर जाने दिया जा रहा है। बेहतर होगा कि ये कम से कम छह सप्ताह तक खरीददारी और पार्टी से दूर रहें।'

पर मैं उनकी कहाँ सुननेवाली थी। एक सप्ताह बाद, 16 मार्च को मेरा जन्मदिन आया और मैं अपने परिवार के साथ डिनर के लिए अपने प्रिय रेस्त्राँ 'जिमीस किचन' गई ताकि अपने नए जीवन का जश्न मना सकूँ। इसके बाद 26 मार्च को मैं अपने एक दोस्त की शादी में शामिल होने गई। जो लोग मुझे रोगी हालत में कष्ट भोगते देख चुके थे, वे मुझे खुशी-खुशी नाचते और शैंपेन पीते देख हक्के-बक्के रह गए। अब मैं पहले से कहीं ज़्यादा अच्छी तरह यह बात समझती थी कि जीवन को किसी भी चिंता के बिना, पूरे आनंद से जीना चाहिए।

11

'अनीता, इस मामले को जिस भी नज़रिए से देखें, आपकी मौत तो सुनिश्चित थी!'

जब मुझे कैंसर से पूरी तरह से मुक्त घोषित कर दिया गया तो उसके कई सप्ताह बाद भी मैं उन सभी घटनाओं के सिरे जोड़ रही थी, जो पिछले दिनों मेरे साथ घटीं। मैं अपनी ओर से उन्हें समझना चाह रही थी। मैं धीरे-धीरे उन लोगों को देखने की आदी हो रही थी जो मुझे अस्पताल से आने के बाद पहली बार देखने पर सदमें में आ जाते थे।

हालाँकि किसी ने मेरे मुँह पर कभी कुछ नहीं कहा, पर मैं जानती थी कि पिछली बार जब उन्होंने मुझे देखा था तो उनके मन में यही ख्याल आया था कि शायद अब वे मुझे फिर से ज़िंदा नहीं देख सकेंगे। उन्होंने कभी उम्मीद नहीं की थी कि मैं जीती-जागती दिखूँगी। कुछ लोग यह कहकर अपनी हैरानी को छिपाने की कोशिश करते कि मैंने थोड़े ही समय में कितनी अच्छी सेहत हासिल कर ली थी, लेकिन वे सब अपने आश्चर्य को छिपा नहीं पाते थे।

'ओह गॉड! ये तुम हो?' मेरे योग टीचर ने कहा। जब मैंने छह माह बाद, उनके स्टूडियो में पहला कदम रखा। मुझे देखकर वे दंग रह गईं। 'तुम तो कमाल लग रही हो! मैंने सुना था कि तबीयत में सुधार हो रहा है पर मुझे एहसास नहीं हो सका था कि तुम इतनी तेज़ी से सेहतमंद हो रही हो!'

अमीरा पिछले कुछ सालों में मेरी योग टीचर थीं। वे एक सुंदर से स्टूडियो की मालकिन हैं और बहुत ही प्यारी इंसान हैं। उनके स्टूडियो से हाँगकाँग के सेंट्रल बिज़नेस डिस्ट्रिक्ट का विक्टोरियन हिस्सा दिखाई देता है। उन्हें मेरी बीमारी के बारे में

पता था। वे यह भी जानती थीं कि अपनी कमजोरी के कारण मैं बहुत से योगासन नहीं कर सकती थी। वे मेरे साथ बहुत कोमलता से पेश आतीं और मुझे शवासन करने को कहतीं (इस मुद्रा में पूरे शरीर को शिथिल कर इस तरह लेटना होता है, मानो आप गहरी नींद में हों।) हालाँकि रोग के दौरान मैं वहाँ शवासन के अतिरिक्त कोई और योगासन नहीं कर पाती थी फिर भी मैं उनके सत्र में जाती रही क्योंकि मुझे वहाँ की सकारात्मक ऊर्जा में सराबोर होना बहुत अच्छा लगता था।

रोग के अंतिम दिनों में जब मैं घर की चारदीवारी में बंद हो गई और आरामकुर्सी व ऑक्सीजन टैंक के हवाले कर दी गई तो घर में एक पूर्णकालिक नर्स मेरा ख्याल रखने लगी, तब मैंने अमीरा के पास जाना छोड़ दिया।

जैसे ही मैंने खुद को थोड़ा सँभला हुआ पाया मेरा दिल किया कि अचानक एक सत्र के बीच पहुँचकर उन्हें हैरान कर दूँ – और वे सचमुच हैरान रह गईं। फिर अमीरा ने वहाँ अभ्यास के लिए आए लोगों से मेरा परिचय करवाया। वे सब मेरे जानकार नहीं थे पर उनमें से जो लोग मुझे पहले देख चुके थे, वे अब मुझे देखकर बुरी तरह से चौंक गए। एक महिला की तो आँखें नम हो आईं। उन्हें याद था कि जब मैं रोग के अंतिम दिनों में सत्र में आती थी तो मेरी क्या दशा थी। उन्होंने कभी सोचा भी नहीं था कि वे मुझे फिर से जीवित देख सकेंगी और अब मैं उनके सामने खड़ी थी... वे केवल इतना ही कह सकीं, ... 'यह सब किसी करिश्मे से कम नहीं है।'

मैं जिनसे भी मिली वे सभी यह जानने को उत्सुक थे कि मेरे साथ क्या हुआ था। मैंने इतनी जल्दी स्वास्थ्य-लाभ कैसे पाया? लेकिन मेरे लिए उन्हें यह बात समझाना आसान नहीं था और मुझे एहसास होने लगा कि अभी तो मैं खुद ही इस बात को पूरी तरह नहीं समझ पाई हूँ, तो फिर मैं उसे दूसरों को कैसे समझा सकती थी? मैं उन्हें समझाने का कोई तरीका नहीं खोज पा रही थी। ऐसे अनुभवों के लिए वाकई शब्द नहीं मिलते, खासतौर पर अंग्रेज़ी भाषा तो ऐसे मामलों में और भी पीछे रह जाती है।

फिर मुझे एक दिन अनूप ने एक वेब-लिंक भेजा जिसमें एक ऐसी वेबसाइट के बारे में बताया गया था, जहाँ एन.डी.ई. यानी नियर डेथ एक्सपीरियेंस (मृत्यु को करीब से देखने के अनुभव) दर्ज होते थे। वह इस बारे में शोध कर रहा था कि क्या किसी और को भी ऐसा ही अनुभव हुआ है, जैसे कि मैंने उसे बताया था और इस तरह उसने नियर डेथ एक्सपीरियेंस रिसर्च फाउण्डेशन वेबसाइट (NDERF), www.nderf.org का पता लगा लिया। उसने अपने संदेश में बताया कि मुझे जो अनुभव हुआ था, उनसे

मिलते-जुलते अनुभवों की चर्चा, उसी वेबसाइट पर दूसरे लोगों ने भी की थी, जिन्होंने मृत्यु को निकट से देखा था और वह चाहता था कि मैं वेबसाइट पर एक नज़र डालूँ।

मैं एन.डी.ई. के बारे में बहुत अधिक जानकारी नहीं रखती थी। हालाँकि मैंने उनके बारे में सुन रखा था, शायद टी.वी. पर एक-दो डॉक्यूमेंटरी भी देखी होंगी लेकिन मैं ऐसे किसी भी व्यक्ति को नहीं जानती थी, जिसे ऐसे अनुभव हुए हों - और कम से कम मैंने यह तो कभी नहीं सोचा था कि यह सब मेरे साथ घटेगा!

जब मैंने अपने भाई के भेजे हुए वेब-लिंक पर दी गई जानकारी पढ़ी, तो पाया कि वे अनुभव मेरे अनुभवों जैसे ही थे। उन प्रसंगों को पढ़ते हुए मेरे रोंगटे खड़े हो गए। उनमें से कोई भी मेरी तरह रोगी नहीं था लेकिन उन्होंने दूसरे लोक में जो अनुभव पाए, वे काफी हद तक मेरे अनुभवों से मेल खाते थे। उनमें से कइयों ने विस्तार, स्पष्टता और एकात्म भाव के बारे में बात की - यह कहा कि हम सभी आपस में जुड़े हैं। उन्होंने कहा कि वहाँ किसी तरह की परख नहीं, केवल भावुकता से भरपूर बेशर्त स्नेह है। उन्होंने अपने मृत परिजनों तथा अपनों से भेंट के बारे में बात की और उन्हें एक सर्वव्यापी प्रज्ञा का एहसास हुआ। उन्हें ऐसा महसूस हुआ मानो उन्हें हर चीज़ का ज्ञान हो गया हो। यह भी एक तथ्य था कि दूसरों ने भी उस स्वीकृति और ऐक्य भाव को जाना और अपने एन.डी.ई. के बाद उन्हें स्वयं ही अपने उद्देश्य का पता चल गया। मैं भी तो इस समय यही महसूस कर रही थी!

ऐसे कुछेक विवरण पढ़ने के बाद मेरी नज़र एक कोने में लिखे वेब-बैनर पर गई, जहाँ लिखा था, 'क्या आप अपने एन.डी.ई. को हमारे साथ बाँटना चाहेंगे? अगर हाँ, तो यहाँ क्लिक करें!' मैंने वहाँ क्लिक किया और एक लंबा व विस्तृत फार्म सामने आ गया। मैं उसे भरने लगी। मैंने अभी तक अपने अनुभव को शब्दों में नहीं पिरोया था केवल निकटतम मित्रों और परिवार के सदस्यों के साथ ही इस बारे में बात की थी। मैं पहली बार इतने विस्तार से इसका विश्लेषण कर रही थी।

चूँकि मैं पहली बार किसी ऐसे के सामने सब कुछ लिख रही थी, जो मेरे हालात से अनजान था इसलिए मैं चाहती थी कि हर बात सटीक रूप से पेश की जाए। यहाँ दिए गए प्रश्नों ने मुझे मेरे अनुभवों के उन हिस्सों पर भी गहराई से विचार करने का अवसर दिया जो शायद मैं अभी तक नहीं कर सकी थी। मैंने कैंसर से जुड़ा हर विवरण लिखा। अपने दूसरे लोक में जाने और वहाँ से वापस आने की पूरी यात्रा का विस्तार से वर्णन किया और आखिर में बताया कि मैंने किस तरह करिष्माई तरीके से कैंसर से

मुक्ति पाई। फार्म में सारी जानकारी भरने तथा दिए गए स्थान पर अतिरिक्त जानकारी देने के बाद मैंने 'सबमिट' बटन पर क्लिक कर दिया। जवाब में एक संदेश सामने आया, 'हमें अपने साक्ष्य भेजने के लिए धन्यवाद। हम अगले तीन सप्ताह में आपसे संपर्क करेंगे ताकि आपको बताया जा सके कि आपका अनुभव वेबसाइट पर प्रकाशित होगा या नहीं।'

तब तक रात काफी हो चुकी थी इसलिए मैं बिस्तर पर गई और सोचने लगी कि शायद मुझे उनकी ओर से कोई जवाब नहीं आनेवाला। हालाँकि, मुझे यह देखकर सुखद आश्चर्य हुआ कि जब मैं सोकर उठी तो मेरे इनबॉक्स में डॉ. जेफ्री लौंग का संदेश मेरी प्रतीक्षा कर रहा था।

डॉ. लौंग ने बताया कि वे एक कैंसर विशेषज्ञ होने के साथ-साथ एन.डी.ई.आर.एफ. वेबसाइट के कर्ता-धर्ता भी हैं। मैंने अपना जो अनुभव दर्ज किया था, उन्हें वह वास्तव में बहुत ही उल्लेखनीय और असाधारण लगा। अब वे मुझसे कुछ सवाल करना चाहते थे, जो बेशक मेरी मेडिकल दशा से जुड़े थे क्योंकि वे भी मेरे इस शीघ्र आरोग्य लाभ से दंग थे। उन्होंने कहा कि मैंने अपने अनुभव को बहुत खूबसूरती से संजोया है और वे मेरे कैंसर के बारे में और जानकारी चाहते हैं। जैसे मेरे रोग का पता कब चला... कितने समय तक रोग रहा... और मेरे एन.डी.ई. के बाद मुझे रोगमुक्त होने में कितना समय लगा...।

मैंने यथासंभव सभी प्रश्नों के उत्तर दिए और उन्होंने झट से प्रत्युत्तर दिया। उनके उत्तर में एक तरह का गंभीर उल्लास झलक रहा था। उन्होंने कहा कि वे मेरे उत्तर पढ़कर बहुत उत्साहित हुए और उन्होंने मुझे धन्यवाद दिया कि मैंने उन्हें अपने अनुभव को उनकी वेबसाइट पर डालने की अनुमति दी। उन्होंने कहा कि यह अनुभव संसार भर में लाखों-करोड़ों लोगों के लिए प्रेरणा का स्रोत होगा। फिर उन्होंने एन.डी.ई.आर.एफ. के होमपेज पर डायरेक्ट लिंक के साथ मेरा विवरण पोस्ट कर दिया, उन्होंने उन सभी प्रश्नों के उत्तर भी शामिल कर दिए जो सुबह मुझसे पूछे थे और जिन्हें आज भी अपने मूल रूप में उनकी पुरालेख स्थल (archive site) में देखा जा सकता है।

बाद में मुझे पता चला कि ज्यों ही डॉक्टर लौंग को मेरा विवरण मिला, उन्होंने उसका प्रिंट निकाल लिया था ताकि उसे बार-बार पढ़ सकें क्योंकि उन्हें लगा कि वह अपने आपमें एक उल्लेखनीय अनुभव था और उन्होंने पहले कभी अपनी वेबसाइट की किसी पोस्ट के लिए ऐसा नहीं किया था।

इसी दौरान, हाँगकाँग में मेरा एक दोस्त पीटर लॉयड, 'होलीस्टिक हाँगकाँग' नामक प्रकाशन गृह चलाता था, वह भी मेरे अनुभव से चकित था और चाहता था कि मैं उसे अपनी कहानी छापने की अनुमति दे दूँ। मैंने उसे वही प्रति भेज दी जो एन.डी.ई.आर.एफ. साइट पर डाली थी और उसने उसे अपने अगले संस्करण में शामिल कर लिया।

कई सप्ताह बाद, जब 2006 की गर्मियाँ चल रही थीं, यू.एस. के एक कैंसर विशेषज्ञ ने मुझसे संपर्क किया। उनका नाम 'पीटर को' था और उन्होंने कहा कि वे सहज भाव से रोग में आनेवाले सुधार के अध्ययन में निजी तौर पर दिलचस्पी रखते हैं। तीन सप्ताह के दौरान दो अलग-अलग लोग, उन्हें मेरे अनुभव का वेब-लिंक भेज चुके थे। इनमें से एक एन.डी.ई.आर.एफ. की वेबसाइट पर था और दूसरा होलीस्टिक हाँगकाँग में छपा था। जब उन्हें पहली वेबसाइट का लिंक मिला तो उन्होंने उसे यह कहकर खारिज़ कर दिया कि वह बहुत ही लंबा है। उन्हें कई ई-मेल मिले जहाँ लोगों ने उनसे वह लेख पढ़ने की सिफारिश की। लेकिन जब उन्हें दूसरे मेल के साथ, होलीस्टिक हाँगकाँग का लिंक मिला और उन्होंने उस पर एक नोट भी पाया जिसमें आग्रह किया गया था कि वे उस लेख को पढ़ें, यह उनके काम आएगा। तब उन्होंने उसे गौर से देखा।

मेरा लेख पढ़ने के बाद उन्होंने पीटर लॉयड से संपर्क किया और पूछा कि मुझसे कैसे मिला जा सकता है? वेबसाइट पर मेरा पूरा नाम नहीं था, उस पर लिखा था - अनीता एम. का एन.डी.ई.। इसलिए पीटर ने ई-मेल के माध्यम से हमारे बीच संपर्क करवाया। डॉ. को ने पहले ही मेल में मेरा नंबर माँगा क्योंकि वे मुझसे बहुत से सवाल करना चाहते थे।

हमने फोन पर कई घंटे बात की और मैंने उन्हें अपनी चिकित्सीय दशा और अनुभव के बारे में विस्तार से बताया। मैंने उन्हें अपने चिकित्सीय इतिहास के कुछ पन्ने भी फैक्स किए। जिसमें डॉक्टर की 2 फरवरी की रिपोर्ट भी शामिल थी, जिसमें उन्होंने मेरे रोग को 'लिम्फोमा, स्टेज 4 बी' का नाम दिया था।

उनमें से कुछ पन्नों को पढ़ने के बाद उनका पहला वाक्य था, 'अनीता, इस मामले को जिस भी नज़रिए से देखें, आपकी मौत तो सुनिश्चित थी!'

वे इस मामले को लेकर इतने कौतूहल में थे कि उन्होंने हाँगकाँग के लिए एक व्यावसायिक दौरे का प्रबंध कर लिया ताकि वे उस अस्पताल में जा सकें, जहाँ मुझे

यह अनुभव हुआ था और साथ ही मेरे मेडिकल रिकॉर्ड का अध्ययन कर सकें।

अक्तूबर मध्य में, हमारी भेंट उसी अस्पताल में हुई जहाँ मेरा इलाज हुआ और मुझे एन.डी.ई. मिला था। हम लॉबी में बैठकर इस बारे में बातचीत करने लगे। उन्होंने मेरे रोग और अनुभव से जुड़े कुछ सवाल भी किए क्योंकि वे सब कुछ मेरे नज़रिए से जानना चाहते थे। फिर वे प्रशासकीय कार्यालय में गए और मेरे रिकॉर्ड माँगे। वहाँ से वे एक तीन इंच मोटी फाइल लाए और उसे हमारे सामने के काउंटर पर रख दी। हम उसे कैंटीन में ले गए और वे उसके सारे पन्नों को एक-एक कर विस्तार से देखने लगे, उन्होंने कई कागज़ों को बाहर भी निकाला ताकि उनकी प्रति तैयार करवाई जा सके।

मैं बहुत उत्साहित थी और बहुत ही खुशनसीब महसूस कर रही थी कि दो कैंसर विशेषज्ञों – पहले डॉक्टर लौंग और अब डॉक्टर को ने मेरे अनुभव में अपनी दिलचस्पी दिखाई। इस तरह मेरी इन भावनाओं को पुष्टि मिली कि मैं किसी महान उद्देश्य की पूर्ति के लिए वापस आई हूँ और दूसरों की मदद करने जा रही हूँ। मैं बहुत कृतज्ञ और प्रसन्न थी कि शायद मैं अपने इसी कष्ट के बल पर किसी दूसरे के काम आ सकूँ।

डॉक्टर को ने मुझसे पूछा कि मेरे साथ जो भी हुआ, क्या मैं उसे सबके सामने सार्वजनिक रूप से बता सकूँगी। हालाँकि उनका खुद का कहना था कि वे बहुत ही संदेहवादी थे लेकिन अस्पताल में देखे दस्तावेज़ों के अध्ययन के बाद वे बहुत उत्साहित थे और मेरे मामले में अपने शोध को शामिल करना चाहते थे, ताकि उसे जल्द से जल्द दूसरों की भलाई के लिए इस्तेमाल किया जा सके। उन्होंने तय किया कि अपने हाँगकाँग प्रवास के दौरान ही एक स्थानीय कांफ्रेंस आयोजित करेंगे ताकि चिकित्सा बिरादरी से अपनी इस खोज के बारे में बात कर सकें। वे चाहते थे कि मैं उस कांफ्रेंस में बोलूँ। उन्होंने कहा कि उन्होंने अपने स्थानीय चिकित्सा समुदाय के कई लोगों के साथ मेरा अनुभव बाँटा है और साथ ही उन्हें यह भी बताया है कि मैं किस तरह पारंपरिक चिकित्सा को नहीं अपनाना चाहती थी।

डॉ. को चाहते थे कि मेडिकल समुदाय से आए लोग मेरी कहानी को मेरे ही नज़रिए से सुनें। यह बात उनके लिए बहुत अहमियत रखती थी। उन्होंने कहा कि वे कभी ऐसे केस के गवाह नहीं रहे जहाँ रोगी का रोग न केवल तेज़ी से ठीक हुआ हो, बल्कि वह अपने कैंसर की एडवांस स्टेज से मुक्त होने में भी कामयाब रहा हो। उन्हें लगता था कि लोगों को इस बारे में पता जरूर होना चाहिए। मैं भी अपने अनुभव बाँटने के लिए बहुत उत्साहित थी इसलिए मैंने कॉफ्रेंस में अपनी बात कहने के लिए

हामी भर दी।

मैंने डॉक्टर को को अपने पारिवारिक डॉक्टर से भी मिलवाया। डॉक्टर ब्रायन वॉकर ने भी इस बात की पुष्टि की कि वे मुझे रोगमुक्त होते देख दंग हैं। उन्होंने भी इसी बात पर ज़ोर दिया कि यह उनके पेशे का पहला ऐसा मामला था जहाँ हैरतअंगेज़ तरीके से स्वास्थ्य लाभ हुआ और फिर रोग पूरी तरह से समाप्त हो गया। उन दोनों ने पिछले वर्षें के दौरान मेरे रोग की दशा के बारे में कुछ देर बातचीत की और डॉक्टर वॉकर ने अनेक अमेरिकी डॉक्टरों के साक्ष्यों को वैध ठहराया। इसके बाद डॉक्टर को प्रेस से मिले और यह सुनिश्चित किया कि उस कार्यक्रम में रिपोर्टर मौजूद हों ताकि मेरी कहानी स्थानीय अखबारों में छप सके।

डॉक्टर को ने मेरे अस्पताल के रिकॉर्ड देखने के बाद जो लिखा, यहाँ उसका अंश प्रस्तुत किया जा रहा है। उन्होंने कॉफ्रेंस के लिए मेडिकल समुदाय और प्रेस को यही ई–मेल भेजा था, जिसे मैं उनकी अनुमति से यहाँ प्रकाशित कर रही हूँ। इसमें एक कैंसर विशेषज्ञ के नज़रिए से मेरी कहानी का विवरण दिया गया है, जिसमें मेरे निजी अनुभवों की भी पुष्टि है:

'मुझे उम्मीद है कि आपको भी अनीता की यह कहानी उतनी ही रोमांचक लगेगी, जितनी कि मुझे लगी है... यह भेंट मेरे लिए आँखें खोल देनेवाला एक अनुभव रहा। जब मैं पिछले माह हाँगकाँग आया तो मैं उनके चिकित्सीय इतिहास की छानबीन करना चाहता था ताकि उनके दावे पर या तो विश्वास कर सकूँ या फिर उसे सिरे से खारिज़ कर सकूँ। जब मैं तथ्यों को लेकर पूरी तरह से संतुष्ट हो गया तो मैंने पाया कि मैं उनके अद्‌भुत अनुभवों से और भी प्रभावित होता जा रहा हूँ... उनका वह संदेश तो और भी प्रभावशाली है, जिसके साथ वे वापस लौटी हैं! हालाँकि चिकित्सीय विवरण आम पाठक को थोड़ा बोझिल लग सकता है, पर मैं उसे संदर्भ के तौर पर इसलिए देना चाहता था, ताकि आप सही मायनों में जान सकें कि वे कितनी बीमार थीं और किस तरह इतने प्रभावशाली तरीके से रोग मुक्त हुई। मुझे उम्मीद है, दो निजी निरीक्षणों के साथ मैं अनीता की कहानी को और ठोस साक्ष्यों के साथ पेश कर सकता हूँ:

1 अनीता के रोग का क्रमश: विवरण:

2002 के बसंत में, उन्हें कॉलर बोन के बायीं ओर सूजन का एहसास हुआ। यह उनके डॉक्टर के लिए किसी चेतावनी से कम नहीं था। उसी साल, अप्रैल में इसकी बायोप्सी की गई और पाया गया कि यह हॉजकिंस लिम्फोमा का केस था। उनका रोग

स्टेज 2 A पर था, आप सभी जानते हैं कि वे पारंपरिक तरीके से इलाज नहीं करवाना चाहती थीं इसलिए उन्होंने इलाज के लिए वैकल्पिक चिकित्सा पद्धतियों की मदद ली। अगले ढाई सालों के दौरान उनका रोग धीरे-धीरे बढ़ता गया। 2005 तक, यह उनके लिए एक परेशानी बनने लगा। कैंसर उनके ज़्यादा से ज़्यादा लिम्फ नोड में जगह बनाने लगा और शरीर में फैलता चला गया। उनके शरीर में 'बी लक्षण' भी उभर आए जैसे... रात को पसीना आना, बुखार, शरीर में खुजली वगैरह। ये सब लक्षण बता रहे थे कि रोग बढ़ रहा था। उनकी छाती के दोनों ओर पानी भी भरने लगा, (प्लूयरल एफयूज़्न); 2005 में कई बार उस पानी को निकलवाना पड़ा क्योंकि उन्हें साँस लेने में दिक्कत होने लगी थी। 2005 के अंत तक आते-आते उनकी छाती और गर्दन का यह रोग त्वचा तक आ गया और बड़े-बड़े संक्रमित अल्सर सामने आए, जो ठीक नहीं हो सकते थे। वे कुछ भी खाने में असमर्थ हो गईं। पोषण के अभाव में वज़न घटने लगा, शरीर में थकान रहने लगी, माँसपेशियाँ घुलने लगीं... और किडनी की कार्यक्षमता पर असर पड़ने लगा...।

2 फरवरी की सुबह वे अपने बिस्तर से नहीं उठ सकीं; उनका चेहरा, गर्दन और बायीं बाजू किसी गुब्बारे की तरह सूज गए थे। उनकी आँखें सूजन के कारण बंद थीं... यह सब उनकी गर्दन और छाती में भरे उस द्रव्य और लिम्फ नोड्स के कारण था। छाती में पानी भरने के कारण वे साँस नहीं ले पा रही थीं जबकि उनके साथ एक छोटा ऑक्सीज़न टैंक भी जोड़कर रखा गया था। उनके पति और माँ ने असहाय होकर पारिवारिक डॉक्टर को फोन किया, जिन्होंने कहा कि अनीता को फौरन बड़े अस्पताल में ले जाया जाए। फिर एक कैंसर विशेषज्ञ को बुलवाया गया, जो उनकी हालत देख दंग रह गईं। इसके बाद अनीता की मदद के लिए एक और कैंसर विशेषज्ञ को बुलवाया गया क्योंकि उनकी दशा गंभीर थी। शरीर के अंदरूनी अंगों ने काम करना बंद कर दिया था इसलिए कई दूसरे सलाहकार डॉक्टर भी बुलवाए गए। वे सब इस बात को लेकर सहमत थे कि इस मामले में गंभीर चिकित्सीय हस्तक्षेप किए बिना उन्हें बचाया नहीं जा सकता। हालाँकि कई अंगों के बेकार होने की वजह से कीमोथैरेपी* भी नहीं हो सकती थी। उसी रात, उनके एम.आर.आई. और सी.टी. स्कैन के बहुत सारे टेस्ट हुए और उनकी छाती से करीब दो लीटर द्रव्य निकाला गया, उन्हें 7 से 3 कीमोथैरेपी दवाएँ देने के साथ ही आई.सी.यू. में भर्ती कर दिया गया। इसी दौरान अनीता उस

*कीमोथैरेपी में सात दवाओं के आठ चक्र दिए जाते हैं, हर चक्र तीन सप्ताह का होता है।

अवस्था में रहीं, जिसे एन.डी.ई. का नाम देती हैं:

2 अपने एन.डी.ई. से बाहर आने के बाद अनीता की करिश्माई रोगमुक्ति

अनीता 3 फरवरी को जागीं, उठकर बैठीं और अपने परिवार से कहा कि वे अब ठीक हो जाएँगी। उन्होंने कैंसर विशेषज्ञ से बात की जो यह जानकर चकरा गया कि वे उसे पहचान रही थीं जबकि उनकी पहले कभी भेंट नहीं हुई थी।

4 फरवरी को अनीता ने कहा कि उनके नाक में लगी ट्यूब हटा दी जाए। उन्होंने डॉक्टरों से वादा किया कि उन्हें जो भी दिया जाएगा, वे उसे खाएँगी ताकि उनका वज़न बढ़ सके। उन्होंने घर से अपना आई-पॉड मँगाया ताकि वे मनपसंद संगीत सुन सकें।

5 फरवरी को उन्होंने डॉक्टरों का अभिवादन किया और उनसे पूछा कि क्या वे उनके साथ दावत का हिस्सा बनना चाहेंगे। अंततः वे उन्हें आई.सी.यू. से बाहर लाने के लिए मान गए।

तब तक उनकी गर्दन और चेहरे की सूजन काफी घट गई थी; आकार में बढ़े हुए लिम्फ नोड घटने और नरम पड़ने लगे थे और वे अपना सिर भी हिला पा रही थीं। फरवरी के मध्य में उनके पहले चक्र की दवाएँ पूरी हुईं। एक प्लास्टिक सर्जन को बुलवाया गया ताकि उनकी गर्दन के लिम्फ नोड की बायोप्सी की जा सके। उनकी गर्दन और बगल में हुए खुले घावों की सर्जरी करके उन्हें बंद किया जा सके। जाँच करने पर कोई लिम्फ नोड नहीं मिला और उन्हें बायोप्सी से पहले अल्ट्रासाउंड के लिए भेजा गया। इसके बाद ही खुले घावों की सर्जरी भी होनी थी।

तीन अल्ट्रासाउंड परीक्षणों के बाद भी कोई लिम्फ नोड नहीं दिखे। 27 फरवरी को आखिरकार उन्होंने गर्दन की बायोप्सी की... जहाँ कैंसर का कोई नामो निशान नहीं मिला। त्वचा के अल्सर भी किसी तरह की डॉक्टरी मदद या सर्जरी के बिना अपने आप ही ठीक हो गए।

कैंसर विशेषज्ञ अंततः उन्हें घर भेजने को राज़ी हो गए। वे 9 मार्च को दवा का दूसरा चक्र पूरा करने के बाद घर आ गईं। उन्होंने अपने परिवार के साथ जिमीस किचन रेस्त्राँ में अपना जन्मदिन मनाया और 26 मार्च को एक विवाह की दावत में नाच-गाने के साथ शैम्पेन का आनंद लिया...इसके बाद उनकी दवाओं का तीसरा चक्र शुरू किया गया। फिर डॉक्टरों ने तय किया कि वे छह चक्र पूरे होने के बाद, सीटी-पीईटी Positron Emission Tomography - Computed Tomography (PET/CT) स्कैन

करेंगे और 24 जुलाई को अनीता को कैंसर से पूरी तरह से रोग मुक्त घोषित कर दिया गया और उन्होंने बाकी के दो कीमो चक्र भी पूरे नहीं करने पड़े।

उनकी यह रोगमुक्ति वाकई अविश्वसनीय रही। अपने निजी अनुभवों तथा अपने सहकर्मियों के मतों के आधार पर मैं उनकी इस रोगमुक्ति का श्रेय कीमोथैरेपी को नहीं दे पा रहा। हम कैंसर कोशिकाओं के बारें में जो जानते हैं, मेरा दावा है कि किसी (अ–भौतिक....'कारण') ने जींस को अपने असली रूप में आने से मना कर दिया या रोगी कोशिकाओं को मरने के लिए प्रोग्राम कर दिया। इसका असली तंत्र तो हमारे लिए अज्ञात है, लेकिन यह तय है कि ये साइटोटॉक्सिक दवाओं का नतीजा नहीं है।

मुझे लगता है कि अनीता का अनुभव जानने के बाद मेरे सामने ऐसे और भी अवसर आएँगे, जिनसे मैं इसके बारे में और अधिक जान सकूँगा व अपने सच्चे अस्तित्व को पहचान सकूँगा।

कांफ्रेंस में मेडिकल समुदाय के बहुत से लोगों ने हिस्सा लिया, इसमें स्थानीय शिक्षण अस्पतालों के कैंसर विभाग के प्रोफेसर भी शामिल थे। इसके अलावा, वहाँ और बहुत से लोग थे, जो मेरे और डॉक्टर को के बुलावे पर आए थे और इसके अलावा कुछ दूसरे प्रोफेसर भी थे। नतीजन, डॉ. को, डॉ. वॉकर और मुझे रेडियो पर इंटरव्यू के लिए बुलवाया गया, ताकि हमारी मुलाकात ली जा सके। (अखबार में छपे लेख और रेडियो मुलाकात को मेरी वेबसाइट www.anitamoorjani.com पर देखा जा सकता हैं।)

कॉफ्रेंस के प्रत्यक्ष परिणाम के फलस्वरूप और हाँगकाँग विश्वविद्यालय के मेडिकल समुदाय के सदस्यों से भेंट के बाद मुझे उनके बिहेवियरल स्टडी विभाग में सलाहकार के तौर पर बुलवाया गया, मैंने वहाँ कैंसर व मौत का सामना करने से जुड़े मनोविज्ञान के बारे में बात की और प्रोफेसरों को अपनी सलाह दी। मुझसे कहा गया कि मुझे नियमित तौर पर सदस्यों व छात्रों से बातचीत के लिए आना चाहिए। फिर मुझे भी इसमें आनंद आने लगा।

डॉक्टर को ने मेरी केस फाइल से एक रिपोर्ट तैयार की और उसे अपने प्रश्नों के साथ, दुनियाभर के कैंसर संस्थानों को भेज दिया। अभी तक कोई भी उनके प्रश्नों के उत्तर नहीं दे सका और उन्हें ऐसा कोई मामला भी नहीं मिला जहाँ रोगी ने अपने रोग से इतनी जल्दी और संपूर्ण मुक्ति पाई हो।

कुछ ऐसे तथ्य भी हैं, जिनके बारे में डॉक्टर को ने मुझसे बात की और वे अब भी एक रहस्य ही बने हुए हैं।

- मेरे मेडिकल रिकॉर्ड से पता चलता है कि जब मैंने अस्पताल में कदम रखा तो मेरे अंग पहले ही काम करना बंद कर चुके थे, लेकिन फिर भी जाने कैसे वे दोबारा काम करने लगे। डॉक्टर को इसी उलझन में थे कि यह कैसे संभव हुआ होगा। उन्होंने कैंसर विशेषज्ञ द्वारा लिखे गए नोट पर भी ध्यान दिया, 'रोगी के परिवार को सूचित कर दिया गया है।' डॉक्टर को का यह मानना था कि डॉक्टरों ने मेरे परिवारवालों को बता दिया था कि मैं मर रही थी।

- मेरे रिकॉर्ड पुष्टि करते हैं कि मेरे पूरे शरीर में नींबू जितने बड़े आकार के ट्यूमर थे जो खोपड़ी के नीचे से लेकर गर्दन, बगलों, छाती और पेट के निचले हिस्से तक फैले हुए थे। पर कई दिन बाद, उनके आकार में सत्तर प्रतिशत तक कमी आ गई थी। वे इस बात को लेकर कौतूहल में थे कि अंगों के काम बंद करने के बाद भी ऐसा क्या हुआ कि अरबों कैंसर कोशिकाओं को मेरे शरीर को छोड़कर जाना पड़ा।

- मेरे शरीर पर खुले हुए घाव थे और मेरी फाइल में दर्ज है कि उनके लिए सर्जरी की ज़रूरत थी क्योंकि मेरे शरीर में इतने पोषक तत्व नहीं थे, जो उन्हें ठीक कर पाते। जब मैं अस्पताल आई तो मेरी मांसपेशियाँ पहले से ही कमज़ोर थीं। डॉक्टरों की बात से पता चलता है कि शरीर में थोड़ी ताकत आने के बाद मेरी रीकंस्ट्रक्टिव सर्जरी की जानी थी। फिर भी वे घाव अपने आप ही भर गए। मेडिकल टीम को उसके लिए कुछ नहीं करना पड़ा।

ये सब मिलकर उस अंतिम प्रश्न की ओर आते हैं, जो डॉक्टर को और अन्य सभी शीघ्र रोगमुक्ति के बारे में जानना चाहते हैं : देह को मृत्यु से आरोग्य की ओर लाने के लिए कौन सा स्विच दबाया गया और किसने दबाया?

जहाँ तक मेरा सवाल है, मैं यह उत्तर जानती हूँ... लेकिन यह उत्तर दवाओं और चिकित्सा क्षेत्र में नहीं पाया जा सकता।

12

जीवन के लिए एक नया नज़रिया

अस्पताल से बाहर आने के शुरुआती महीनों के दौरान मैंने खुद को गहरे आनंद के बीच पाया, मानो, मुझे कोई नशा हो गया हो। मैं एक विचित्र से भाव में खोई रहती जो बहुत ही आनंददायक था। मुझे हर व्यक्ति व वस्तु खूबसूरत दिखने लगी और यहाँ तक रोज़मर्रा की घटनाओं व वस्तुओं में भी एक जादू, एक करिश्मा सा नज़र आने लगा। उदाहरण के लिए मेरे कमरे के फर्नीचर को ही लें, यह कई सालों से मेरे पास पड़ा था लेकिन इसका कोई खास महत्त्व नहीं था। जब मैं घर वापस आई, तो मुझे उसकी लकड़ी की कारीगरी में वह सुंदरता दिखी, जिसे मैंने इतने वर्षों में पहले कभी नहीं देखा था। अब मैं अनुमान लगा सकती थी कि उसके निर्माण में कितनी कड़ी मेहनत लगी होगी। जब मैंने खुद अपनी कार चलाई तो बहुत अचंभा हुआ (कैंसर के कारण पिछले आठ महीनों से यह संभव नहीं हो सका था) मैं मुग्ध थी कि मैं किस तरह सड़कों पर कार चलाते समय अपने हाथ, पैर, टाँगों व आँखों का उचित संयोजन व संचालन कर पा रही थी। मैं यह मनुष्य देह तथा जीवन पाकर विस्मित थी।

जैसे-जैसे समय बीतता गया मुझे ऐसा लगने लगा कि मुझे अपने जीवन के साथ एक बार फिर कुछ करना होगा। लेकिन जब भी मैं यह सोचती कि क्या किया जा सकता है तो भावुक हो जाती। मैं नहीं जानती थी कि बिखरी ज़िंदगी के इन टुकड़ों को कैसे समेटा जाए। यह संसार अब वैसा नहीं रहा था, जैसा मैंने कुछ समय पहले छोड़ा था। मैंने पिछले चार साल अपनी बीमारी के साथ बिताए थे। इस दौरान मेरा सारा

ध्यान अपने रोग पर था। तब मैं कैंसर से जुड़ी हर तरह की जानकारी, अध्ययन और शिक्षा पाने में व्यस्त थी। मेरा रोग और उसका उपचार ही मेरे जीवन का उद्देश्य बन गया था। मैं खुद को जीवन के बजाय ऐसे लोगों के साथ जोड़ने लगी थी जो कैंसर से ग्रस्त थे, लेकिन अब यह रोग मेरे जीवन से जा चुका था। मैं अपने शेष जीवन में क्या करनेवाली थी?

अपने रोग की पहचान होने से पहले मैं पूरी तरह से आज़ाद थी। हालाँकि जब मैं बीमार हुई तो मुझे पूरी तरह से डैनी और परिवार के दूसरे सदस्यों पर आश्रित होना पड़ा। जब मैं ठीक होकर अपने पैरों पर खड़ी हो गई तो सब अपनी-अपनी भूमिकाओं में लौट गए। डैनी काम पर लौट गए, मेरी माँ और भाई अपने घर लौट गए और मैं यह पता लगाने के लिए अकेली रह गई कि मैं खुद क्या करना चाहती हूँ।

मैं कल्पना तक नहीं कर सकती थी कि मैं फिर से एक रीलोकेशन ऑफिसर की तरह काम कर रही हूँ। अपने रोग का पता लगने से कुछ समय पहले ही मैंने अपनी वह नौकरी छोड़ दी थी और उस इंसान का इंटरव्यू भी लिया जिसे मेरी जगह काम पर रखा जाना था। मैं पिछले चार सालों से काम नहीं कर रही थी क्योंकि उस दौरान मैं कैंसर से मुक्त होने की कोशिशों में जुटी थी। अब उसी काम पर लौटने की बात सोचना भी अजीब लगता था और ऐसा लगने लगा था कि मैं पहले जैसी नहीं रही।

मुझे ऐसा लगता, मानो, अब मैं अपने आसपास के लोगों से कोई संबंध स्थापित नहीं कर पाती - या और सटीक शब्दों में कहूँ तो वे मेरे साथ कोई संबंध नहीं बना पा रहे थे। अगर मैं काम पर वापस जाने के बारे में सोचती तो यह पता लगाना कठिन था कि मैं क्या काम कर सकती हूँ। अब कुछ भी सही नहीं लगता था। ऐसा लगने लगा था मानो अब मैं इस ग्रह के लोगों व उनके मूल्यों के बीच फिट नहीं हो सकती। मेरी प्राथमिकताएँ बदल चुकी थीं और मैंने पाया कि अब मेरी किसी ऑफिस में काम करने किसी को रिपोर्ट करने या केवल पैसा कमाने में कोई दिलचस्पी नहीं है। मुझे लोगों के साथ संबंध बनाने, काम के बाद दोस्तों के साथ मस्ती करने, सुबह और शाम के समय हड़बड़ाहट के बीच तैयार होने या काम के लिए शहर निकलने की परवाह नहीं थी। इस तरह अपने एन.डी.ई. के बाद पहली बार मैंने खुद को खोया हुआ पाया... मैं पूरी तरह से तनहा और अकेली हो गई थी।

रोज़मर्रा की घटनाओं व प्रसंगों पर होनेवाली बातचीत का हिस्सा बनना, मेरे लिए दिन-ब-दिन मुश्किल होता चला गया। अब मैं अधिक समय तक किसी बात पर ध्यान

नहीं दे पाती थी और मैंने पाया कि अपने दोस्तों से बातचीत के दौरान भी मेरा मन जाने कहाँ-कहाँ भटकता रहता। मुझे अब राजनीति और दुनिया की खबरों में कोई रुचि नहीं रही और यहाँ तक कि मैं अपने मित्रों के प्रति भी उदासीन होती जा रही थी। हालाँकि सूर्यास्त के समय समंदर किनारे अपने हाथ में आईस्क्रीम का कोन थामे क्षितिज की ओर निहारना ऐसा लगता था मानो मैं पहली बार इस संसार की सुंदरता का आनंद पा रही हूँ। पानी पर सूरज के ढलते संतरी गोले की परछाईं और मेरे पैरों के नीचे गीली रेत का एहसास ऐसा लगता जैसे यह सब मेरे साथ पहली बार हो रहा हो। मैंने ऐसी छुअन पहले कभी महसूस नहीं की थी। वह स्वादिष्ट क्रीमी बैल्जियन आईस्क्रीम मेरी स्वाद ग्रंथियों को और भी मज़ा देने लगी, जैसे उसे भी मैंने पहली बार ही खाया हो!

मुझे हर चीज़ में दैवीयता का आभास होने लगा - हर पशु, हर कीट के भीतर दैवीयता! मैं प्रकृति में पहले से कहीं ज़्यादा दिलचस्पी लेने लगी। मैं अपने आसपास मंडरा रहे मच्छर को भी नहीं मार सकती थी। वे भी तो जीवन का ही एक रूप थे इसलिए उन्हें भी पूरा मान दिया जाना चाहिए। उनके होने का भी एक उद्देश्य था। मैं नहीं जानती थी कि उन्होंने संसार में जन्म क्यों लिया, केवल इतना पता था कि वे भी मेरी तरह इस ग्रह के वासी थे।

हर सुबह उठते ही मेरे भीतर इस नए संसार को नए नज़रिए से देखने की इच्छा जाग जाती। हर दिन जैसे एक नया रोमांच था। मैं गाड़ी चलाना चाहती थी, उठकर चलना चाहती थी, पहाड़ियों व रेत पर बैठना चाहती थी और जीवन को उसी के रूप में देखना चाहती थी, जैसे वह था। मुझे शहरी माहौल भी बहुत भाने लगा और मैं सभी जगहों से एक बार फिर संपर्क बनाने लगी मानो यह सब पहली बार हो रहा हो। मैं बाज़ारों की सैर करती, शहरी दृश्यों को देखती और नियोन बत्तियों के बीच जगमग करती गगनचुंबी इमारतों, हमारी प्रभावी सार्वजनिक यातायात व्यवस्था व उन तकनीकयुक्त पुलों को सराहती, जो हाँगकाँग के अलग-अलग द्वीपों को आपस में जोड़ते थे। मैं उन सबको देखकर विस्मित थी।

हर दिन की ऐसी मधुरता ने मुझे एहसास दिलाया मानो मेरा जन्म अभी हुआ हो। जैसे मैंने एक वयस्क के तौर पर संसार में कदम रखा हो जैसे 3 फरवरी 2006 को ही मैं इस दुनिया में आई हूँ।

उसी समय मैंने यह भी पाया कि मैं अपने कई पुराने मित्रों के साथ पहले की तरह नहीं मिल पा रही थी, जिनके साथ मैंने दोपहर के खाने या शाम की कॉफी के

दौरान मिलने का प्रयास किया। वे सभी मुझसे मिलने को बेताब थे लेकिन उनमें से अधिकतर इस बात को नहीं समझ पाते थे कि इस अनुभव ने मुझे कितनी गहराई तक बदल दिया था। मैंने पाया कि मैं सामाजिक परिस्थितियों में अधीर हो उठती। मैं लंबे समय तक स्थिर नहीं बैठ पाती और बेकार की बातों में अपना ध्यान नहीं रमा पाती थी।

मुझे लगने लगा कि लोगों के पास जीवन के इस जादू को देखने की ताकत नहीं रही। वे मेरी तरह अपने आसपास फैली सुंदरता को देखने के कौतुक या केवल अपने अस्तित्व के होने की सराहना नहीं कर पाते। वे अपने रोज़मर्रा के रूटीन में इतने व्यस्त थे कि उनका मन सदा आगे आनेवाले काम पर ही लगा रहता। अपने एन.डी.ई. से पहले मैं भी अपने जीवन को इसी तरह जीती आई थी। वे सभी अपने कामों में इतने मग्न थे कि वर्तमान में जीने की कला ही भूल गए थे।

लेकिन इन सभी बातों से अधिक मैंने पाया कि मेरे जीवन में कुछ अद्‌भुत घटने जा रहा था और मैं उसकी दहलीज़ पर खड़ी थी। मैंने महसूस किया कि मैंने कुछ समय पूर्व जो भी अनुभव लिया, उसका भी कोई न कोई महान उद्‌देश्य जरूर था। हालाँकि इस भीतरी संतुष्टि और एक महान रोमांच के मुहाने पर होने की प्रबल भावना के बावजूद मुझे यह नहीं लगता था कि मुझे उस घटना को असल में सामने लाने के लिए अपनी ओर से कोई कोशिश करनी चाहिए। मुझे केवल वही रहना था, जो मैं थी, पूरी तरह से निर्भय! इस तरह, मैं खुद को प्रेम करने का एक साधन बनाने की कोशिश कर रही थी। मैं समझ चुकी थी कि हम अपने लिए और इस ग्रह के लिए इससे बेहतर कुछ कर ही नहीं सकते।

यह एहसास होने के बाद समस्याएँ पहले की तरह भयंकर नहीं दिखती थीं। मैंने पाया कि लोग अपने जीवन और समस्याओं को गंभीरता से ले रहे थे – जैसे कि मैं भी पहले लिया करती थी। पहले-पहल मैं अपने अलावा, दूसरों के नाटक का भी एक हिस्सा बन जाया करती थी पर अपने एन.डी.ई. के बाद, **मैं केवल इसी बात के लिए स्वयं को सौभाग्यशाली मानने लगी कि मैं जीवित हूँ और मुझे यहाँ अपनी अभिव्यक्ति करने के लिए एक और अवसर दिया गया है।** अब मैं इस महान रोमांच को एक मिनट भी बरबाद नहीं करना चाहती थी। जहाँ तक संभव हो सके मैं वही रहना चाहती थी, जो मैं थी और अपने जीवित रहने के हर मिनट का भरपूर आनंद लेना चाहती थी!

मैं सचमुच रोज़मर्रा की छोटी-मोटी समस्याओं और भविष्य, पैसा, काम, घर या घरेलू मुद्दों जैसी बातों पर चिंता नहीं करना चाहती थी। अब ये सभी बातें मुझे बहुत छोटी और मामूली लगने लगी थीं, खास तौर पर ऐसा इसलिए भी हुआ क्योंकि मैं अपने सामने आनेवाली दिव्य योजना पर पूरा भरोसा करने लगी थी।

जब भी मैं रोग, राजनीति या मृत्यु के बारे में बात करती तो अपने अनुभव के कारण मुझे अपने विचार इतने अलग लगते कि मैं लोगों के साथ बातचीत का हिस्सा ही नहीं बन पाती थी। मुझे यह एहसास होने लगा था कि अब लोगों को परखने और उन्हें अच्छा-बुरा कहने की मेरी योग्यता को जंग लग गया है। अब मेरे लिए अच्छा-बुरा या उचित-अनुचित का भेद करना कठिन होता जा रहा था क्योंकि मेरे एन.डी. ई. के दौरान, मुझे किसी भी बात के लिए अच्छा-बुरा या सही-गलत नहीं ठहराया गया था। वहाँ चारों ओर केवल नि:स्वार्थ प्रेम व करुणा मात्र थी। मैं अब अपने और आसपास के लागों के लिए भी ऐसा ही अनुभव करने लगी थी।

मैंने पाया कि अब मेरे मन में पीड़ितों के साथ-साथ अपराधियों व आतंकियों के लिए भी करुणा उमड़ने लगी है। जैसे मैंने इस बात को नए सिरे से समझा था कि जो लोग अपराध करते हैं, वे निश्चित रूप से भ्रम, कुंठा, पीड़ा व आत्मघृणा का शिकार होते होंगे। अपनी प्रतिभा व क्षमता का पूरा उपयोग करनेवाला कोई प्रसन्नचित्त मनुष्य कभी ऐसा कदम नहीं उठाता। जो लोग अपने जीवन का आनंद लेते हैं, वे ही दूसरों के जीवन में प्रसन्नता बाँटने में सफल होते हैं। वे अपने आसपास के लोगों में बेशर्त प्रेम बाँट पाते हैं। केवल भावात्मक रूप से रोगी लोग ही ऐसे घोर अपराध करते हैं जैसे उन्हें कोई कैंसर हो गया हो।

हालाँकि मैंने देखा कि जो लोग इस तरह के मानसिक कैंसर से ग्रस्त होते हैं, समाज में उन्हें तिरस्कार की दृष्टि से देखा जा सकता है। उन्हें अपनी इस दशा के लिए कहीं से भी कोई व्यावहारिक मदद नहीं मिलती, जिससे उनकी हालत और गंभीर होती जाती है। जब हम उनके साथ इस रूखेपन से पेश आते हैं तो समाज में यह कैंसर और भी तेज़ी से फैलता है। मैं देख सकती थी कि हमने अपने समाज को ऐसा बनाया ही नहीं है जहाँ मानसिक व शारीरिक आरोग्य को स्थान दिया जाता हो।

इसका अर्थ था कि अब मैं इस संसार को 'उनके और हमारे' जैसे दो हिस्सों में बाँटकर नहीं देख सकती थी। कोई भी शोषक या शोषित नहीं, कोई भी उनके या हमारे नहीं बल्कि सब कुछ 'हम' होता है। हम सब एक हैं, अपनी ही नियति की उपज हैं;

अपने ही विचारों, कर्मों और मान्यताओं से आए हैं। यहाँ तक कि अपराधी भी अपनी ही आत्मघृणा और पीड़ा के शिकार हैं।

मैं अब मृत्यु को भी उसी रूप में नहीं देखती थी जैसे दूसरे देखते हैं इसलिए अब किसी की मौत पर मेरे लिए शोक मनाना भी कठिन हो गया था। बेशक किसी अपने के जाने का दु:ख होता है क्योंकि उनकी याद आती है लेकिन अब मैं किसी की मौत का गम नहीं मनाती क्योंकि मैं जानती हूँ कि वे दूसरे लोक में हैं और वहाँ प्रसन्न हैं! वहाँ तो कोई उदास रह ही नहीं सकता। इसके साथ ही मैं यह भी जानती हूँ कि यहाँ तक कि उनकी मौत भी अपने आपमें संपूर्ण थी और इस संसार के सामने सब वैसे ही आएगा, जैसे आने पहले से तय है।

मेरे विचारों में आनेवाले बदलावों के कारण अब मैं अपनी भावनाओं को व्यक्त करने में थोड़ा सावधान रहने लगी क्योंकि मैं नहीं चाहती थी कि लोग मुझे गलत समझें। मैं जानती थी कि दूसरों के लिए इन बातों को समझना थोड़ा कठिन होगा कि मरने के बाद किसी को परखा नहीं जाता, यहाँ तक कि बुरे से बुरे आतंकवादी को भी परखा नहीं जाता। उनके लिए भी मेरे मन में केवल करुणा और स्पष्टता है और मैं समझ सकती हूँ कि उन्होंने जो भी किया, वह क्यों किया। इसके अलावा, बुनियादी तौर पर, मैं यह भी जानती थी कि यदि किसी धार्मिक धारणा पर मेरा विश्वास न हो और उसे मैंने स्वीकार नहीं किया तो उसके लिए मुझे मृत्यु के बाद कोई सज़ा नहीं मिलेगी।

इस तरह धीरे–धीरे मैं अपनी ही सोहबत में मग्न रहने लगी। जब मैं डैनी के साथ न होती तो अपने आपमें ही खोई रहती। मैं उनके साथ स्वयं को सुरक्षित पाती। मैं जानती थी कि वे मुझे परखेंगे नहीं। मेरे पति मेरी इस यात्रा के दौरान मेरे सहभागी रहे और वे उन कुछ खास लोगों में से हैं जो मुझे समझते हैं। जब मैं अपनी भावनाओं और विचारों को उनके साथ बाँटती तो वे बहुत ही धीरज से उन्हें सुनते और उन नए भावों से उबरने और उन्हें सँभालने में मेरी मदद करते।

मुझे निरंतर इन अनुभवों की चर्चा के लिए किसी साथी की ज़रूरत थी ताकि यह जान सकूँ कि क्या हुआ और फिर उसे सामने ला सकूँ इसलिए डैनी ने मुझे प्रोत्साहित किया कि मुझे अपनी इन भावनाओं को कहीं लिखना चाहिए। मैंने लिखना शुरू किया और निरंतर जारी रखा। मैं फोरम और ब्लॉग्स में लिखने लगी और मैंने पाया कि ज्यों–ज्यों मैं इस नई दुनिया की ओर बढ़ रही थी, मेरा सुकून और गहरा होता जा रहा था।

13

मेरे पथ की तलाश

अब जीवन के प्रति मेरा जो नज़रिया था उसे समझनेवाले बहुत कम लोग थे और उसे अपने जीवन में उतारनेवाले उससे भी कम। अब मुझे किसी चीज़ का भय नहीं था। मुझे रोग, मृत्यु, शोक, वृद्धावस्था या धन के अभाव का भी कोई भय नहीं रहा था। जब मृत्यु का भय नहीं रहता तो भयभीत होने के लिए बहुत कुछ नहीं बचता क्योंकि मृत्यु का भय ही सबसे बड़ा माना जाता है। अगर आप अपने जीवन के सबसे बदतर हालात से गुज़र चुके हैं तो उसके बाद तो कुछ भी नहीं बचता। फिर ऐसा कुछ नहीं रहता जो आपको डरा सके!

मेरे लिए अपने जीवन को नए सिरे से व्यवस्थित करना भी एक चुनौती बनता जा रहा था क्योंकि अब भी यह संसार मुझे वास्तविक नहीं लगता था। दूसरा लोक कहीं अधिक वास्तविक था। और जैसा कि मैंने बताया, मैं एक अजीब सी उलझन में थी। न जाने क्यों, लोग हर चीज़ को बहुत गंभीरता से लेने के आदी हो जाते हैं। मिसाल के लिए, हर व्यक्ति पैसे व अपनी आर्थिक स्थिति को लेकर तनावग्रस्त रहता है। हालाँकि उसके पास आनंद लेने व ईश्वर का आभार प्रकट करने के लिए बहुत सी सुंदर चीज़ें होती हैं लेकिन फिर भी वे तनाव में डूबे रहते हैं। मैं यह भी नहीं समझ पा रही थी कि लोग सभी महत्वपूर्ण चीज़ों को कितना उपेक्षित करने लगे हैं – जैसे प्रेम, रिश्ते, प्रतिभा, रचनात्मकता, हर इंसान की अलग पहचान वगैरह। सब कुछ जैसे पैसे के लिए ही था। मुझे आश्चर्य होता था कि लोग सालों तक ऐसी नौकरी कैसे करते हैं जो उन्हें पसंद तक नहीं होती। लोग जिस नज़रिए से जीवन को देखते थे, वह मेरे

अनुसार अनुचित था। वे प्राथमिकताओं व मूल्यों के बीच सही तालमेल नहीं बिठा पा रहे थे और जैसे हमेशा मोर्चे पर डटे रहते थे। मुझे एहसास हुआ कि शायद पहले मैं भी यही सोच रखती थी पर अब मैं ऐसा करने की कल्पना तक नहीं कर सकती।

मैं जानती हूँ कि मैं फिर कभी ऐसी नौकरी नहीं करूँगी, जिसे केवल पैसा कमाने के लिए किया जा रहा हो। अब मैं इसी तरह सोचती थी। मेरे लिए काम और काम को करने का तरीका, दोनों ही बहुत बदल गए थे। इसके साथ ही मेरा जीवन और समय, ये दोनों बातें मेरे लिए आज पहले से कहीं अधिक मूल्यवान हो गए थे।

मुझे कैंसर और मृत्यु को करीब से देखने के अनुभव से गुज़रते देखकर अब डैनी के लिए भी दुनिया पहले जैसी नहीं रही। मेरी बीमारी से पहले वे एक बहुराष्ट्रीय संस्थान में सेल्स व मार्केटिंग क्षेत्र में कार्यरत थे और वे पूरे एशिया में वितरण का काम सँभालते थे। हम दोनों जिस हालात से गुज़रे उसके बाद उनके लिए भी काम पर जाना बहुत ही मायूसी भरा और नीरस हो गया। हम दोनों ही मानसिक रूप से अधिक परिपक्व हो गए थे, बदल गए थे और जीवन की इस घटना से बहुत कुछ सीख चुके थे!

डैनी और मैं हमेशा से ही अपना खुद का काम करने का सपना देखते थे और इस बिंदु पर मैंने उन्हें वही करने को कहा। मैंने उन्हें उनका सपना साकार करने के लिए प्रोत्साहित किया। अपने एन.डी.ई. से पहले, मैं उन्हें ऐसा करने का हौंसला नहीं दे सकती थी क्योंकि मुझे लगता था कि यह तो एक बड़ा खतरा मोल लेने की तरह होगा; मुझे यही डर सताता था कि अगर वे कामयाब न हुए तो हमारी आजीविका कैसे चलेगी? पर अब मेरे विचार बदल गए थे और पछतावों से भरा जीवन जीने के बजाय, उनके सपने को साकार करना कहीं अधिक महत्वपूर्ण लगने लगा था। तो मैंने उन्हें उसी व्यवसाय को आरंभ करने का हौंसला दिया जिसका सपना हम जाने कब से देखते आ रहे थे। वे करियर के नए साधन विकसित करके, छात्रों और कार्पोरेशनों को उपलब्ध कराना चाहते थे।

जिन दिनों वे अपने काम से ध्यान हटाकर मेरी सेवा कर रहे थे, उन्हें बहुत लंबे समय तक नौकरी से ध्यान हटाना पड़ा था। इस तरह उनके लिए अब दूसरे के बजाय अपने लिए काम करना कहीं सरल था। अगर यह सब मेरे एन.डी.ई. से पहले हुआ होता तो बेशक उनके लिए यह बेहद उथल-पुथल से भरा हो सकता था। लेकिन अब हम नए तरीके से सोच रहे थे और देख रहे थे कि सारा ब्रह्माण्ड हमारे ही तरीके से काम कर रहा है। अब हमारे पास कुछ रोचक करने के नए अवसर मौजूद थे।

इस नए रोमांच के साथ जीने के लिए हमें अपने रहन-सहन के स्तर को नीचे लाना पड़ा। हम एक छोटे घर में आ गए और अपने बहुत से निजी खर्चों में कटौती शुरू कर दी। इस तरह हम हाँगकाँग के शहरी जीवन से दूर अच्छे आस-पड़ोस वाले एक साधारण इलाके में रहने आ गए। हमारा घर एक सुदूर गाँव में था, जो चीन की सीमा से लगता था। हम अपने समुदाय से दूर थे और इस तरह हमें अपने जीवन को नए सिरे से सँवारने और उसका मोल आँकने का अवसर मिला। हम पहले जो थे, यह सब उससे बेहद अलग था। ऐसा लगने लगा था मानो हम ज़िंदगी को नए सिरे से जीने जा रहे हों।

अगर मैंने डैनी के नौकरी खोने या हमारे अपने रहन-सहन के स्तर में कमी लाने और शहर से बाहर जाने को नकारात्मक रूप में देखा होता तो यह मेरे लिए भय का कारण हो सकता था क्योंकि तब इससे मुझे असुरक्षा का खतरा महसूस होता। हालाँकि, मेरे दिमाग में हमेशा यही शब्द गूँजते रहते थे, 'वापस जाओ और अपना जीवन बिना किसी डर के जीओ!' इसलिए मैं जानती थी कि सब कुछ ठीक ही होनेवाला था। मुझे अपने एन.डी.ई. से जो संदेश मिले, उनमें से एक यह भी था - हम सब एक हैं, हम भीतर से विशुद्ध स्नेह हैं, हम तेजस्वी हैं - यह सबसे सशक्त संदेश था, जो मेरे मन में बस गया था। क्योंकि मैं हमेशा इन बातों को अपने पिता या मित्र सोनी के माध्यम से ही सुनती थी, जब भी मुझे अपने दिमाग में यह सुनाई देता, वह आवाज़ उन दोनों में से किसी एक की होती। हालाँकि यह हालात पर निर्भर था कि दोनों में से किसकी आवाज होगी। इस तरह मुझे सभी घटनाएँ और प्रसंग अपने सामने आ रहे एक विशाल रोमांच का हिस्सा लगते जो मुझे यह एहसास दिलाते थे कि मुझे अपने जीवन को एक कोरी स्लेट की तरह आरंभ करना होगा।

इसके अलावा मेरे एन.डी.ई. की वजह से मैं हकीकत को, बाहरी दुनिया के नज़रिए से देखने के बजाय अपनी भीतरी दुनिया के नज़रिए से देखने लगी। पहले मुझे लगता था कि यह बाहरी दुनिया ही हकीकत है और मुझे इसकी सीमाओं के भीतर रहकर ही काम करना है। अधिकतर लोग ऐसा ही सोचते हैं। इस नज़रिए के साथ, मैं बाहरी दुनिया को अपनी ताकत सौंप देती और बाहरी घटनाओं के पास मेरे व्यवहार, मूड व सोच को अपने वश में करने की शक्ति आ जाती। ऐसे में भावात्मक प्रतिक्रियाओं व भावनाओं को सच नहीं माना जाता क्योंकि वे वास्तविक नहीं होते। वे केवल बाहरी घटनाओं के लिए प्रतिक्रिया मात्र माने जाते। इस तरीके से जीने के कारण मैं स्वयं अपने जीवन की रचना करने के बजाय हालात का शिकार थी। यहाँ तक कि

रोग भी एक बाहरी घटना थी, जो यूँ ही मेरे साथ हुई थी।

हालाँकि मेरे एन.डी.ई. के बाद, मैं स्वयं को समग्रता के दैवीय तथा अखंड अंश के रूप में देखने लगी। इसके भीतर सारा ब्रह्माण्ड, वह सब कुछ जिसका कभी अस्तित्व था या होगा, वह मौजूद था और आपस में संपर्क रखता था। मुझे एहसास हुआ कि इस ब्रह्माण्ड के केंद्र में मैं उपस्थित थी और जानती थी कि हम सभी अपने नज़रिए से ही अपने भावों को प्रकट करते हैं, क्योंकि हम सभी इसी महान ब्रह्माण्डीय जाल के केंद्र में हैं।

समय के साथ-साथ, जब मैं और डैनी अपने जीवन के इस नए दौर को एक साथ शुरू कर रहे थे, तो मैंने इस सत्य को और भी निकट से जाना और समझा। हालाँकि सब कुछ अंत:संबंधों के इस जाल में ही मौजूद है और हम सब इस तक अपनी पहुँच भी रखते हैं, लेकिन मेरा संसार उस फलक की तरह है, जिसे मेरी सोच, भावनाओं, अनुभवों, संबंधों, भावों तथा प्रसंगों से रचा गया है। जब तक कुछ मेरे फलक में नहीं आता, तब तक मेरे लिए वह कोई मायने नहीं रखता। मैं अपने अनुभव और सजगता के आधार पर इसके आकार को विस्तृत या संकीर्ण कर सकती हूँ। मुझे लगा कि अपने निरीक्षण का चुनाव करने के लिए मुझे जरूरी आज़ादी भी मिली हुई थी।

जब भी कुछ मेरी सजगता के दायरे में आता है तो यह मेरे कैनवस का एक हिस्सा बन जाता है। अगर गोदामवाली मिसाल को ही दोहराऊँ तो मैंने इस पर अपनी रोशनी डाल दी है। इसका मतलब है कि यह मेरे विश्वास तंत्र, मेरे सच का एक हिस्सा बन गया है।

मैं जानती थी कि मेरे जीवन का उद्देश्य यही था कि मैं अपने फलक का विस्तार करूँ और अपने जीवन में अधिक से अधिक अनुभवों को घटने की अनुमति दूँ। मैंने पाया कि मैं अपने जीवन के उन सभी पक्षों को विस्तृत करने की कोशिश कर रही थी, जिन्हें मैं पहले सीमित मानते हुए कोई प्रयत्न नहीं करती थी। मुझे समझ में आने लगा कि मैं जिन बातों को सच मान रही हूँ, वे और कुछ नहीं बल्कि सामाजिक रूप से माने गए तथ्य मात्र हैं। मैंने हर उस चीज़ को देखा, जिसे मैं असंभव या नकारात्मक मानती थी और उस पर सवाल उठाया, खास तौर पर उन भावनाओं के बारे में खुलकर बात की जो मेरे अंदर भय पैदा करती या मुझे अधूरेपन का एहसास दिलाती थीं।

मैं इस पर विश्वास क्यों करती? मैंने स्वयं से पूछा। क्या यह पूरी तरह से सांस्कृतिक और सामाजिक कंडीशनिंग है? ऐसा मेरे दिमाग में आया तो है, लेकिन क्या

यह पूरी तरह से सच है? क्या यह मुझे निरंतर वही सब सोचने और मानने पर विवश करता है, जिसके साथ मैं पली-बढ़ी।

कुछ मामलों में ऐसा हो सकता है, पर अधिकतर मामलों में तो इसका उत्तर 'न' ही था। मुझे इसी विश्वास के बीच पाला गया कि एक स्त्री को स्वभाव से विनम्र होना चाहिए। जो स्त्रियाँ उच्च पद पर होतीं या अपनी बात को दृढ़ता से रखना जानती थीं उनके प्रति हमेशा कठोर बरताव किया जाता क्योंकि एक स्त्री की प्राथमिक भूमिका यही मानी जाती है कि वह एक सहारा देनेवाली पत्नी और माँ का कर्तव्य निभाए। मैं इस स्तर पर कभी खरी नहीं उतरी।

मैं यह भी मानती थी कि मैं बहुत आध्यात्मिक नहीं थी और मुझे इस बारे में बहुत मेहनत करने की ज़रूरत थी। फिर **मैंने पाया कि हम जो भी करें या मानें, हम आध्यात्मिक ही होते हैं।** इसके सिवाय हम कुछ और हो ही नहीं सकते क्योंकि हम वही आध्यात्मिक जीव हैं, केवल हमें इसका एहसास नहीं होता। इसके अतिरिक्त और क्या कहा जा सकता है।

मैं समझ गई कि अगर मैं खुद को ही प्यार करूँगी, अपने भीतर उतरूँगी, अपने दिल की मानूँगी और वही करूँगी तो सही मायनों में खुशी और आनंद पा सकती हूँ। मैंने पाया कि जब मेरा जीवन दिशाहीन होता है और मैं खुद को खोया हुआ महसूस करती हूँ (जो अब भी मेरे साथ प्रायः होता है) तो इसका अर्थ यही है कि मैं अपने आप से दूर हो गई हूँ या मेरा स्वयं से संपर्क टूट गया है। इसका अर्थ तो बस यह है कि मैं स्वयं से, अपने अंतःकरण से संपर्क नहीं साध पा रही जो मेरा असली स्वरूप है। ऐसा तभी होता है जब मैं अपनी आंतरिक आवाज़ को सुनना छोड़ देती हूँ और अपनी शक्ति बाहरी स्रोतों को दे देती हूँ जैसे टी.वी. विज्ञापन, समाचार-पत्र, बड़ी दवा कंपनियाँ, मेरे साथी, सांस्कृतिक व सामाजिक मान्यताएँ आदि।

पहले जब मैं इस तरह खोया हुआ महसूस करती तो अपने इस प्रश्न का उत्तर बाहरी तौर पर तलाशने की कोशिश करती। मैं किताबों, अध्यापकों, गुरुओं की ओर मुड़ जाती, मुझे यह आस रहती कि वे मेरे लिए कोई न कोई हल निकाल देंगे। जब पहले-पहल मुझे कैंसर के बारे में पता चला तो मैंने ठीक यही किया था पर मैं और भी अशक्त और दुर्बल होकर लौटी क्योंकि मैं बारंबार अपनी ताकत दूसरों को सौंप रही थी।

मैंने पाया कि जब भी मैं अपने व्यक्तिगत दृष्टिकोण से सोचती हूँ तब मैं अपने आंतरिक मार्गदर्शक पर भरोसा रखती हूँ। मानो मैं जो भी महसूस करती हूँ, उससे

पूरा ब्रह्माण्ड प्रभावित होता है। दूसरे शब्दों में, मैं अपने ब्रह्माण्डीय जाल का केंद्र हूँ इसलिए मुझसे समग्र प्रभावित होता है। जहाँ तक मेरा मानना है कि मैं प्रसन्न हूँ तो यह ब्रह्माण्ड भी प्रसन्न है। अगर मैं अपने-आपसे प्रेम करती हूँ तो बाकी लोग भी मुझसे प्रेम करेंगे। अगर मैं शांत हूँ तो बाकी सारी सृष्टि भी शांत ही होगी।

अगर सब कुछ चुनौतीपूर्ण लगने लगे तो ऐसे हालात को भौतिक रूप से बदलने के बजाय (जैसा मैं अपने एन.डी.ई. से पहले करती थी), मैं अपने आंतरिक जगत में झाँकने लगती हूँ। अगर मैं तनावग्रस्त, व्याकुल, उदास या दुःखी अनुभव कर रही हूँ तो इसका उत्तर अपने भीतर से पाने की कोशिश करती हूँ। मैं अपने साथ बैठती हूँ, थोड़ा समय कुदरत के बीच बिताती हूँ या तब तक संगीत सुनकर अपने मन को शांत करती हूँ, जब तक मैं अपने खोए हुए केंद्र को वापिस नहीं पा लेती। मैंने पाया कि जब मैं ऐसा करती हूँ तो मेरे बाहरी जगत में भी बदलाव आने लगता है और बहुत सी बाधाएँ मेरे कुछ कहे बिना अपने आप ही ओझल हो जाती हैं।

'केंद्रित' होने से मेरा तात्पर्य यह है कि मैं खुद को ब्रह्माण्ड के केंद्रस्थान के बीच पा रही हूँ, मुझे अपनी स्थिति का भान है। यही वह स्थान है, जहाँ से हम अकसर हट जाते हैं, जबकि अपने केंद्र से जुड़ाव को महसूस करना बहुत महत्त्वपूर्ण होता है। हालाँकि कई बार मैं अपने केंद्र स्थान को भूल जाती हूँ। मैं इस पूरे संसार में चल रहे नाटक, विरोधाभासों, दुःखों और भौतिक जगत की पीड़ा के बीच अपने आपको उस विस्तृत, भव्य अनंत जीव के रूप में नहीं देख पाती, जो कि हम सभी हैं।

सौभाग्यवश, मुझे यह भी एहसास हो गया है कि जिस दौरान हम अपने केंद्र से हट जाते हैं, उस समय भी हम उससे पूरी तरह से अलग नहीं होते। दरअसल हम थोड़े समय के लिए उससे दूर हो जाते हैं और उससे मिलनेवाले आनंद और शांति को अनुभव नहीं कर पाते। फिर हम अलग होने के भ्रम में उलझ जाते हैं और यह नहीं देख पाते कि दुःख और सुख, खुशी और उदासी तो दोनों साथ-साथ चलते हैं - ठीक वैसे ही, जैसे अंधेरा और उजाला, यिन और यैंग। अ-जुड़ाव का यह भाव उस द्वैत (दोहरेपन) का भ्रम है, जिसके कारण हम उस अलगाव में छिपे ऐक्य को नहीं देख पाते। लेकिन केंद्रित होने का अर्थ यह है कि इसके माध्यम से देखना और इसके मध्य में, अपने अनंत स्थान को महसूस कर पाना... उस ऐक्य के केंद्र से जुड़ाव महसूस करना।

मुझे अब भी सहज भाव से यह पता है कि हम सभी इस ब्रह्माण्ड का ही एक

अंश हैं। इसलिए मैं जानती थी कि अपने भौतिक शरीर में रहते हुए भी चाहे मैं जानूँ या न जानूँ, लेकिन मैं उस महान अलौकिक केंद्र के भीतर ही हूँ जिसे हम ब्रह्माण्ड कहते हैं। यह मेरी भव्यता को अनुभव करने तथा उस अनंत के साथ मेरे संपर्क को महसूस करने जैसा ही है।

जैसे-जैसे महीने सालों में बदलते गए, मैं अपनी इस सजगता का अभ्यास करती गई। कई बार जब मुझे बहुत ज़्यादा काम होता और मैं तनाव से घिर जाती तो मुझ पर इल्ज़ाम लगाया जाता कि मैं काम को रोककर, समय नष्ट कर रही हूँ लेकिन उस समय मेरे लिए अपने केंद्र को पाना बहुत मायने रखता था। अगर मैं हर चीज़ को लौकिक तल पर ही सुलझाने की कोशिश करती तो मैं जानती थी कि वह ठीक से पूरा नहीं हो सकेगा। आज भी मुझे ऐसा ही लगता है कि अगर मैं अपनी परेशानियों को इस नज़रिए से हल करूँगी तो मेरे हाथ कुंठा और तनाव के अतिरिक्त और कुछ नहीं आनेवाला।

वैसे मैंने पाया कि अगर मैं समय निकालकर, अपने केंद्र को दोबारा पा लेती हूँ तो भले ही आसपास के लोग मेरे बारे में कुछ भी सोचें, जैसे ही मैं उस संपूर्ण से जुड़ाव महसूस करती हूँ तो मेरी राह की बहुत सी बाधाएँ स्वयं ही दूर हो जाती हैं और मैं शांत व प्रसन्न अनुभव करने लगती हूँ। मुझे उन सत्रों के दौरान बहुत स्पष्टता मिलती है और पूरी तरह से केंद्रित रहने के कारण, बहुत सारी बची चुनौतियाँ भी हवा हो जाती हैं। मुझे अपने जीवन को सँभालने के लिए बाहरी मदद की जगह यह माध्यम कहीं बेहतर लगता है। यह मेरे एन.डी.ई. का प्रत्यक्ष परिणाम है और इस ज्ञान से उपजा है कि मैं महान लौकिक चित्र का एक अंश हूँ और इसके केंद्र में स्थित हूँ। केवल अपने मन के भीतर उतरने भर से ही मैं सारे ब्रह्माण्ड के संपर्क में आ सकती हूँ।

मेरे एन.डी.ई. के बाद कई सालों में मैंने अपनी बाहरी ज़रूरतों में भी बदलाव देखा। मैंने पाया कि मुझे कुदरत के और करीब होने और खास तौर पर समुंदर के पास जाने की ज़रूरत थी ताकि मैं खुद को और बेहतरी से समझ सकूँ। अस्पताल से वापिस आने के शुरुआती दिनों में मुझे जैसा महसूस होता था, उसी तरह अब एक बार फिर मैंने पाया कि लहरों को देखने और समुंदर का शोर सुनते ही मैं स्वयं को तत्काल अपने एन.डी.ई. से जोड़ सकती थी।

मुझे यह देखकर खुशी हुई कि मेरे करीबी पारिवारिक सदस्य और मित्रों ने भी अपनी ही तरह से इसे महसूस किया। उन्होंने यह स्वीकारा कि मेरे आसपास होने से उन्हें अपनी ऊर्जा के स्तर में बढ़ोत्तरी महसूस होती है। मैं प्राय: इस बारे में सार्वजनिक

तौर पर चर्चा नहीं करती क्योंकि मेरा मानना है कि ये एहसास अपने भीतर से अपने अस्तित्व से उभरने चाहिए। मुझे ऐसा लगता है कि मैं केवल उन्हीं अनुभवों को व्यक्त करती हूँ, जो लोग पाना चाहते हैं।

अपने अनुभव के कारण निजी रूप से मेरा यह मानना है कि हम सबके भीतर अपना आरोग्य पाने की ताकत है। इसके साथ ही हम दूसरों को भी आरोग्य पाने में मदद कर सकते हैं। जब हम अपने भीतर छिपी उस अनंत शक्ति के साथ एकाकार हो जाते हैं तो हम संपूर्ण हो उठते हैं। फिर कोई रोग हमें छू तक नहीं सकता। चूँकि हम सब आपस में एक विशिष्ट जुड़ाव रखते हैं इसलिए ऐसा कोई कारण नहीं है कि एक व्यक्ति का उन्नत भाव, दूसरे को छू न सके या उसे ऊपर उठाते हुए आरोग्य प्रदान न कर सके। जब हम दूसरों को आरोग्य देते हैं तो हम एक तरह से अपने आपको और इस ग्रह को भी आरोग्य प्रदान करते हैं। अलगाव का भाव केवल हमारे मन की उपज होता है, वास्तव में इसका कोई अस्तित्व नहीं होता।

मेरे जीवन के अपने उतार-चढ़ाव रहे हैं और ऐसे भी दौर आए हैं जब मुझे लगा कि अपने केंद्र को पाने के लिए मुझे कड़ा संघर्ष करना होगा। मुझे घरेलू कामकाज और बिल वगैरह भरने जैसे नीरस लगनेवाले काम भी करने पड़ते थे। अपने एन.डी.ई. के बाद से मुझे ऐसे कामों में केंद्रित होने में कठिनाई होने लगी। हालाँकि मैं ब्रह्माण्ड में अपना स्थान पाने के उस एहसास से कभी दूर नहीं गई और अपनी आत्मा में सदा उन शब्दों को महसूस करती रही: 'बाहर जाओ और अपने जीवन को बिना किसी डर के जीओ।'

मैंने यह भी पाया कि वैसे तो मैंने कुछ नए मित्र बनाए थे जिनमें से एक तो मुझे मेरे अनुभव की प्रक्रिया को समझने में बहुत सहायक भी रहा - पर अब मुझे ऐसा लगने लगा था कि मैं अपने पुराने मित्रों के साथ वैसा जुड़ाव महसूस नहीं कर पा रही थी। मैं उतनी सामाजिक नहीं रही, जितनी पहले हुआ करती थी और अब मुझे उन सब चीज़ों में आनंद भी नहीं आता था। पहले मेरे बहुत से दोस्त हुआ करते थे पर अब उनकी गिनती नाममात्र की रह गई थी और उसमें से भी अधिकतर वही थे जिनसे मेरी भेंट, पिछले कुछ सालों में, एक एन.डी.ई. समूह में हुई थी। हममें से कुछ लोग एक-दूसरे के बहुत निकट आए। इनमें से कइयों के अनुभव ऐसे थे, जो मेरे अनुभव से मिलते-जुलते थे।

मैं अब भी अपने परिवार के सदस्यों के प्रति समर्पित हूँ - जिनमें मेरे पति, माँ

और भाई शामिल हैं। वे मेरे संकट और ज़रूरत के समय सदा साथ रहे और मैं उनसे बहुत जुड़ाव महसूस करती हूँ। मुझे दूसरों के साथ ऐसी निकटता पाना कठिन लगता है।

ऐसा नहीं है कि मैं सदा एकांत में रहने की कोशिश करती हूँ। मैं अब भी बाहर निकलती हूँ और लोगों को अपने उन अनुभवों की गहरी समझ देने का प्रयत्न करती हूँ जिन्हें मैं अपने लेखन के माध्यम से एक सांस्कृतिक प्रशिक्षक के तौर पर उनके साथ बाँट रही हूँ।

अगले अध्याय में आप देखेंगे कि इस महान अभियान में अपने अस्तित्व के निकट होने तथा सब कुछ स्वीकार करने जैसी चीज़ों का मुझ पर कैसा प्रभाव पड़ा है।

14

आरोग्य प्राप्ति केवल एक आरंभ

आपने अपने हाथों में जो पुस्तक थाम रखी है वह इस बात का सबूत है कि जब मैंने सब कुछ अपने आप घटने की अनुमति दी तो क्या हुआ। मैं आपके साथ उन सभी समकालिक घटनाओं को बाँटना चाहती हूँ जिनके बाद यह पुस्तक अस्तित्व में आई।

मेरे एन.डी.ई. और रोग से छुटकारे के तुरंत बाद मेरे आनंद की सीमा नहीं रही। मैं जो कुछ भी जानती थी, उसे खुलकर, छत पर चढ़कर, चिल्ला-चिल्लाकर, सबको बताना चाहती थी। मैं चाहती थी कि सब लोगों को पता चले कि मेरे साथ क्या हुआ और वे भी वही महसूस कर सकें, जो मैं महसूस कर रही थी। मुझे अपने अनुभव को सार्वजनिक रूप से सबके सामने कहने में थोड़ी दुविधा महसूस हो रही थी क्योंकि ऐसा लगता था कि जाने वे लोग कैसी प्रतिक्रिया दें। मुझे लगता था कि लोगों के सामने ऐसा अनुभव रखने के बाद जो स्थिति बनेगी, मैं उसके लिए तैयार नहीं हूँ। मैं नहीं जानती थी कि लोग मुझसे क्या जानना चाहेंगे और वह सब मेरे जीवन को कैसे प्रभावित करेगा।

चूँकि जीवन के चक्र में सुख और दुःख का सदा मेल ही होता है। मैंने पाया कि एक ओर तो मेरी दुविधा यह थी कि लोग मेरे अनुभव को सुनने के बाद मुझसे किस तरह पेश आएँगे और दूसरी ओर कोई मुझे ये प्रेरणा दे रहा था कि मुझे अपना यह अनुभव पूरे विस्तार से श्रोताओं तक पहुँचाना चाहिए। मैं इसके बारे में बात भी करना चाहती थी और साथ ही इससे बचना भी चाहती थी। मैं जानती थी कि जब सही समय आएगा और मैं इसके लिए स्वयं को भीतर से तैयार महसूस करूँगी तो मेरे अनुभव के

बारे में लोगों की जिज्ञासा और उससे जुड़े प्रश्न भी मुझे विचलित नहीं कर सकेंगे।

जैसा कि मैंने पिछले अध्याय में बताया, इस दौरान मैं अपने अनुभव से मिली समझ के अनुसार चलती रही। मैं अपने प्रति पूरी सच्चाई बरतते हुए, ठीक उसी तरह जी रही थी जैसे मुझे जीना चाहिए। मैं अपने ही भीतर के आनंद में मग्न होकर जीना सीख रही थी। मुझे निश्चित तौर पर पता था कि जो भी लोग मेरे अनुभव को सुनना चाहते होंगे, वे मुझे स्वयं ही तलाश लेंगे। मैं जानती थी कि मेरा संदेश स्वयं ही अपने लिए रास्ता बनाएगा और मैं इसके लिए सारी संभावनाओं के साथ तैयार थी। बुनियादी तौर पर जब भी यह विषय सामने आता तो मैं अपनी ओर से अनुमति देने की मनोस्थिति में रहती, लेकिन इसके बावजूद कोई भी चीज़ मुझे अपने सामने आनेवाली घटनाओं के लिए तैयार नहीं कर पा रही थी...।

मार्च 2011 में मैं अपनी बचपन की सहेली सुनीता से भेंट करने यू.ए.ई. गई। उसने हाल ही में वहाँ होलिस्टिक ट्रेनिंग सेंटर खोला था। उसने मुझे वहाँ बुलाया और दुबई में कई श्रोताओं के सामने अपना अनुभव बाँटने का आग्रह किया। मैं इस बात को लेकर बेहद उत्साहित थी। यह सब बहुत बढ़िया रहा। हालाँकि मुझे अंदाज़ा भी नहीं था कि लोग मुझे किस रूप में लेंगे पर उनकी प्रतिक्रिया देखकर मुझे सुखद आश्चर्य हुआ। दरअसल उस यात्रा ने मेरे भीतर एक अंदरूनी बदलाव को जन्म दिया जिसके बाद मुझे लगने लगा कि अंतत: मैं अपना अनुभव सारे संसार के सामने रखने के लिए तैयार हूँ।

अपने एन.डी.ई. के बाद पहली बार मुझे उस कमरे में रूपांतरण का एहसास हुआ जहाँ मैं श्रोताओं के बीच अपनी बात रख रही थी। यह बदलाव मेरे अपने भीतर हो रहा था लेकिन इसका असर, वहाँ उपस्थित श्रोताओं पर भी दिखा। सभी को कितना अच्छा लग रहा है, यह मुझे महसूस हो रहा था और यह देखकर मैं हैरान भी थी। लोगों को वह मिल रहा था, जो वे मेरे अनुभव से चाहते थे और सभी यह महसूस कर रहे थे कि उनके भीतर शक्तिशाली तौर पर कुछ-न-कुछ घट रहा है।

मैंने एक बार फिर महसूस किया कि दूसरों के लिए यह जानना बहुत अहमियत रखता था कि मैंने क्या अनुभव पाया। मैंने एहसास किया कि मैं अपनी उस पहचान को खोने लगी थी और अपने ही सच्चे स्वरूप के सामने आने की प्रक्रिया में बाधा बन रही थी। मैं एक बार फिर चिंता और भय के कारण अपने आपको खुलकर प्रकट नहीं कर पा रही थी। दुबई में ही मैं अपने उस विस्तृत और महिमामयी स्व से दोबारा एकाकार हुई। अब मैं जीवन की ओर से मिलनेवाले हर अवसर के लिए तैयार थी।

उस दिन, उस कक्ष में मैंने अपने अनुभव को दुनिया के सामने ले जाने से जुड़ी सारी वर्जनाओं और आशंकाओं को किनारे कर दिया। हालाँकि मुझे कोई अनुमान नहीं था कि दुनिया मुझे किस रूप में लेगी। मैं उस अज्ञात को स्वीकारने और उस पर भरोसा करने के लिए प्रस्तुत थी।

तब तक मुझे हमेशा यही लगता आया था कि मृत्यु को निकट से देखने का अनुभव विशेष तौर पर मेरे लिए था। भले ही मैं दूसरों के साथ बाँटने के लिए एक संदेश लाई थी, लेकिन उस आरोग्य से प्रमुख रूप से तो मुझे ही लाभ हुआ था। शायद इस वजह से भी मुझे अपने अनुभव को दूसरों को सुनाने में संकोच होता था। लेकिन उस दिन उस कमरे में जैसे एक रूपांतरण हुआ। जब मैंने वहाँ दूसरों से मिल रही प्रतिक्रियाओं और रूपांतरण को देखा तो मुझे अचानक एहसास हुआ कि मुझे कैंसर होना और फिर उस रोग से मुक्ति पाना, दोनों ही विशेष रूप से इसी ग्रह के लिए थे। यदि हम सब एक थे तो जो मुझे हुआ था, वह सारे ब्रह्माण्ड के लिए भी था। मैं समझ गई कि मैं क्यों बीमार पड़ी और मैंने वापस आने का निर्णय क्यों लिया। यह एक माध्यम था जिसके ज़रिए मैं दूसरों को आरोग्य देने का साधन बन सकती थी। इसमें केवल भौतिक आरोग्य ही नहीं बल्कि भावात्मक आरोग्य भी विशेष रूप से शामिल था क्योंकि हमारा शरीर भावनाओं के अनुसार ही काम करता है।

पहले मैं सोचती थी कि मैंने अपनी सोच के कारण ही कैंसर से मुक्ति पाई, यह मेरे जीवन की हर घटना का शिखर और मेरी कहानी का अंत लगता था। लेकिन दुबई में समझ में आया कि कैंसर से मुक्ति तो शुरुआत एक भर थी। यह एक महान घटना के आरंभ का पहला पन्ना खुलने की तरह था और अब मुझे उस अस्पष्टता के बीच कदम रखना था।

एक बार फिर मैं जानती थी कि मुझे कुछ नहीं करना होगा जब तक मैं उसे घटने की अनुमति देती रहूँगी, सब कुछ स्वचलित रूप से अपने आप होता रहेगा। और उसी पल में मैंने सोचा, 'जो भी होगा, देखा जाएगा! तुमने मेरे लिए जो भी रच रखा है, मैं उसके प्रति पूरी तरह मुक्त हूँ! अब मैं सब समझ चुकी हूँ!'

अगले सप्ताह मैं दुबई में थी। 16 मार्च को मेरा जन्मदिन था, मैंने सुबह उठकर अपने ई-मेल देखे, मैं अपने दोस्तों और परिवारवालों की ओर से आए बधाई संदेश देखना चाहती थी। जब मैंने देखा कि हे हाउस के संपादकीय विभाग से मेरे लिए एक ई-मेल आया है, तो मेरी हैरानी का ठिकाना नहीं रहा। उसमें लिखा था, 'व्येन डायर, मृत्यु को निकट से देखने का आपका अनुभव पढ़कर आपके बहुत बड़े प्रशंसक हो

गए हैं, यदि आप अपने अनुभव के बारे में कोई पुस्तक लिखने की इच्छुक हो, तो हे हाउस उसे प्रकाशित करना चाहेगा।

जैसे ही मैंने वे शब्द पढ़े, मैं अपने आँसुओं को काबू में नहीं रख सकी। मेरे जन्मदिन का सबसे शानदार उपहार मेरे सामने था! इस तरह मेरे पिछले दिन की भावनाओं ने अपनी ही पुष्टि की थी!

मैं पहले से ही एक किताब लिख रही थी और इस बारे में सोचती भी रहती थी कि उसे प्रकाशित कैसे करवाया जाएगा, लेकिन इस प्रश्न का उत्तर पाना मेरे वश में नहीं था। एक दिन पहले तक तो मैं अपने अनुभव को सारे संसार के साथ बाँटने के बारे में भी निश्चित तौर पर कुछ नहीं कह सकती थी।

वैसे पिछले काफी समय से बहुत से परिचित मुझसे यह प्रश्न पूछ रहे थे कि क्या मैं अपने एन.डी.ई. के लिए कोई किताब लिख रही थी। जब मैं हामी भरती तो वे पूछते कि क्या मुझे कोई प्रकाशक मिल गया है? तो मेरा जवाब 'ना' होता।

इस पर उनमें से अधिकतर की प्रतिक्रिया यही होती, 'भले ही तुम्हारी कहानी अद्भुत है, पर इन दिनों तो प्रकाशक किसी की पांडुलिपि को पढ़ना तक नहीं चाहते। इन दिनों इस तरह की बहुत सारी आध्यात्मिक सामग्री आती रहती है इसलिए हो सकता है कि वे इस पर ज्यादा ध्यान तक न दें। प्रकाशकों के दरवाज़े से बार-बार खाली हाथ वापस आने के लिए मन ही मन तैयार रहना।'

'मैंने यह प्रतिक्रिया भी सुनी, तुम्हें अपनी पांडुलिपि को प्रकाशक की मेज़ तक पहुँचाने के लिए किसी लिटरेरी यानी साहित्यिक एजेंट की ज़रूरत होगी। वे एजेंट की मंज़ूरी के बिना आनेवाली किसी पांडुलिपि की ओर देखते तक नहीं हैं और बेहतर होगा कि तुम इसे स्वयं ही छपवा लो, सबसे आसान तरीका यही है!'

मैंने उन सभी लोगों की बातें सुनीं और सबको यही जवाब दिया, 'मैं किसी भी प्रकाशक का दरवाज़ा खटखटाने या लोगों से अपनी किताब को लेने की विनती करने नहीं जा रही। मेरी कहानी अपनी ही गति से लोगों तक जाएगी और अगर इसने सब तक पहुँचना होगा तो ब्रह्माण्ड अपने आप ही इसके लिए कोई न कोई व्यवस्था कर देगा।'

उस समय, मैंने बहुत से दोस्तों को यह भी कहा कि इन सभी विकल्पों के बीच मेरा सपना है कि यह किताब हे हाउस से छपे क्योंकि वे इस तरह की बहुत सुंदर किताबें प्रकाशित करते हैं और मुझे उनके सारे लेखकों को पढ़ना बहुत अच्छा लगता

है। मैंने उनकी वेबसाइट देखी तो पता चला कि वे किसी लिटरेरी एजेंट के हाथों से मंज़ूर हो चुकी पांडुलिपि के बारे में ही विचार करते हैं। मुझे तो यह तक नहीं पता था कि ऐसे एजेंट की तलाश कैसे की जाती है इसलिए मैंने इस बात को वहीं छोड़ा दिया और अपने जीवन के साथ आगे बढ़ गई।

जैसा कि मैंने पहले भी बताया, अपने एन.डी.ई. के बाद से, ऐसा लगने लगा था कि जैसे कुछ बड़ा घटनेवाला है। जिन दिनों मेरा जीवन किसी निश्चित दिशा की ओर नहीं जा रहा था, उन दिनों में भी मुझे लगता था कि मुझे मार्गदर्शन मिल रहा है और किसी - किसी विशेष रास्ते की ओर निर्देर्शित किया जा रहा है। मुझे अब भी अपने अनुभव पर भरोसा था और मैं जानती थी कि सब ठीक था और आगे भी अच्छा ही होगा। हे हाउस से मिले ई-मेल ने पुष्टि कर दी कि मैं जो भी सोच रही थी या महसूस करती आ रही थी, वह गलत नहीं था।

बेशक, मैंने हे हाउस को पूरे उत्साह के साथ जवाबी ई-मेल लिखा और कहा कि मुझे उनका प्रस्ताव मंजूर है। मैंने उनके संपादकीय सहायक को यह भी बताया कि उस दिन मेरा जन्मदिन था और उनका संदेश मेरे जन्मदिन का सबसे सुंदर उपहार था।

कुछ दिन बाद जब मैं अपने घर हाँगकाँग लौटी तो मुझे अपनी एक पुरानी सहेली वैरोनिका ली से एक संदेश मिला। उसने बताया कि वह व्येन डायर का रेडियो शो सुन रही थी, उन्होंने मेरे और मेरे मृत्यु को निकट से देखने के अनुभव के बारे में बात की। उसने बताया कि वे पिछले कई सप्ताह से मेरे ही विषय में बात करते आ रहे हैं इसलिए मैं हे हाउस रेडियो की वेबसाइट पर गई और उनके पुराने शो सुने। ये क्या!! व्येन डायर हर सप्ताह मेरे अनुभव के बारे में अपने श्रोताओं को बता रहे थे। बेशक मैं इतने सारे श्रोताओं के सम्मुख मेरे अनुभव को बाँट रहे व्येन डायर की आवाज़ सुनकर रोमांचित हो उठी।

इसके कुछ ही समय बाद, मैंने तय किया कि मैं व्येन को सरप्राइज दूँगी। तय हुआ कि जब रेडियो शो का सीधा प्रसारण होगा तो मैं उनसे फोन पर बात करूँगी। वे अपने शो के दौरान श्रोताओं के सवालों का जवाब भी देते थे। समय में अंतर के कारण उनका कार्यक्रम हमारे यहाँ हाँगकाँग समयानुसार सुबह चार बजे आता था। मैंने उठने के लिए साढ़े तीन का अलार्म लगाया। फिर ऑनलाइन होकर, उनका नंबर लगाने लगी। दो बार कोशिश करने पर लाइन व्यस्त आई; पर जल्दी ही उनका नंबर लग गया - और अभी तो चार भी नहीं बजे थे।

फोन पर बात करनेवाले ने मेरा नाम और रहने की जगह पूछी। इसके बाद मुझे होल्ड पर रखा गया। जब शो शुरू हुआ तो सारी औपचारिकता के बाद व्येन के प्रोड्यूसर दाएन रे ने कहा, 'हमारे पास हाँगकाँग से कोई फोन पर है, हमें उनकी बात सुननी चाहिए।' जब मैंने उन्हें ऐसा कहते सुना तो दिल की धड़कन थम सी गई। मुझे बाद में पता चला कि व्येन के रेडियो शो में इतनी आसानी से फोन नहीं मिलता था।

इससे पहले कि मैं लाइन पर आती, व्येन बोले, 'हे ईश्वर! शायद मैं जानता हूँ कि आज फोन के दूसरी ओर कौन होगा! क्या आप वही हैं, जो मैं सोच रहा हूँ?'

'हाय! मैं अनीता बोल रही हूँ', मैंने जवाब दिया।

ओह गॉड! ये तो वही अनीता हैं, जिन्होंने मृत्यु को निकट से देखने का अनुभव पाया था। 'तुम्हें अपने शो में पाकर मैं रोमांचित हो उठा हूँ।' वे बोले।

'दाएन! क्या आप आज के लिए बाकी सारे फोन रोक सकती हैं? मैं आज इस शो के दौरान अनीता से ही बात करना चाहता हूँ।' इसके बाद उन्होंने मुझसे कहा कि मैं श्रोताओं को अपनी कहानी अपनी ज़ुबानी ही सुनाऊँ।

शो समाप्त होने के बाद भी व्येन ने मुझे लाइन पर बने रहने को कहा। हमने थोड़ी देर और बात की। उन्होंने मुझे बताया कि अगर उन्हें मेरी पुस्तक की प्रस्तावना लिखने का अवसर मिले तो उन्हें बहुत खुशी होगी।

मैंने सोचा, – प्रस्तावना लिखने का अवसर, आप मज़ाक कर रहे हैं? यह तो मेरा सौभाग्य होगा। मैं तो यह सोचकर ही रोमांचित हो उठी।

व्येन ने बताया कि उन्होंने मेरी सारी ऑनलाइन एन.डी.ई. स्टोरी के प्रिंट निकलवा लिए थे, जो करीबन इक्कीस पृष्ठों की थी। उन्होंने उनकी चालीस प्रतिलिपियाँ करवाईं और उसे अपने सभी परिचितों के बीच बाँट दिया। उन्होंने उसे अपनी माँ को दिया। उन्हें भी पढ़कर बहुत दिलासा मिला। उन्होंने यह भी बताया कि उन्होंने अपनी नई पुस्तक, 'विशिज़ फुलफिल्ड' में कई जगह मेरा हवाला दिया है।

मैं केवल यही सोच सकी क्या यह सब वास्तव में हो रहा है? व्येन डायर ने अपनी नई किताब में मेरे अनुभवों का हवाला शामिल किया है?

इसके बाद हमने आपस में संपर्क में रहने के लिए एक-दूसरे से अपने पते और फोन नंबर वगैरह बाँटे। व्येन ने कहा कि 'अनीता, तुम जब चाहो, मुझे से फोन पर बात कर सकती हो।'

अब मेरी खुशी का ठिकाना नहीं था! अगले कुछ दिन तो ऐसे बीतें, जैसे मुझे

पंख लग गए हों, खाना-पीना भी कठिन हो गया, हर समय एक अजीब सा एहसास घेरे रहता। ऐसा लगता, जैसे मैं किसी बड़ी घटना की दहलीज़ पर खड़ी हूँ। मैं यह भी जानती थी कि अब मेरी योग्यता की कड़ी परीक्षा होनेवाली है। अब बस यही महत्वपूर्ण था कि मैं हाथ की लगाम को कसकर थामे रखूँ, कुछ न करूँ और सब कुछ अपने आप घटने की अनुमति देकर अपनी सवारी का आनंद उठाऊँ।

अगले कुछ सप्ताह के दौरान व्येन से फोन पर कई बार बात करने का अवसर मिला और हमने मेरी किताब के बारे में बहुत सी चीज़ें तय की। उन्होंने मेरी किताब के लिए जो प्रस्तावना लिखी थी, वह मुझे फोन पर ही पढ़कर सुनाई। जिसे सुनकर मेरी आँखों से आँसू आने लगे। दरअसल मैं ऐसी बातों के लिए थोड़ी भावुक स्वभाव की हूँ - खास तौर पर तब, जब मेरा एन.डी.ई. का अनुभव मेरे सामने आकर खड़ा हो गया हो।

हमारी बातचीत के दौरान, व्येन ने बताया कि जब पहले-पहल उन्होंने मेरा अनुभव पढ़ा, तो उन्होंने हे हाउस को मेरी तलाश करने के बजाय यह कहा कि उन्हें हर हाल में मेरा पता लगाना ही होगा और अगर मैं कोई किताब लिख रही हूँ, तो वे ही उसे प्रकाशित करना चाहेंगे!

जैसे कि आप कल्पना कर सकते हैं, मैं यह जानकर सकते में आ गई और यह पूछा कि उन्हें मेरे अनुभव की जानकारी कहाँ से मिली? इस पर उन्होंने बताया कि 'मुझे इस अनुभव की जानकारी न्यूयॉर्क के मीरा कैली से मिली।' बाद में उन्होंने ई-मेल के माध्यम से, उनसे मेरा परिचय भी करवा दिया। मीरा और मेरे बीच फोन और पत्राचार के माध्यम से बात होने लगी। उन्होंने मुझे उन सभी छोटी-छोटी असाधारण घटनाओं की जानकारी दी, जिनके द्वारा सही समय पर मेरे अनुभव की जानकारी व्येन तक पहुँची। वे ऑनलाइन खोजबीन नहीं करते, न ही कंप्यूटर पर लंबे आलेख पढ़ने के लिए समय निकाल पाते हैं इसलिए संयोग से भी उनका मेरे अनुभव की जानकारी तक पहुँचना कठिन था।

मैं आपको मीरा के ही शब्दों में बताना चाहती हूँ कि ये घटनाएँ कैसे घटीं :

11 जनवरी 2011 को मेरी एक दोस्त ने मुझे बताया कि व्येन डायर यूरोप में कुछ लोगों के एक दल का नेतृत्व कर रहे थे, जिसका नाम था 'एक्सपीयरेंसिंग द मिरेक्युलस'। मैंने 'मिरेक्युलस' यानी चमत्कारी शब्द पर गौर किया। मैं जानती थी कि व्येन ल्यूकीमिया से ग्रस्त थे और यह सुनकर, मुझे समझ में आ गया कि वे किसी

चमत्कारी लगनेवाले अनुभवों को जानने के लिए उत्सुक थे।

पहले मैंने अपने आप से कहा कि व्येन से संपर्क होना कठिन है, पर साथ ही यह भी लग रहा था कि मुझे उनसे इस बारे में बात करनी ही होगी। मैंने खुद को भरोसा दिलाया कि अगर मुझे इस काम के लिए ईश्वर के हाथों का खिलौना बनना है तो मुझे इस चमत्कार को इसके तरीके से घटने का अवसर देना होगा। मैंने कई दिन बाद व्येन के नाम एक पत्र लिखा।

जब उन्होंने एक माह बाद, मुझे कॉल किया तो मैं अनीता की घटना के बारे में भूल चुकी थी। हमने थोड़ी देर बात की और जब वे विदा लेने लगे तो मैंने स्वयं को उनसे यह कहते पाया कि मैं उन्हें कुछ ऐसा भेजना चाहती हूँ, जिसे उन्हें हर हाल में पढ़ना ही होगा। उन्होंने मुझे फौरन अपना फैक्स नंबर दे दिया।

एक दिन पहले ही मेरे इनबॉक्स में किसी अनीता नाम की महिला की एन.डी.ई. की सच्ची कहानी आई थी। इसे भेजनेवाले वे लोग थे, जो एक-दूसरे को आध्यात्मिक विषयों पर डाक भेजते रहते हैं। जिस व्यक्ति ने डाक भेजी थी, उसने कहानी के उस हिस्से पर ध्यान देने को कहा था जिसमें लिखा था कि सारा समय एक साथ ही अस्तित्व रखता है, इस बात ने मेरा भी ध्यान खींचा क्योंकि मैं भी रिग्रेशन के काम से जुड़ी थी। अनीता की बातें पढ़कर लगा, मानो, मैं अपनी आत्मा को स्पंदनों तक जाने का जादुई माध्यम पा रही हूँ।

जैसे ही मैंने फोन रखा तो दिमाग में वही सवाल आया कि मैं अनीता की कहानी को व्येन तक क्यों पहुँचाना चाहती थी? मुझे ऐसा क्यों लग रहा था कि किसी भी तरह यह अनुभव व्येन तक पहुंचना ही चाहिए?

तब मुझे बस यही समझ में आया कि मैं जिस बात पर विश्वास करती थी और दूसरों को बताना चाहती थी, उसे इसके माध्यम से बहुत ही खूबसूरती से समझाया गया था। उन्हें अनीता की कहानी भेजते हुए मैं कह रही थी कि आप भी तत्काल आरोग्य पा सकते हैं, यह सचमुच संभव है। अगर आप स्वयं को संपूर्ण स्वास्थ्य देना चाहते हैं, तो मैं इसे वास्तविकता में बदलने में आपकी मदद कर सकती हूँ। अनीता ने जिस बात को इतने सहज और सरल शब्दों में पिरोया था, उसे कहने के लिए मुझे जाने कितनी जटिल और गूढ़ शब्दावली का प्रयोग करना पड़ता।

अब मैं एक दूसरी वजह भी देख सकती हूँ। मैं समझ सकती हूँ कि मैं उस प्रक्रिया का हिस्सा थी जो अनीता के प्रेरणादायक शब्दों को संसार के सामने लाना चाहती थी।

यह समय बिलकुल समकालिक था। अगर वह ई-मेल थोड़ा पहले आया होता तो मैं उसे भूल चुकी होती और मैंने इसे व्येन को न भेजा होता। अगर यह बाद में आया होता, तो भी शायद इस पर मेरा इतना ध्यान न गया होता। इन सब चीज़ों का यूँ जादुई रूप से एक साथ सामने आना हमें याद दिलाता है कि सब कुछ एक साथ एक ही समयहीन क्षण में घटता है, जैसे कि अनीता ने अपने एन.डी.ई. के दौरान पाया।

व्येन और मैं रिग्रेशन की प्रक्रिया के लिए सहमत हुए और मैं माओई के लिए निकल पड़ी ताकि उनसे भेंट कर सकूँ। जब 15 अप्रैल को मैं उनके घर गई तो वे फोन पर किसी से बात कर रहे थे। जब उन्होंने फोन रखा और बताया कि वे हे हाउस से बात कर रहे थे, वे लोग अनीता की किताब प्रकाशित करने जा रहे हैं। उनका उत्साह देखकर यह समझना मुश्किल नहीं था कि वे अपने लिए भी किसी करिश्मे के इंतज़ार में थे। उनका सत्र बहुत ही सशक्त रहा और उनके इस विश्वास में मैं भी उनके साथ सहमत थी कि वे ल्यूकीमिया से मुक्त हो गए हैं।

मैंने फिर उस संदेश को देखा जिसमें अनीता की कहानी मेरे पास आई थी। तब मुझे पता चला कि वह किसी ओज़गियन ज़ुलचेफिल नामक रोमानिया के कांस्टेन्टा निवासी इंजीनियर ने भेजी थी। मैं तो उसे जानती तक नहीं थी। जब मैंने उसे ये सारी घटनाएँ बताईं तो उसे बहुत अच्छा लगा कि मैंने उसे यह बताने के लिए समय निकाला। हालाँकि उसे यह याद नहीं था कि उसे अनीता के एन.डी.ई. की जानकारी कहाँ से मिली थी। उसने कहा कि इस घटना से इस बात की पुष्टि होती है कि हम निरंतर अपने कामों या बातों से एक-दूसरे को प्रभावित करते रहते हैं, भले ही हमें उस विषय में कुछ पता न हो। उसने कहा, 'जीवन में हमेशा एक अच्छा और सकारात्मक रवैया रखना बहुत महत्त्व रखता है भले ही आपको ऐसा करने का कोई कारण न दिख रहा हो।' मैं उसकी यह बात सुनकर मुस्कराए बिना नहीं रह सकी।

कुछ ही दिन पूर्व, मुझे एक ई-मेल आया जिसमें मुझे सुझाव दिया गया था कि मुझे अनीता मूरजानी नामक महिला का प्रेरक साक्षात्कार देखना चाहिए जिसने एक एन.डी.ई. के बाद, अपने कैंसर से, करिश्माई तरीके से छुटकारा पाया। फिर मैं यह याद करने लगी कि मैंने और व्येन ने यह तय किया था कि हम दोनों मिलकर अनीता के प्रेममयी और सशक्त शब्दों को संसार के सामने लाएँगे ताकि असंख्य लोग उससे लाभ पा सकें। उस ई-मेल ने पुष्टि कर दी कि चक्र पूर्ण हो गया था। ठीक इसी प्रकार, अनीता के शब्दों ने व्येन को भी आरोग्य पाने में मदद की।

इस भावना को अपने भीतर स्थान देने के बाद मैं जिस तरह ईश्वर के हाथों का

माध्यम बनी, उसकी मैं कल्पना तक नहीं कर सकती थी।

मीरा की कहानी इस बात का समर्थन करती है कि हम सब इस अनंत ब्रह्माण्ड का एक अखंड पक्ष हैं। हम सभी उस महान विकास चित्रफलक के अनिवार्य अंग हैं, जो निरंतर आरोग्य तथा ग्रह के लिए कार्यरत है। हमारा एकमात्र दायित्व यही बनता है कि अपने प्रति सच्चे बने रहें और जो होना चाहता है उसे घटने की अनुमति प्रदान करें।

आज जब मैं मुड़कर अपने जीवन की ओर देखती हूँ तो साफ तौर पर दिखाई देता है कि मैंने अपने एन.डी.ई. से पहले और बाद में कौन से कदम उठाए। मैं उन सभी घटनाओं को देख सकती हूँ, जिन्हें मैंने सकारात्मक या नकारात्मक माना – वे सभी मेरे लिए बहुत ही लाभदायक रहीं और मुझे वहाँ तक आने का मार्गदर्शन दिया जहाँ आज मैं खड़ी हूँ। यह भी पूरी तरह से साफ है कि ब्रह्माण्ड मुझे वही देता है, जिसे पाने के लिए मैं तैयार होती हूँ। मैं सार्वजनिक लोकप्रियता से भयभीत थी जिसने सारी प्रक्रिया को धीमा कर दिया था और जब वह चिंता और उद्वेग मिट गए, तो मुझे हे हाउस से आए ई-मेल के माध्यम से ब्रह्माण्ड ने उसी समय प्रतिक्रिया दी। मैं अपने जीवन में जो पाना चाहती थी या नहीं पाना चाहती थी... उसे आने की अनुमति प्रदान की।

आप मेरे दृष्टिकोण से यह जो पुस्तक पढ़ रहे हैं, वह इस बात का जीता-जागता प्रमाण है। अगर मैं उस माहौल में न पली होती और अपने जीवन में घटे अनुभवों के लिए वैसी प्रतिक्रिया न दी होती तो संभवत: मुझे कैंसर हुआ ही न होता। कैंसर न होता तो मेरे पास एन.डी.ई. न होता और फिर मैं संसार के साथ अपना यह विज़न (लक्ष्य) कभी नहीं बाँट पाती। अगर इस प्रक्रिया में एकाध चरण भी अलग होता तो निश्चित रूप से उसका नतीजा भी अलग ही आता। हालाँकि मेरा सशक्त रूप से यह मानना है कि जीवन का उद्देश्य पाने के लिए या आरोग्य पाने के लिए यह ज़रूरी नहीं कि आप एन.डी.ई. से गुज़रें। मैं देख सकती हूँ कि मेरा निजी मार्ग ही मुझे यहाँ तक लाया है। सब कुछ तभी घटता है जब हम उसके लिए तैयार होते हैं।

मैंने अब सही मायनों में सीख लिया है कि जब मैं केंद्र से जुड़ती हूँ – जब मैं ब्रह्माण्ड के मध्य अपने स्थान को पहचानती हूँ और अपनी महिमा व सबके प्रति संपर्क को महसूस कर पाती हूँ तो समय और दूरी भी अप्रासंगिक हो जाते हैं। अगर आप गहरी नींद में हों और सपने में किसी दरवाज़े की घंटी या फोन की घंटी को बजते हुए सुन रहे हैं और अचानक आपकी आँख खुल जाए और आप पाएँ कि सच में ही दरवाज़े या फोन की घंटी बज रही थी तो आपने समयहीनता का अनुभव पा लिया है। भले ही दरवाजे की घंटी या फोन आपके उठने से कुछ सेकण्ड पहले ही बजना आरंभ हुए हों,

पर आपको लगेगा कि आपके सारे सपने का वह तमाशा, उस अंतिम क्षण के आसपास घूम रहा है।

जब आप सही मायनों में हर चीज़ को अपने साथ एकात्म मान लेते हैं तो जीवन ऐसा ही हो जाता है। समय और स्थान अपना महत्त्व खो देते हैं। उदाहरण के लिए, मुझे हे हाउस का वह ई-मेल उसी समय मिला जो क्षण मेरे लिए उपयुक्त था। हालाँकि व्येन डायर की ओर से पूरा एक दृश्य खेला गया, उनके साथ कई घटनाएँ हो रही थी जिसके बाद वह संदेश मुझ तक आया!

मैं यह भी कहना चाहती हूँ कि एन.डी.ई. के बाद बहुत सी बातें आसान होती चली गईं। मुझे मृत्यु, कैंसर, दुर्घटना या किसी भी ऐसी बात का डर नहीं रहा, जिनके लिए मैं पहले भयभीत रहती थी... बस मैं अनंत जगत में अपना विस्तार चाहती थी! मैंने अपने अनंत स्व के विवेक पर भरोसा करना सीख लिया था। मैं जानती हूँ – मैं बाकी सबकी तरह, एक शक्तिशाली, तेज से संपन्न, बेशर्त प्यार पानेवाली, स्नेहमयी शक्ति हूँ।

मेरे भीतर हमेशा यही ऊर्जा प्रवाहित होती है। यह मुझे घेरे रहती है और इसे मुझसे अलग नहीं किया जा सकता। वास्तव में मैं क्या और कौन हूँ; इसमें विश्वास करने का अर्थ है कि मैं अपने पर भरोसा करती हूँ। मैं इसे अनुमति देती हूँ कि यह मेरा मार्गदर्शन करे, मेरी सुरक्षा करे और मुझे वह सब प्रदान करे, जो मेरी संपूर्णता व प्रसन्नता के लिए आवश्यक है। यह सब तभी संभव है जब मैं अपने सच्चे स्वरूप में रहूँ। मुझे केवल वही तेजस्वी प्रेम बनना होगा जो मैं वास्तव में हूँ। मुझे घटनाओं व परिस्थितियों को अपने जीवन में इस तरह घटने की अनुमति देनी होगी, जिसके बारे में मैं जानती हूँ कि वह हमेशा मेरे दीर्घकालीन हित में होगा।

मैं स्वयं को आनेवाले नतीजों से अनासक्त रखती हूँ और यह मानकर चलती हूँ कि जो भी होगा, अच्छा ही होगा। जब मैंने खुद को, उस प्रक्रिया के हाथों सौंप ही दिया है तो अब वह अपने आप ही मेरे और दूसरों के लिए लाभदायक परिस्थितियाँ पैदा करेगी। मुझे केवल इतना ही करना है और इसी ढाँचे में जो कुछ भी मेरा है, वह मेरे जीवन में बिना किसी प्रयास के अपने आप ही आ जाएगा। वह ऐसे जादुई और अकल्पनीय तरीकों में सामने आएगा कि मैं बता नहीं सकती। वह प्रतिदिन मुझे मेरे सच्चे अस्तित्व की शक्ति और प्रेम का एहसास दिलाता रहेगा।

खण्ड 3

मैंने क्या समझा

15

मैं बीमार हुई... और फिर आरोग्य पाया, क्यों?

मेरे एन.डी.ई. के दौरान मैंने इतनी अधिक स्पष्टता का अनुभव किया कि जब भी मैं लोगों से अपने अनुभव बाँटती तो प्राय: उनकी ओर से एक प्रश्न नियमित रूप से पूछा जाता – आपको कैंसर क्यों हुआ? इनमें से अधिकरतर लोग यही चाहते हैं कि मैं इस प्रश्न का उत्तर पूरी ईमानदारी से दूँ।

लेकिन इस विषय पर चर्चा करने से पहले मैं इसके खतरों के बारे में भी दो शब्द कहना चाहूँगी। दरअसल एक मुश्किल तो यह है कि मैं जो उत्तर दूँगी, उसे सुनकर ऐसा भी लग सकता है कि जो लोग रोग से नहीं उबरे या जो अब भी कैंसर या किसी अन्य रोग से ग्रस्त हैं, वे उन लोगों की तुलना में कुछ कमतर हैं जो अपने रोग से मुक्त हो चुके हैं। जबकि यह कतई सच नहीं है!

यदि मेरी कही बात बिलकुल साधारण सी लगे तो वह भी कुंठा का कारण हो सकती है, खास तौर पर जब आप या आपका कोई परिचित किसी रोग से ग्रस्त हो। भाषा से जुड़ी अनेक समस्याओं में से इसे पहले नंबर पर रखा जा सकता है – कई बार शब्दों से उतना लाभ नहीं होता, जितनी हानि होती है। इस मसले पर एक बात मैं जरूर कहना चाहूँगी कि यदि किसी व्यक्ति को अभी भी कैंसर है तो वह भी अपने आपमें एक तेजस्वी व्यक्तित्व है। उनके रोग के कारण उनकी निजी यात्रा से जुड़े हैं और संभवत: उनके व्यक्तिगत उद्देश्य से भी संबंध रखते हैं। मैं अब देख सकती हूँ कि मेरा रोग उसी कारण का हिस्सा था, जिसकी वजह से मैं आज यहाँ हूँ, भले ही मैं कोई भी चुनाव करती, जीने का या मरने का उससे मेरी तेजस्विता में कोई कमी न आती।

मैं जानती हूँ कि कुछ लोग आरोग्य से जुड़े मेरे इस उत्तर से सहमत नहीं होंगे जो कि पूरी तरह उचित है। मैं तो केवल वही बता रही हूँ, जो मैंने खुद उस दौरान महसूस किया और मैं यह सब इसी उम्मीद से बता रही हूँ कि शायद मेरे शब्द किसी की मदद कर सकें।

जैसा कि मैंने बताया, लोग प्राय: मुझसे पूछते हैं, 'मुझे कैंसर क्यों हुआ?' इसका उत्तर मैं मात्र एक शब्द में दे सकती हूँ : भय।

अब सवाल उठता है कि मुझे किस बात का भय था? दरअसल मैं हर चीज़ से भयभीत थी। इसमें मेरी असफलता लोगों द्वारा मुझे पसंद न किया जाना, लोगों को नीचा दिखाने या बहुत अच्छी न बन पाने का भी भय मेरे मन में था। मैं रोग और खास तौर पर कैंसर व उसके इलाज से डरती थी। मैं जीने से डरती थी, मैं मरने से भी डरती थी।

हमारा भय बहुत थोड़ा सा ही होता है और वह हम पर अपना अधिकार इतना धीरे-धीरे जताता है कि हमें पता ही नहीं चलता। पीछे मुड़कर देखती हूँ तो पता चलता है कि हममें से अधिकतर को बचपन से ही डरना सिखाया जाता है। मैं नहीं मानती कि हम भय के साथ ही जन्म लेते हैं।

मैं इस बात पर भी विश्वास रखती हूँ कि हम सारा जीवन जो बनने में लगे रहते हैं, वह तो हम पहले से ही होते हैं, बस हमें इसका एहसास नहीं होता। हम इस संसार में अपने तेज की पूरी जानकारी के साथ आते हैं। मैं नहीं जानती कि ऐसा क्यों होता है कि हमारे बड़े होते-होते, संसार इस जानकारी को मिटा देता है।

यह सब पहले-पहल छोटी चिंताओं से शुरू होता है जैसे दूसरों की पसंद की सूची में न आना, बहुत अच्छा न होना वगैरह। शायद हम अपने साथियों से अलग दिखते हैं, शायद हम किसी दूसरी जाति से हो सकते हैं- बहुत लंबे, बहुत पतले, बहुत मोटे या बहुत नाटे हो सकते हैं। हम उनकी तरह दिखना और बनना चाहते हैं। मुझे याद नहीं पड़ता कि कभी मुझे उसी रूप में बने रहने के लिए प्रोत्साहित किया गया होगा, जैसे कि मैं थी और मुझे यह आश्वासन भी नहीं था कि दूसरों से अलग होने या दिखने में कोई बुराई नहीं होती। मुझे केवल इतना याद है मेरे भीतर से लगातार नकार का एक स्वर गूँजा करता था।

मैं लोगों को खुश रखना चाहती थी और उनकी नाराज़गी से डरती थी। लोग मेरे

बारे में बुरा न सोचें, यही सोच-सोचकर मैं कदम पीछे हटाती गई और एक दिन ऐसा भी आया जब मैंने खुद को गँवा दिया। मैं जो थी और जो बनना चाहती थी उससे मेरा संपर्क पूरी तरह से टूट गया क्योंकि मैं जो भी करती थी, वह केवल दूसरों से तारीफ पाने के लिए था - जिसमें मेरे अलावा बाकी सब शामिल थे। दअरसल, जिस समय मैं कैंसर की ओर बढ़ रही थी, उस दौरान अगर किसी ने मुझसे पूछा होता कि 'मैं क्या बनना चाहती हूँ', तो मेरा जवाब यही होता कि मैं नहीं जानती। मैं सांस्कृतिक अपेक्षाओं से लिपटी, ऐसी इंसान बनने की कोशिश में थी, जैसा बनने की मुझसे अपेक्षा की जा रही थी, उस समय मैं नहीं जानती थी कि मेरे लिए महत्त्वपूर्ण क्या है।

जब मुझे अपनी सहेली सोनी और डैनी के जीजाजी के कैंसर के बारे में पता चला, तो मेरे मन में कैंसर के नाम का एक गहरा भय बैठ गया। मुझे लगा कि अगर उन्हें कैंसर हो सकता है, तो फिर किसी को भी हो सकता है। इसलिए मैं खुद को रोग से बचाने के लिए जो कर सकती थी, वह सब करने लगी। मैं खुद को बचाने की जितनी कोशिश करती जाती, मेरा डर बढ़ानेवाले उतने ही कारण सामने आ जाते। मुझे लगने लगा कि हर चीज़ से कैंसर हो सकता है। मैंने पढ़ा कि किस तरह हवा और भोजन का ज़हरीलापन कैंसर का कारण बन सकता है। माईक्रोवेव, खाने के लिए प्लास्टिक के बरतनों का प्रयोग या प्रीजर्वेटिव वाली वस्तुओं का प्रयोग, मोबाइल फोन का प्रयोग आदि कैंसर को जन्म दे सकते थे। यह सूची दिन-ब-दिन लंबी होती जा रही थी।

मैं केवल रोग से ही नहीं इसके इलाज से भी डरती थी। मुझे कीमोथैरेपी के नाम से भी डर लगता था। जैसा कि मैंने बताया, कीमो के दौरान ही सोनी की जान गई, जिसने मेरे भय को और भी बढ़ा दिया।

धीरे-धीरे, मैं ज़िंदगी और मौत दोनों से ही डरने लगी। मानो, मेरे अपने ही डर ने मुझे बंदी बना लिया हो। मेरे लिए जीवन का अनुभव कठिन होता जा रहा था क्योंकि यह संसार सचमुच बहुत भयावह है। इसके बाद ही पता चला कि मुझे कैंसर हो गया है।

अपने रोग से कमर कसकर लड़ने के बावजूद मुझे यही लगता रहा कि कैंसर किसी मौत की सज़ा से कम नहीं है। मैं अपनी ओर से इलाज का यथासंभव प्रयास करती पर मन ही मन मेरा यही मानना था कि मैं इससे कभी नहीं उबर सकूँगी। मैं मौत से भयभीत, बहुत अधिक भयभीत थी।

शोधकर्ता आज भी यही कहते हैं कि वे कैंसर का इलाज खोजने की कोशिश

कर रहे हैं। यह सुनकर मुझे लगता था कि अभी तक किसी के पास कैंसर का कोई निश्चित इलाज नहीं है। मैंने मान लिया था कि कम से कम पारंपरिक चिकित्सा जगत में तो मुझे कभी कोई हल नहीं मिलनेवाला। कहते हैं कि आधुनिक चिकित्सा विज्ञान के पास कैंसर का इलाज है, लेकिन साथ ही यह भी कहा जाता है कि इलाज की खोज अब भी जारी है। यही तथ्य मुझे भीतर तक दहलाकर रख देता। कैंसर शब्द ही मेरे अंदर भय पैदा करने के लिए काफी था और वैज्ञानिक रूप से इलाज के अभाव की जानकारी से इस बात की पुष्टि हो गई थी कि मैं जल्दी ही मरनेवाली हूँ।

मैं अपनी ओर से सब कुछ करने की कोशिश कर रही थी, लेकिन यह रोग तो दिन-ब-दिन बढ़ता ही जा रहा था। मेरी हालत बिगड़ती जा रही थी। हालाँकि सभी परिचितों ने वैकल्पिक चिकित्सा पद्धति अपनाने के लिए हामी नहीं भरी, लेकिन मैंने खुद अपने लिए उसका चुनाव किया क्योंकि मुझे लगता था कि आधुनिक चिकित्सा विज्ञान मेरे लिए कभी कुछ नहीं कर सकेगा। मैंने अपनी नौकरी छोड़ी और पूरे चार वर्ष तक इसी वैकल्पिक चिकित्सा पद्धति से अपने रोग का इलाज करती रही।

मैंने फेथ हीलिंग, प्रार्थना, ध्यान तथा ऊर्जा-आरोग्य सत्रों में हिस्सा लिया। कैंसर से जुड़ी हर किताब का अध्ययन किया और रोग से जुड़े हर संकेत और उसके अर्थ के बारे में जाना। मैंने क्षमा पद्धति का अभ्यास किया और जिन्हें भी जानती थी, उन्हें अपनी ओर से क्षमा किया, उन्हें फिर से क्षमा प्रदान की। मैं भारत और चीन गई, बौद्ध लामाओं, भारतीय योगियों व प्रबुद्ध गुरुओं से भेंट की, आस यही थी कि वे कुछ सहायता कर सकें और मुझे मेरे आरोग्य से जुड़े कुछ प्रश्नों के उत्तर मिल सकें। मैंने माँस के साथ-साथ दूध और दूध से बने आहार भी लेने छोड़ दिए, पहाड़ पर जाकर ध्यान किया, योग, आयुर्वेद, चक्र संतुलन, चीनी व हर्बल दवाएँ, प्राणिक आरोग्य और ची गांग वगैरह सब कुछ आज़माया।

पर इन सबके बावजूद मेरा कैंसर और भी बिगड़ता चला गया। मेरा मन लगातार एक उलझन में था और मैं खुद को कई तरह की चिकित्सा पद्धतियों में लगातार उलझाती जा रही थी, किसी के भी कहने से, कुछ भी आज़माती ताकि अपनी सेहत को निरंतर गिरने से रोक सकूँ। जैसा कि मैंने पहले भी कहा, मेरे शरीर ने पोषक तत्वों को ग्रहण करना बंद कर दिया था और माँसपेशियों ने साथ छोड़ दिया था। अब मैं चल-फिर भी नहीं सकती थी। पहिया कुर्सी के बिना बिस्तर से उतरना भी मुश्किल था। मेरा सिर गर्दन से यूँ झूलता जैसे कोई बड़े आकार की गेंद हो। मैं अपने साथ लगे

छोटे ऑक्सीज़न टैंक के बिना साँस भी नहीं ले सकती थी, वह ऑक्सीज़न टैक अब चौबीसों घंटे मेरे साथ ही लगा रहता। रात को सोती तो पति सारी रात जागते रहते ताकि वे यह देख सकें कि मैं ठीक से साँस ले पा रही हूँ या नहीं। माँ मेरी देखरेख में मदद करतीं क्योंकि मैं स्वयं अपना ध्यान नहीं रख सकती थी। यह हम सबके लिए बहुत कठिन हो गया था और अब मैं अपनी पीड़ा के अलावा, उनके दुःख को भी सहन नहीं कर पा रही थी।

मैं आपको बता भी नहीं सकती कि उन दिनों, मैं कैसे लगातार एक अजीब से भय में जकड़ती जा रही थी। मेरा शरीर मेरा साथ छोड़ रहा था। मैं जैसे इस धरती पर अपनी साँसें पूरी कर रही थी। मैंने आध्यात्मिक आरोग्य सत्रों में भी हिस्सा लिया और मुझे बताया गया कि यह मेरा अपना चुनाव है। मैंने यह भी सुना कि यह संसार एक भ्रम है।

मैं और भी भ्रमित व भयभीत होकर सोचने लगी : भला मैं अपने लिए ऐसा जीवन क्यों चुनने लगी? मैं ऐसा जीवन कैसे चुन सकती हूँ? और यदि यह सिर्फ एक भ्रम है, तो इतना वास्तविक क्यों लगता है? अगर ईश्वर सबकी प्रार्थनाएँ सुनते हैं तो वे मेरी प्रार्थना क्यों नहीं सुन रहे? मैं अपनी ओर से क्षमादान, शुद्धि, आरोग्य, प्रार्थना व ध्यान-मनन आदि सारे यथासंभव तरीके अपनाने की कोशिश कर रही थी। केवल यही समझ नहीं पा रही थी कि मेरे साथ ऐसा क्यों हो रहा था?

लेकिन जब आखिर में हर चीज़ लगातार और भी कठिन होती चली गई तो मैंने सब कुछ ईश्वर के भरोसे छोड़ दिया। इस तरह मेरा मन एकदम शांत हो गया। चार साल से कैंसर ने मेरे शरीर को इतना खोखला कर दिया था कि अब सिर तक उठाने की हिम्मत नहीं बची थी... इसलिए मैंने हथियार डाल दिए। मैं थक चुकी थी। मैं जानती थी कि इसके बाद मेरे लिए अगला चरण मृत्यु ही है और मैं उस बिंदु पर आ गई हूँ, जहाँ मैं उस मृत्यु को स्वीकार करके उसका स्वागत करना चाहती हूँ। इस अवस्था के बाद जो भी होता, वह मेरे लिए बेहतर ही होता।

इसीलिए जब मैं कोमा में गई और मेरे अंगों ने काम करना बंद किया तो मैं जानती थी कि मैं और मेरा परिवार जिन हालात से गुज़र रहा था, उससे अधिक भयावह कुछ और हो ही नहीं सकता। इस तरह मैं मौत की ओर खिंचने लगी।

जब मेरे अंगों ने काम करना बंद कर दिया, तो उस दौरान मैंने जिस लोक का दर्शन व अनुभव पाया, उसने मुझे मेरी ही भव्यता और तेज का अनुमान करवाया, जो

कि किसी भी भय से परे था। अपने भीतर छिपी महान शक्ति से मेरा परिचय हो चुका था।

जब मैंने भौतिक जीवन से अपना नियंत्रण समाप्त किया तो मुझे नहीं लगा कि दूसरे लोक में प्रवेश के लिए मुझे कुछ करने की ज़रूरत है, जैसे प्रार्थना, मंत्रजाप, क्षमा या कोई अन्य तकनीक। उस ओर जाने का केवल यही अर्थ था कि उसके लिए 'कुछ नहीं करना था।' मानो मैं किसी से कह रही हूँ, अब मेरे पास देने के लिए कुछ नहीं है... मैं समर्पण करती हूँ... मुझे ले चलो... जो जी में आए करो... अब मैं तुम्हारे साथ हूँ...।

जब मैं परलोक में स्पष्टता की इस अवस्था के बीच थी तो मैं मन ही मन समझ गई कि मैं अपने ही भय के कारण प्राण त्याग रही थी। मैं अपने सच्चे स्वरूप को महसूस नहीं कर पा रही थी क्योंकि मेरी चिंताओं ने मुझे ऐसा करने से रोक रखा था। मैं समझ गई कि कैंसर मेरे लिए कोई दंड नहीं था। मानो, मेरी अपनी ही ऊर्जा कैंसर के रूप में सामने आ रही थी क्योंकि मेरे ही भय मुझे मेरे सच्चे स्वरूप के पास जाने नहीं दे रहे थे, मैं अपने ही तेज से अनजान थी। मैं अपने उस महिमामयी रूप को सामने नहीं आने दे रही थी, जिसे सामने लाने के लिए मुझे इस जगत में भेजा गया था।

विस्तार के उस अनुभव के बीच मैंने पाया कि मैं हमेशा से ही अपने साथ कितनी कठोरता से पेश आती रही और कैसे खुद को ही आजीवन परखती आई हूँ। मुझे कोई दंड नहीं दे रहा था। अंतत: मैं समझ गई कि मैं ही खुद को माफ नहीं कर रही थी दूसरे लोगों की कोई भूमिका ही नहीं थी। मैं ही खुद को परख रही थी जिसे मैंने त्याग दिया था, जिसे मैं प्यार नहीं करती थी। इसका किसी दूसरे से कोई लेना-देना नहीं था। मैं स्वयं को इस ब्रह्माण्ड की सुंदर संतान के रूप में देख पा रही थी। केवल मेरा होना ही मुझे बेशर्त प्रेम देने के लिए पर्याप्त था। मैंने महसूस किया कि मुझे इसे पाने के लिए कुछ भी करने की आवश्यकता नहीं है - प्रार्थना, विनती या फिर ऐसा कुछ भी नहीं! मैंने देखा कि मैंने कभी स्वयं से प्रेम नहीं किया, कभी खुद को मोल नहीं दिया और न ही कभी अपनी आत्मा के सौंदर्य को देखा, जबकि यह बेशर्त महिमा और तेज तो सदा से ही मेरे साथ था, ऐसा लगता था जैसे मेरे भौतिक जीवन ने ही मुझे इससे दूर कर दिया था या इसे कहीं मिटा सा दिया था।

उस समझ से मुझे एहसास हुआ कि अब मुझे किसी भी चीज़ से डरने की आवश्यकता नहीं है। मैंने जो भी देखा, मुझे लगा कि वह तो दूसरों को भी पता होना

चाहिए। यही वजह थी कि मैंने वापस आने का चुनाव किया। उस जागृत अवस्था में लिया गया यह निर्णय ही मेरी वापसी की सबसे बड़ी प्रेरणा बना। मैं एक बार फिर से अपनी देह में जाग उठी, मैं जानती थी कि प्रत्येक कोशिका, मेरी वापसी के इस निर्णय का प्रत्युत्तर देगी और मेरे साथ सब कुछ बेहतर ही होनेवाला है।

अस्पताल में होश में आने के बाद, मैं अच्छी तरह जानती थी मेरा जो भी टेस्ट, बायोप्सी या इलाज होगा वह केवल आसपास के लोगों को संतुष्टि देने का साधन होगा। हालाँकि मेरे लिए इनमें से कई चीज़ें पीड़ादायक भी रहीं, लेकिन मैं जानती थी कि अब सब कुछ ठीक हो जाएगा। मेरे भव्य अनंत स्वरूप ने जीवित रहने और इस शरीर के माध्यम से स्वयं को प्रकट करने का निर्णय ले लिया था इसलिए अब इस निर्णय को संसार की कोई भी चीज़ प्रभावित नहीं कर सकती।

मैं स्पष्ट करना चाहती थी कि यह आरोग्य मेरी मानसिक अवस्था या मान्यताओं में बदलाव की वजह से नहीं था क्योंकि अब यह मुझे अपने सच्चे रूप के साथ सामने आने की अनुमति दे रहा था। कई लोग पूछते हैं कि क्या किसी तरह का सकारात्मक चिंतन या सोच मेरी रोगमुक्ति का कारण बनी? तो मेरा जवाब होता है, 'नहीं'। मैं एन.डी.ई. के दौरान जिस अवस्था में थी, वह मन से कहीं परे थी और मैंने आरोग्य इसलिए पाया क्योंकि अब मेरे नष्टप्राय: विचार मुझसे परे हो चुके थे। अब मैं कुछ सोचने के बजाय, होने की अवस्था में थी। यह विशुद्ध चेतना थी, जिसे मैंने महिमामयी कहा। ऐक्य की यह अवस्था द्वैत से परे थी। मैं सही मायनों में उसके निकट होने के योग्य थी जो मैं वास्तव में हूँ यानी मेरा वह हिस्सा जो पूरी तरह से अनंत और शाश्वत है, जो सर्वांग संपूर्ण पर व्याप्त है। इसलिए इस अवस्था को रोग से मेरे मन की जीत के तौर पर नहीं देखा जा सकता।

मैं इस बात का समर्थन नहीं करती कि 'यदि' हम किसी खास ढंग से पेश आते हैं तो हम रोग से छूटकर एक आदर्श जीवन की शुरुआत कर सकते हैं। कई बार यह बात सुनने में बहुत ही साधारण लग सकती है। मैं इसके बजाय 'आत्म-सजगता' पर केंद्रित हूँ, जो अलग है। जो मान्यताएँ या धारणाएँ हमारे काम की नहीं रहीं, स्वयं को उनमें ही लिप्त रखना, यह हमें द्वैत की अवस्था में बाँधते हुए, उस स्थिति में ले आता है, जहाँ हम निरंतर परख करने में ही लगे रहते हैं। हम जिसे सही मानते हैं उसे शुभ और सकारात्मक कहते हैं और जिसे सही नहीं मानते उसके लिए ऐसा नहीं कहते।

इस तरह, जो हमारी मान्यताओं को नहीं मानते हम उनसे अपना बचाव करने की

स्थिति में भी आ जाते हैं। जब हम बचाव में अपनी बहुत सारी ऊर्जा देते हैं तो हम सब कुछ छोड़ना नहीं चाहते, यहाँ तक अपने लिए अप्रभावी हो चुके विचारों को भी अपने आप से जोड़े रखना चाहते हैं। उस स्थिति में हमारे विचार ही हमारे मालिक बन जाते हैं और हमें अपने वश में कर लेते हैं।

वहीं दूसरी ओर, जागरूक होने का अर्थ है कि जो है और संभव है उसे बिना कोई परख किए महसूस करना। उस समय, हमें इसका बचाव करने की आवश्यकता नहीं होती। यह अपने आप विस्तार पाता है और हमें ऐक्य की अवस्था के निकट ले जाने में सहायक होता है। इसी स्थिति में चमत्कार हो जाते हैं। इसके विपरीत, मान्यताएँ केवल उन्हीं बातों को महत्त्व देती हैं जिन्हें हम मानते हैं और बाकी बातों को वे सिरे से नकार देती हैं।

मैं ऐसा नहीं मानती कि मेरी मान्यता या धारणा ने मुझे रोग से छुटकारा दिलाने में मदद की। मेरा एन.डी.ई. एक विशुद्ध चेतना की अवस्था थी, जो कि पिछली सभी मान्यताओं, धारणाओं व सिद्धांतों से मुक्ति की अवस्था है। इसने मेरे शरीर को अपने असली रूप में आने में नए सिरे से मदद की। दूसरे शब्दों में, मुझे आरोग्य पाने के लिए किसी भी मान्यता या धारणा से मुक्त होना आवश्यक था।

जिस क्षण में मैंने जीवित रहने की सशक्त इच्छा को त्यागा, मैंने मृत्यु के अनुभव को पाया और मरते समय मुझे एहसास हुआ कि अभी मेरे जाने का समय नहीं है। जब मैं उसे भी छोड़ने को तैयार हुई, जिसे मैं चाहती थी, तो मैंने वह पाया, जो सही मायनों में मेरा था। मुझे एहसास हुआ कि बाद में मिलनेवाला यह उपहार किसी भी अन्य उपहार से कहीं अधिक सार्थक है।

एन.डी.ई. के बाद मैंने सीखा कि मैंने अपनी जिन धारणाओं को मजबूती से पकड़ रखा था, वे ही मेरे खिलाफ जा रही थीं। अपनी ही मान्यताओं के अनुसार चलने की मेरी माँग ने मेरे अनुभवों को बहुत सीमित कर दिया था क्योंकि वे मुझे मेरे उसी लोक में रखते थे, जिसे मैं जानती थी – और मेरा ज्ञान सीमित है और अगर मैं स्वयं को केवल उतने तक ही सीमित रखती, जितना मुझे पता था तो मैं अपनी उस संभावना से खुद को दूर कर रही थी जो इस जीवन में मेरे सामने आ सकती थी। यदि मैं यह स्वीकार कर सकूँ कि मेरी समझ अधूरी है और यदि मैं इस अनिश्चितता के बीच भी सहज रह सकूँ तो यह मुझे अनंत संभावनाओं के द्वार तक ले जाता है।

अपने एन.डी.ई. के बाद मैंने पाया कि मैं सब कुछ छोड़ने के बाद ही अपने

आपको अधिक मज़बूत पा रही हूँ, जब मैंने अपने विश्वास-अविश्वास को भी पीछे धकेल दिया और स्वयं को सारी संभावनाओं के लिए मुक्त कर दिया तो सब कुछ बदलने लगा। ऐसा लगा मानो मैं सबसे अधिक आंतरिक स्पष्टता अनुभव करने के योग्य हो गई और सब कुछ समकालिक होने लगा। मेरा मानना है कि निश्चितता पाने की यह माँग ही चेतना के उच्चतम स्तरों का अनुभव करने की बाधा बन जाती है। इसके विपरीत, जब हम सब कुछ छोड़ने और किसी भी मान्यता या धारणा के प्रति मोह को त्यागने की प्रक्रिया में आते हैं तो यह परिणाम ही अपने आप में आरोग्य देनेवाला हो जाता है। यदि इसे दो भागों में बाँटा जाए, तो एक तो सच्चा आरोग्य पाने के लिए, मुझे आरोग्य पाने की माँग को छोड़ना होगा और दूसरा जीवन नामक सवारी पर पूरा भरोसा करते हुए इसका आनंद लेना सीखना होगा।

मेरे लिए यह एहसास होना बहुत महत्त्व रखता था कि मेरा अस्तित्व मेरी चेतन अवस्था से कहीं अधिक विस्तृत है और मैं अनंत रूप से कहीं अधिक महान हूँ। एक बार फिर मैं इसी तथ्य पर बल देना चाहूँगी कि रोग का शिकार होने के पीछे हमारी कोई भूल नहीं होती! यह बात उन लोगों के लिए और भी बड़ी कुंठा का कारण बन सकती है जो पहले से ही रोग से ग्रस्त हैं। पर मैं कहना चाहती हूँ कि हमारा जीव विज्ञान हमारी जागरूकता का समाधान करता है ; हमारे बच्चे, पशु-पक्षी व आसपास का परिवेश भी इसमें शामिल हैं। हमारी चेतना इस ग्रह की दशाओं को इस कदर बदल सकती है कि हम अनुमान तक नहीं लगा सकते। ऐसा इसलिए है क्योंकि हम सभी आपस में एक-दूसरे से जुड़े हुए हैं - यह बात जितनी बार कही जाए, वह कम होगा!

मेरे लिए सजग चेतना का पहला चरण यह समझ ही थी कि प्रकृति हर चीज़ को किस रूप में चाहती है। यह चाहती है कि हम अपनी देह और आसपास की हर वस्तु के प्रति सचेत हों और सभी वस्तुओं के सार के प्रति सम्मान प्रकट करना सीखें, इसके लिए उन्हें अलग होने की ज़रूरत नहीं है। इस प्रक्रिया में हम भी शामिल हैं। हमें यह समझना चाहिए कि किस तरह ब्रह्माण्ड हमसे बिना किसी बदलाव के ही भव्य अनुभव करने की अपेक्षा रखता है। मुझे दूसरों की अपेक्षाओं पर खरा उतरने की ज़रूरत नहीं है क्योंकि ऐसा करने से मुझे अपने अधूरेपन का एहसास होगा और मेरे मन में कष्ट बढ़ेगा।

जीवन मुझसे जो चाहता है जब मैं उसे होने की अनुमति देती हूँ तो उस समय मैं भीतर से शक्तिशाली हो जाती हूँ - मेरे भीतर का आरोग्य तभी सक्रिय होता है जब मैं

अपने भीतर से सभी सजग क्रियाओं को छोड़ देती हूँ और जीवन को उसके तरीके से काम करने देती हूँ। दूसरे शब्दों में, **जब मैं जीवन के विपरीत जाने के बजाय उसके साथ चलती हूँ तो मेरी शक्ति कई गुना बढ़ जाती है।**

आरोग्य पाने के बाद मेरे लिए अपने अनुभव को प्रकट करना या इस तरह की बातें करना कि 'उस पर भरोसा रखो, सब कुछ उस पर सौंप दो, जीवन के प्रवाह में बहो वगैरह' बहुत सरल लगता है। पर जब कोई हकीकत में ऐसे हालात से गुज़र रहा हो तो ऐसा करना बहुत मुश्किल होता है यहाँ तक कि उस अवस्था में यह तक समझ में नहीं आता कि शुरुआत कहाँ से की जाए। वैसे मुझे यह भी लगता है कि यह उत्तर जितना सरल लगता है उससे भी कहीं सरल और साधारण है, यह हमारे युग के सबसे बेहतरीन रहस्यों में से है : अपने आप से प्रेम करने का महत्त्व! हो सकता है कि इसे पढ़कर आपके माथे पर शिकन आए लेकिन मैं इस बात पर विशेष रूप से बल देना चाहती हूँ कि आपको अपने आप से एक गहरा प्रेम संबंध विकसित करना ही होगा।

मुझे याद नहीं कि मैंने जीवन में कभी अपने आपको प्रेरित या प्रसन्न किया हो। मैंने तो शायद कभी इस बारे में सोचा तक नहीं था। प्राय: ऐसा करना स्वार्थ की श्रेणी में रखा जाता है। लेकिन मेरे एन.डी.ई. ने मुझे इस बात का एहसास कराया कि यही मेरे आरोग्य की कुँजी है।

जीवन के इस चित्र फलक में हम सभी आपस में एक-दूसरे से जुड़े हुए हैं। हममें से हर कोई अपने आसपास के लोगों के लिए एक उपहार है जो हमें यह समझने में मदद करता है कि हम क्या और कौन हैं और इस तरह इससे कुल मिलाकर एक संपूर्ण चित्र बनता है। जब मैं एन.डी.ई. अवस्था में थी तो यह सब मेरे लिए बिलकुल स्पष्ट होता चला गया क्योंकि **मैं समझ गई थी कि मेरे होने का मतलब ही प्रेम का होना था। यही वह सबक था, जिसने मेरी जान बचाई।**

हममें से कई लोग अब भी यही मानते हैं कि हमें इस प्रेम को पाने के लिए कुछ करना होगा लेकिन इसका अर्थ होगा कि आप द्वैत में हैं क्योंकि आप एक दाता और एक पानेवाले की कल्पना कर रहे हैं। जबकि यह एहसास कि 'हम ही प्रेम हैं', इस कल्पना से भी परे है। इसका अर्थ है कि आप यह समझें कि आपमें और मुझमें कोई अंतर नहीं है। **अगर मुझे यह पता है कि मैं प्रेम हूँ तो मैं यह जानती हूँ कि आप भी प्रेम हैं।** यदि मैं अपनी देखरेख करती हूँ तो मैं आपके लिए भी स्वतः ही ऐसा करूँगी।

मेरी एन.डी.ई. के दौरान मुझे यह एहसास हुआ कि पूरा ब्रह्माण्ड ही बेशर्त प्रेम से

बना था और मैं उसका ही विस्तार हूँ। प्रत्येक अणु, परमाणु, क्वार्क और टेट्राक्वार्क प्रेम के मेल से ही बना है। मैं इसके सिवा कुछ और नहीं हो सकती क्योंकि यही मेरा सार है और यही सारे ब्रह्माण्ड की प्रकृति है। यहाँ तक कि नकारात्मक दिखनेवाली सभी वस्तुएँ भी उस अनंत और शर्त रहित प्रेम की तरंग का ही रूप हैं। वास्तव में, ब्रह्माण्ड की जीवन शक्ति ही प्रेम है। और मैं इसी ब्रह्माण्डीय ऊर्जा के मेल से बनी हूँ। इस बात का एहसास होने के बाद मुझे समझ आ गया कि मुझे यह योग्यता पाने के लिए कुछ और बनने की आवश्यकता नहीं है। मैं पहले से ही वही हूँ जो मैं हो सकती थी।

ठीक इसी प्रकार जब हम जान लेते हैं कि हम प्रेम हैं तो हमें वह प्रेम बनने के लिए कुछ करना नहीं होता। केवल अपने प्रति सच्चा और ईमानदार बने रहना ही पर्याप्त होता है। इससे हम उस स्नेहमयी ऊर्जा का माध्यम बन जाते हैं जो हमारे संपर्क में आनेवाले प्रत्येक व्यक्ति या वस्तु को स्पर्श करती है।

प्रेम होने का अर्थ है कि मुझे अपनी ही आत्मा को पोषित करने का महत्त्व पता होगा, मैं अपनी ही आवश्यकताओं की पूर्ति कर सकूँगी और हर बार खुद को आखिरी छोर की ओर नहीं धकेलूँगी। इस तरह मैं हमेशा अपने प्रति सच्ची बनी रहूँगी और अपने साथ पूरी दयालुता एवं सम्मान से पेश आऊँगी। इस तरह मुझे यह भी पता चलेगा कि मुझे दूसरों की भूलों या कमियों को भी बिना परखे देखना है, मुझे उन्हें अपना निर्णय नहीं सुनाना है और उन अवसरों को बेशर्त प्रेम को जानने व समझने के अनुभवों के तौर पर ही लेना है।

लोग अकसर मुझसे पूछते हैं कि क्या अपने आप से बहुत अधिक प्रेमवाली बात भी होती है। वे पूछते हैं कि इसकी सीमा क्या होनी चाहिए, ऐसा कौन सा बिंदु है, जिसके आगे आकर ये अहंकार और स्वार्थ में बदल जाता है? मेरे अनुसार, ऐसी कोई संभावना नहीं होती। ऐसी कोई सीमारेखा नहीं होती।

जब हम स्वयं से प्रेम नहीं करते तो स्वार्थपरता शुरू हो जाती है। हमारा ग्रह इसी से तो पीड़ित है, हम मनुष्यों के भीतर इसी कारण से असुरक्षा, दूसरों को परखने, उनकी आलोचना करने और अनुकूलन की इतनी भावना है। यदि हम किसी को बेशर्त प्रेम देना चाहते हैं, तो हमें उसके बारे में उसी तरह महसूस करना होगा जैसे हम अपने बारे में करते हैं। मैं वह दे ही नहीं सकती जो मेरे अपने पास नहीं है। अगर मैं अपनी तुलना में दूसरे को सम्मान की दृष्टि से देखती हूँ तो इसका अर्थ होगा कि यह बात सच नहीं है और मैं बस दिखावा कर रही हूँ।

जब मैं प्रेम बन जाती हूँ तब मेरा क्षय नहीं होता। मैं लोगों से एक खास तरह का व्यवहार करने की ज़रूरत महसूस नहीं करती। या मैं नहीं चाहती कि अपने तेज को उनके साथ साझा करूँ। अगर मैं अपने स्व के लिए सच्ची हूँ तो वे अपने आप ही मेरे उस प्रेम और तेज को ग्रहण कर लेंगे और जब मैं खुद को भी बार-बार परखना बंद कर देती हूँ तो मैं दूसरों के लिए भी ऐसा ही महसूस करने लगती हूँ।

इस प्रकार मैंने सीखा कि अगर मैं चुनौतियों का अनुभव कर रही हूँ तो मुझे अपने साथ बहुत कठोरता से पेश नहीं आना चाहिए। कई बार मेरे संघर्ष का कारण वह समस्या नहीं होती। मैं अपने लिए जो धारणा बना लेती हूँ, वही मेरे कष्ट का कारण बनती है। जब मैं अपनी ही शत्रुता को त्याग देती हूँ और अपने आप से और अधिक प्रेम करने लगती हूँ तो बाहरी दुनिया से मिलनेवाला कष्ट भी घटने लगता है। मैं पहले से कहीं अधिक सहनशील और सब कुछ सहन करनेवाली बनने लगती हूँ।

जब हम सभी अपनी महिमा और तेज से परिचित होंगे तो हमें दूसरों को अपने वश में करने की आवश्यकता अनुभव नहीं होगी और हम स्वयं को भी दूसरों के वश में नहीं आने देंगे। जब मैं अपने अनंत रूप के साथ जागी तो मैं यह जानकर अचंभित हो उठी कि केवल यह एक बात समझने से मेरे जीवन में कितना प्रभावशाली परिवर्तन आ सकता है कि मैं प्रेम हूँ और हमेशा से ही प्रेम रही हूँ। मुझे इसे पाने के लिए कुछ करने की ज़रूरत नहीं थी। इसे समझने का अर्थ था कि मैं जीवन ऊर्जा और शक्ति के साथ तालमेल रखते हुए काम कर रही हूँ जहाँ कुछ भी करने का अर्थ होगा- प्रेम के विरुद्ध जाना।

मैं प्रेम हूँ, यह एहसास मेरे लिए किसी अहम जानकारी या सबक से कम महत्वपूर्ण नहीं रहा, इसने मुझे मेरे सारे भय से मुक्ति पाने में मदद की और यही वह कुँजी है, जिसने मेरे प्राणों की रक्षा की।

16

अनंत अस्तित्व और सार्वभौमिक ऊर्जा

मेरे एन.डी.ई. अनुभव के दौरान मैंने महसूस किया, मानो, मैं सारे ब्रह्माण्ड और उसमें समाई हर वस्तु के साथ जुड़ गई हूँ; ऐसा लगा मानो सारा ब्रह्माण्ड जीवंत हो उठा हो और गतिशील व ओजस्वी बनकर सामने आ गया हो। मैंने पाया कि भौतिक संसार में मेरा हर विचार, भाव, भावना आदि सब कुछ मिलाकर संपूर्ण जगत को प्रभावित करते थे। वास्तव में, ऐक्य के उस लोक में भी ऐसा लगा मानो वह सारा ब्रह्माण्ड मेरा ही विस्तार था। निःसंदेह इस एहसास ने हर चीज़ के बारे में मेरे नज़रिए को ही बदल दिया। हम सभी मिलकर इस संसार को और इसमें अपने जीवन को - अपने भावों, विचारों व कर्मों से रच रहे होते हैं।

भाषा कोई ऐसा साधन नहीं है जिसके माध्यम से कुछ ऐसा प्रकट किया जा सके, जिसे आप पाँचों इंद्रियों के माध्यम से प्रकट नहीं कर सकते। मैंने उस अनुभव के दौरान जो पाया, उस समझ को आप तक पहुँचाने के लिए शब्दों का चयन करना सरल नहीं था। हालाँकि मैंने अपनी ओर से इस अध्याय में यह स्पष्ट करने की पूरी कोशिश की है कि मैंने इस संसार के बारे में क्या जाना, हम इसमें कैसे आगे बढ़ते हैं और इसमें जो बदलाव हो रहा है, वह बेहतरी के लिए ही हो रहा है।

सबसे पहले यह जानना बहुत महत्त्व रखता है कि एन.डी.ई. किसी ऐसी घटना की तरह नहीं था जिनका मुझे पहले से कोई अनुभव रहा हो। इसका कोई साफ-साफ आरंभ या अंत नहीं था। यह तो मानो एक ऐसा द्वार है, जो एक बार खुलने के बाद कभी बंद नहीं होता। यह एक निरंतर, प्रगतिशील और गहरी समझ के द्वार खोलता है

और साथ ही एक नई संभावना से जोड़ता है जिसका कभी अंत नहीं होता।

इस तरह की बातों को समझाने के लिए शब्द बहुत अच्छा माध्यम नहीं बनते इसलिए मैंने यहाँ जो भी लिखा वह केवल आपके भीतर उचित प्रकार के भावों को जगाने का प्रयास भर है। आपके साथ इसे बाँटने के बाद भी मेरी अपनी समझ का विस्तार और वृद्धि तो जारी ही रहेगी। अगर हम शब्दों के केवल शाब्दिक अर्थ को ग्रहण करते हैं या उन्हीं में उलझकर रह जाते हैं, हम उसी तरह एक ठहर जाते हैं, जैसे ठहरे हुए पानी में कोई चीज़ सड़ने लगती है। अब मैं जानती हूँ कि मुझे जो भी चाहिए, वह पहले से ही मेरे भीतर है और अगर मैं अपने सच्चे अस्तित्व के लिए स्वयं को अनुमति देती हूँ तो उस तक आसानी से पहुँच सकती हूँ... और यही बात आप पर भी लागू होती है।

मेरे एन.डी.ई. से पहले शायद मेरी संस्कृति के कारण मैं अकसर सोचती थी कि जीवन में निर्वाण प्राप्त करना ही उसका एकमात्र उद्देश्य है। जिसका अर्थ है कि जीवन और मरण के चक्र से छुटकारा पा लेना ताकि इस धरती पर दोबारा जन्म न लेना पड़े। मैं पूरी तरह से पश्चिमी संस्कृति के प्रभाव में पली-बढ़ी हूँ, हो सकता है कि मैं स्वर्ग जाने के लिए भी अपनी ओर से कोशिश करती। दरअसल किसी भी संस्कृति से परे हमारा सच्चा लक्ष्य यही होना चाहिए कि हम ऐसा जीवन जीएँ जिसमें मरने के बाद भी अच्छी तरह रह सकें।

लेकिन मेरे एन.डी.ई. के बाद मैं अलग तरह से महसूस करने लगी। हालाँकि मैं जानती थी कि मैं इस लोक से परे जाकर भी जीवित रहूँगी और अब मुझे अपने भौतिक शरीर के मृत्यु का कोई भय नहीं रह गया था। मेरे मन में कहीं भी रहने की इच्छा नहीं बची थी, मैं केवल वही रहना चाहती थी जहाँ मैं हूँ। रोचक बात यह रही कि मैं दूसरे लोगों पर ध्यान देने के बजाय वर्तमान जीवन और इसके क्षण को ही और अधिक संपूर्ण बनाने के लिए केंद्रित होने लगी।

मेरे एन.डी.ई. ने उस पारंपरिक अनुभव को अपना समर्थन नहीं दिया जिसके अनुसार मैं पहले मानती थी कि हम बार-बार इसी धरती पर जन्म लेते हैं। मैंने महसूस किया कि जब तक हम भौतिक शरीरों व मन की छन्नी का प्रयोग नहीं करते तब तक समय एक रेखीय गति से आगे नहीं जाता। जब हम अपनी भौतिक इंद्रियों की कैद में नहीं रहते तो हर क्षण अपना अस्तित्व एक साथ रखने लगता है। मैं मानती हूँ कि पुन: जन्म लेने की अवधारणा वास्तव में एक व्याख्या ही है, इसके माध्यम से हमारी बुद्धि

यह समझना चाहती है कि यह सारा अस्तित्व एक साथ ही घटता है।

हम समय के बीतने के संदर्भ में विचार करते हैं, लेकिन मेरे एन.डी.ई. में ऐसा लगा, मानो समय थम सा गया है और हम उसमें से गुज़र रहे हैं। इसका मतलब है कि न केवल समय के सभी बिंदु एक साथ अपना अस्तित्व रखते हैं बल्कि दूसरे लोक में हम धीरे, तेज़ी से, आगे की ओर या पीछे की ओर भी जा सकते हैं।

भौतिक तल पर हमारी भौतिक इंद्रियाँ हमें सीमित कर देती हैं। हमारे नेत्र केवल वही देख पाते हैं, जो उन्हें इस वर्तमान में दिख रहा है; हमारे कान भी इसी तरह सुनते हैं। यह मन केवल एक क्षण में अपना अस्तित्व रखता है और फिर यह उन क्षणों को एक डोरी में बाँधकर एक रेखीय गति प्रदान करता है। लेकिन जब हम अपनी देह में नहीं रहते, हम पूरी जागरूकता के साथ सारे समय और स्थान की सीमा से परे हो जाते हैं – उस समय यह बोध देखने, सुनने, छूने, चखने या सूँघने से संबंध नहीं रखता। हम विशुद्ध चेतना का स्वरूप है।

मैंने एन.डी.ई. अनुभव के दौरान इसे अनुभव किया। मैं अच्छी तरह जानती थी कि मेरा भाई विमान में सवार होकर मुझसे मिलने आ रहा था। इसके अलावा मैं अपने कमरे से बाहर, डॉक्टर और परिवार के सदस्यों के बीच हो रही बातचीत भी सुन पा रही थी। मैंने अपने भावी जीवन के बहुत से पक्षों को समझा, जैसे उन्हें कहीं लिखा हुआ हो, साथ ही यह भी जाना कि अगर मैं वापस न आकर वहीं रहती तो क्या होता। इससे मुझे पता चला कि हम आमतौर पर जैसा सोचते हैं, समय, स्थान और ठोस पदार्थ सदा एक साथ अस्तित्व में नहीं होते। मेरे एन.डी.ई. के दौरान मुझे लगा कि मैं जिस भी समय पर चाहूँ उस पर ध्यान लगाकर उसे पा सकती हूँ।

इसके कारण, मेरा मानना है कि जब किसी को ऐसी कोई झलक मिलती है, जिसे हम पूर्वजन्म कहते हैं, तो उन्हें वास्तव में एक साथ चल रहे अस्तित्व का परिचय मिल रहा होता है क्योंकि यह सारा समय एक साथ ही अस्तित्व रखता है। और चूँकि हम सभी आपस में अस्तित्व रखते हैं इसलिए चेतना की उन अवस्थाओं को पाना संभव है, जहाँ दूसरों के यथार्थ की झलकियाँ हमारे वर्तमान क्षणों में सरक आती हैं और हमारी चेतना में ऐसे स्थान पा लेती हैं मानो वे हमारी स्मृतियाँ हों।

मेरे इस नए नज़रिए ने मुझे हमारे केंद्र और उद्देश्य पर सोचने के लिए विवश कर दिया। यदि पुनर्जन्म और समय उस तरह अस्तित्व नहीं रखते जैसा कि हमें हमेशा से ही सिखाया गया है तो फिर सच क्या है? अगर हमारे सारे लक्ष्य ही गलत होते तो? यदि

वह स्वर्ग या निर्वाण, मृत्यु के बाद जीवन में नहीं, बल्कि सही मायनों में इस भौतिक जगत में ही हो तो?

मैंने जाना कि इस भौतिक जगत में आने का चुनाव हम इसलिए करते हैं ताकि प्रेम, आवेग तथा उन सभी मानवीय भावों को अभिव्यक्त कर सकें, जिन्हें विशुद्ध चेतना के स्वरूप तथा ऐक्य के बीच अनुभव नहीं किया जा सकता। इस संसाररूपी नाटक में, जहाँ सारा खेल रचा जा रहा है, आप आना चाहते हैं क्योंकि पृथ्वी पर हमारा जीवन एक नाटक ही है जिसमें अपनी भूमिका निभा रहे हैं।

पृथ्वी के रंगमंच पर हम केवल अपनी अभिव्यक्ति कर रहे हैं। ऐसा लगता है, मानो हम यहाँ मृत्यु के बाद जीवन के अनुभव सीखने या पाने नहीं आए। इसमें कोई बड़ा उद्देश्य भी नहीं दिखता क्योंकि हमें वहाँ इसमें से किसी की भी ज़रूरत नहीं होती। हम यहाँ इस भौतिक ब्रह्माण्ड का अनुभव पाने और अपने जीवन के साथ इसमें उन्नत होने आए हैं। जब मुझे यह एहसास हुआ कि इस समय जीवन ही मेरे लिए सबसे मनपसंद अवस्था थी तो मैंने वापस आने का निर्णय लिया। हमें निर्वाण का अनुभव पाने के लिए, मृत्यु की प्रतीक्षा नहीं करनी। हमारी सच्ची भव्यता और तेज यहीं है।

मनुष्य इस विषय को लेकर इतना भयभीत और संवदेनशील इसलिए हैं क्योंकि हम अपने विचारों को जीवन के बाद की अवस्था के अनुसार गढ़ लेते हैं और देवताओं को मनुष्यों के अनुरूप बना देते हैं। हम स्वयं इन्हीं मान्यताओं में इतना उलझ जाते हैं और भय, प्रायश्चित्त, न्याय व दंड के आसपास ही सारा ताना-बाना बुन लेते हैं। फिर हम अपनी सारी ताकत और केंद्र अपने ही बनाए इस खेल से जोड़ देते हैं।

लेकिन यदि सारे समय और अनुभव का अस्तित्व अभी है और हम इसमें से केवल उसी तरह गुज़र रहे हैं, जैसे हम इस भौतिक जगत में अपनी भव्यता को प्रकट कर रहे हैं तो हमें किसी भी चीज़ से भयभीत होने की आवश्यकता नहीं है। इसके बाद क्या होगा, हमें इस बारे में किसी भी तरह का तनाव या उद्वेग पालने की आवश्यकता नहीं है। हम उस ऊर्जा को पहचान सकते हैं जिसके हम पहले से ही एक अंग हैं और इस तरह हम अपने जीवन के हर पक्ष में प्रेम बन सकते हैं।

यह बहुत ही दुर्भाग्यपूर्ण है कि हम अपने प्रश्नों के उत्तर बाहर धर्म, चिकित्सा, वैज्ञानिक, अध्ययन, पुस्तकों व अन्य लोगों में तलाशते रहते हैं। हमें लगता है कि सत्य कहीं बाहर ही छिपा है, रहस्यमयी है। लेकिन ऐसा करके हम और भी अधिक खोते चले जाते हैं, अपने ही सच्चे स्वरूप से दूर होते चले जाते हैं। यह सारा ब्रह्माण्ड हमारे

भीतर ही तो समाया है। मेरे उत्तर मेरे ही भीतर तो हैं और आपके उत्तर आपके भीतर समाए हैं। जो कुछ भी बाहरी तल पर घटता दिख रहा है, वह हमारे भीतर कुछ जगाने का साधन ही तो है, यह हमें विस्तृत करता है और हमें हमारे सच्चे अस्तित्व के और निकट ले जाता है।

मैं प्राय: उच्चतर स्व, आत्मा या आत्मन के स्थान पर अनंत स्व शब्द का प्रयोग करती हूँ। इस बारे में थोड़ी और स्पष्टता पाने के लिए पहले मेरी इस बात को समझें कि मैं अपने उस हिस्से की बात कर रही हूँ जो मेरे एन.डी.ई. के दौरान इस बात को लेकर सजग था कि मैं केवल शरीर नहीं हूँ - यह मेरा वही हिस्सा है, जिसने अनुभव किया कि मैं हर चीज़ के साथ एकात्म थी। मैं एक अनंत और भव्य जीव के रूप में विशुद्ध चेतना के साथ एकाकार हो रही थी, यह स्पष्टता पा रही थी कि उस दिए हुए स्थान और समय में मैं इस शरीर में क्यों हूँ। यह मेरा ही हिस्सा है जो यह समझता है कि अलगाव का भ्रम, बाह्य के साथ बहुत अधिक पहचान रखने का ही नतीजा है।

मेरा मानना है कि जब हम अपने भौतिक शरीरों को त्याग देते हैं तो हमारे अनंत स्वरूप आपस में जुड़े होते हैं। विशुद्ध चेतना की अवस्था में हम सभी एक हैं। प्रकृति के बीच या गहन आध्यात्मिक अनुभवों के दौरान अनेक व्यक्तियों ने इस ऐक्य का अनुभव किया होगा। जब हम जानवरों के साथ काम करते हैं या कोई पालतू रखते हैं, तब भी हम इसे अनुभव कर सकते हैं। कई बार हम सृष्टि के साथ अपने एकात्म भाव को अनुभव करते हैं और कई बार हमें ऐसा बोध होता हैं जो हमारी इंद्रियों से भी परे होता है, लेकिन अधिकतर लोगों को इस बारे में कुछ पता नहीं होता इसलिए ऐसा प्राय: नहीं हो पाता। जबकि ऐसा होना संभव है।

वास्तविकता में मैं अपनी देह, अपने वंश, अपने धर्म या अन्य मान्यताओं तक सीमित नहीं हूँ। मेरे साथ-साथ यह बात सभी पर लागू होती है। वास्तविक स्व अनंत और कहीं अधिक शक्तिशाली है - एक संपूर्ण व विराट सत्ता जो किसी भी तरह से टूटी हुई नहीं है। मेरे उस अनंत के भीतर वे सभी संसाधन भरे हुए हैं जिन्हें मैं आजीवन पाना चाहती हूँ क्योंकि मैं सार्वभौमिक ऊर्जा के साथ एक हूँ। वास्तव में मैं ही सार्वभौमिक ऊर्जा हूँ।

मेरे एन.डी.ई. के दौरान ऐसा कुछ भी नहीं था जो मेरी महान सजगता से परे रहा हो क्योंकि मैं सार्वभौमिक ऊर्जा की संपूर्णता के साथ एक थी। उस अवस्था में वहाँ पूर्ण स्पष्टता थी और सब कुछ ज्ञात था। जैसे मैं सब कुछ बन गई थी, और हर चीज़

में मेरा ही वास था।

अपनी ही भव्यता को देखने की योग्यता तथा यह एहसास कि मैं और ब्रह्माण्ड एक ही हैं, यही मेरे आरोग्य का कारण बने। मैं सजग हो गई क्योंकि मुझसे परे कोई बाहरी रचना नहीं थी क्योंकि बाहरी शब्द अलगाव और द्वैत का परिचय देता है। इस सजगता के साथ जीने से मुझे, भौतिक संसार में बल, प्रेम व साहस के साथ बने रहने की प्रेरणा मिली।

इसे दूसरे नज़रिए से बताने के लिए हालाँकि मैं ब्रह्माण्डीय ऊर्जा का शब्द प्रयोग करती आ रही हूँ, लेकिन मैं जानती हूँ कि मैं इसे 'ची', 'प्राण' और 'की' के नाम से भी पुकार सकती हूँ। इन शब्दों को क्रमश: मैंड्रिन, हिंदी और चीनी भाषा में जीवन शक्ति ऊर्जा के रूप में जाना जाता है। यह ची 'ताई ची' में तथा की 'रेकी' में है। संक्षेप में, यही जीवन का स्रोत है और यह प्रत्येक जीवित प्राणी में पाया जाता है। दरअसल, यह सारे ब्रह्माण्ड में व्याप्त है और इससे उसे अलग नहीं किया जा सकता।

'ची' किसी को परखती नहीं है और न ही यह कोई भेदभाव करती है। यह हमारे भीतर से प्रवाहित होती है, भले ही हम कोई उन्नत गुरु हों अथवा सामान्य इंसान। इसके बारे में सोचना उपयोगी है क्योंकि जब हम एक अलग शब्द के साथ ऊर्जा का वर्णन करते हैं, जैसे स्रोत, ईश्वर, कृष्ण व बुद्ध आदि – तो हममें से कुछ लोगों के लिए इस नाम से परे देख पाना, कठिन हो सकता है। ये नाम अलग-अलग लोगों के लिए अलग-अलग अर्थ रखते हैं और ऐसा लगता है कि उस अनंत पर उन्हें थोपा गया हो। अकसर इन नामों के साथ कुछ अपेक्षाएँ जुड़ी होती हैं और उनमें से अनेक हमें द्वैत से जोड़े रखती हैं, ताकि हम ऊर्जा को अपने से एक अलग अस्तित्व में देख सकें। लेकिन हमारी विशुद्ध चेतन अवस्था की तरह ही सार्वभौमिक ऊर्जा सीमाहीन तथा आकारहीन ही रहना चाहती है ताकि यह हमारे साथ एकाकार हो सके और आरोग्य, जादू और चमत्कार रच सके।

मैंने अपने एन.डी.ई. के दौरान यह सशक्त अनुभव पाया कि हम सभी ब्रह्माण्ड की इस ऊर्जा से जुड़े हुए हैं; हम सभी इसके साथ एकात्म होते हैं। हममें से प्रत्येक के पास यह भव्य तथा जादुई प्राण ऊर्जा उपस्थित है जो हमारी एक-एक कोशिका में समाई हुई है। यह कोई बाहरी अस्तित्व नहीं बल्कि हमारे स्व की एक अवस्था है – एक आंतरिक स्वरूप। यह अंदर, बाहर और हर स्थान पर मौजूद है। इससे कोई अंतर नहीं पड़ता कि हम किस जाति, धर्म, संस्कृति या वंश से हैं। हम इससे जुड़े हुए

हैं क्योंकि हम जीवित हैं – दरअसल, हम इसका सावभौमिक प्रवाह हैं। हमें इसके सामने कुछ नहीं करना, कुछ भी प्रमाणित नहीं करना। हम सभी भव्य, तेजस्वी और शक्तिशाली जीव हैं और सभी इसे पा सकते हैं क्योंकि हम सभी एक हैं और समान हैं।

केवल मेरा मन ही मुझे इस ऊर्जा से दूर कर सकता है – मन यानी मेरे विचार और विशेष तौर पर अपने खुद के बारे में मेरे सीमित विचार। मैं जिस गहरी मुक्ति के बाद अपने एन.डी.ई. अनुभव तक पहुँची, वह बुद्धि को पूरी तरह त्यागने से ही आया था, वह मेरे आत्म–सीमित विचारों को भी अपने साथ ले गई और ब्रह्माण्ड की ऊर्जा ने अपना भार सँभाल लिया। आरोग्य पाने के लिए, ब्रह्माण्ड की प्रकृति से लड़ने के बजाय मैंने 'ची' को उसकी ही शर्तों पर प्रवाहित होने दिया।

हालाँकि पहले–पहल अपनी प्रेरणा को जानना थोड़ा कठिन हो सकता है। अंतर केवल यही है कि मन 'करने' से जुड़ा है और आत्मा 'होने' से जुड़ी है। यह अनंत स्व ही हमारा सार है। वे हम ही हैं जिसके विषय में मैंने अंतिम अध्याय में बताया है। वहाँ मैंने स्वयं प्रेम बनने के महत्त्व की चर्चा की है। बुद्धि तो इस जीवन में आगे चलने का साधन मात्र है। यह देखती है कि आप घर का किराया कैसे अदा करें और खाने–पीने व अन्य संसाधनों का इंतजाम कैसे करें। जबकि आत्मा केवल स्वयं को प्रकट करना चाहती है।

अनंत अस्तित्व वहीं होगा जहाँ हमारा सहज स्वभाव और प्रवृत्ति होगी। अगर हम घर लेने जा रहे हैं तो हमारा दिमाग कोई व्यावहारिक स्थान देखेगा, बजट आदि पर नज़र रखेगा और उसी के अनुसार विकल्प चुनेगा जबकि किसी जगह रहने के बारे में किया जानेवाला अंतिम निर्णय उसके मन की आवाज़ भी हो सकता है। जब हमें अचानक ही कोई जगह पसंद आ जाती है तो इसके पीछे कोई निश्चित कारण नहीं होता। यही हमारा अनंत अस्तित्व है।

कई बार अपने जटिल जीवन के कारण हम भूल जाते हैं कि इस ब्रह्माण्ड के साथ हमारा संपर्क है और हमारे पास प्राकृतिक योग्यताएँ हैं। हम अपने मन की सुनना छोड़ देते हैं और अपनी शक्ति बाहरी तत्वों जैसे बॉस, अध्यापक व मित्रों को देने लगते हैं। जब हम अपनी भावनाओं को रोकते हैं तो अपनी भव्यता से भी छूट जाते हैं क्योंकि भाव ही आत्मा के भीतर जाने का मार्ग है। लेकिन हम बहुत ही जटिल जीव हैं, हम जो भी महसूस करते हैं उसे अपने वश में करने का प्रयास करते हैं।

जब हम लंबे समय तक अपने मन से बहुत दूर रहते हैं तो उस अनंत शक्ति के साथ अपना संपर्क खो देते हैं और फिर हम स्वयं को खोया-खोया महसूस करने लगते हैं। ऐसा तब होता है, जब हम सदा 'होने' के स्थान पर 'करने' के चोले में रहने लगते हैं। इसका अर्थ है कि हम अपनी ही आत्मा से दूर हैं और सब कुछ घटने की अनुमति नहीं दे रहे हैं। इसका अर्थ है कि हम जो हैं, हमें स्वयं को वही होने की अनुमति देनी होगी और अपने आपको परखने से बचना होगा। 'होने' यानी वर्तमान के बीच होने का अर्थ यह नहीं होगा कि हम कुछ नहीं करते। केवल इतना है कि हमारा हर काम, वर्तमान क्षण में जीते हुए, पूरे भावों व भावनाओं के साथ होगा। वहीं दूसरी ओर 'करना', यानी अपने मन को कोई निश्चित परिणाम पाने के लिए कार्यों की ऐसी श्रृंखला की ओर केंद्रित रहना जो हमें हमारी भावात्मक अवस्था से दूर ले जाते हुए, यहाँ से वहाँ भटकाते रहते हैं।

मैंने पाया कि मुझे कोई भी काम करते समय अपनी ओर से कुछ भी पड़ताल नहीं करनी बल्कि केवल यह देखना है कि वह निर्णय मेरे भावों को अनदेखा तो नहीं कर रहा? क्या वह कोई भय है या फिर मेरा जुनून या मेरा आवेग? अगर मेरा हर काम एक जुनून है, जीने के लिए एक उमंग और ज़िंदादिली है तो मैं 'होने' की अवस्था में हूँ पर अगर मेरे काम मेरे भय की उपज हैं तो मैंने 'करने' का चोला पहन रखा है।

जब हम अपने सही रास्ते पर नहीं होते तो ऐसा लगता है कि हमारे साथ कुछ गलत हो रहा है – हमें अपने आपको सही रास्ते पर लाने के लिए कुछ करना होगा – इसलिए हम इसका जवाब बाहरी रूप से तलाशने लगते हैं। हम दूसरों की ओर इस उम्मीद से देखते हैं कि वे हमारे लिए कुछ कर सकेंगे। हो सकता है कि हम कुछ देर के लिए बेहतर भी महसूस करें पर अकसर वह खुशी लंबे समय तक नहीं टिक पाती और आखिर में हम और भी ज़्यादा बदतर महसूस करने लगते हैं। पर जब हम सही मायनों में जीवन को उसके असली रूप में जीने लगते हैं और उन भावों के साथ जुड़ जाते हैं जो हमें जीने की प्रेरणा देते हैं – तो हमारा संपर्क अपनी आत्मा के तेज से हो जाता है। जब हम इस संपर्क को स्पष्ट होने देते हैं तो हमें स्पष्टता का एहसास होता है और फिर जब हम इस संपर्क को ही सब कुछ करने की अनुमति दे देते हैं तो हमारा जीवन अपनी तरह से काम करने लगता है।

जब हम अपने अस्तित्व के 'होने' की अवस्था से आते हैं और जानते हैं कि हम कौन हैं तो हम बाहरी गुरुओं, अध्यापकों, पुस्तकों और आध्यात्मिक दर्शनों से

भी कुछ न कुछ सीख सकते हैं। हम अपने ही आंतरिक तेज और महिमा व सत्य के प्रति सजग रहते हैं, हमें ऐसा नहीं लगता कि दूसरों के पास ऐसी शक्ति है जो हमारे पास नहीं है। दरअसल, हम सही समय पर, अपने लिए अनुकूल अध्यापक, पुस्तक या आध्यात्मिक दर्शन को अपनी ओर आकर्षित कर लेते हैं।

दुर्भाग्यवश, जब हम अपने ही तेज से अनजान होते हैं तो केवल खोया हुआ महसूस करने के बजाय, इसका प्रभाव और अधिक भी हो सकता है। हालाँकि इनका सार एक सा होता है। मैंने अपने मेरे एन.डी.ई. के दौरान यह अनुभव पाया कि जब लोगों को अपनी सच्ची महानता और तेज का एहसास नहीं होता तभी वे दूसरों को परखने़, घृणा करने और जलन व भय के शिकंजे में फँसते हैं। अपनी संपूर्णता के एहसास के प्रति सजगता में कमी ही हमें छोटा और मामूली मानने पर मजबूर करती है और यही प्राण-शक्ति ऊर्जा के कुदरती प्रवाह के विपरीत चली जाती है, जो कि हम सही मायनों में हैं। कुल मिलाकर हम अपने ही खिलाफ चले जाते हैं।

जैसा कि मैंने देखा, यदि हम अपने सच्चे स्वरूप को प्रस्तुत करने के लिए उत्साहित होंगे तो हम सभी बहुत ही स्नेही जीव होंगे और हममें से प्रत्येक अपने अनूठेपन और अद्‌भुत रूप के साथ इस संसार में अपना योगदान दे सकेगा। जब हम अपने आपको यानी अपने असली स्वरूप को ही नहीं पहचानते, तो समस्या और संघर्ष वहीं से शुरू हो जाते हैं। इस तरह हम अपने ही आंतरिक सौंदर्य को देखने से वंचित रह जाते हैं। हम खुद ही सही-गलत का फैसला करके अपने जीवन में संदेह और प्रतियोगी की भावना निर्माण करते हैं। हमें ऐसा लगता है मानो हम बहुत अच्छे नहीं हैं बल्कि केवल अच्छा होने का दिखावा कर रहे हैं। अगर हममें से हर कोई अपनी ही भव्यता और तेज को जान ले और अपने बारे में बेहतर महसूस करने लगे तो ऐसा लगता है कि हम अपने अनूठे स्वभाव या प्रकृति को दूसरों के साथ बाँट सकते हैं, बाहरी तौर पर दूसरों के साथ स्नेह से पेश आ सकते हैं जिससे अपने लिए देखरेख का भाव पैदा हो जाता है।

इसके बाद यह समझ में आ जाता है कि इस संसार की समस्याएँ दूसरों को परखने या उनसे घृणा करने का नतीजा नहीं हैं, यह तो हमारे प्रति इन भावों का नतीजा हैं। जिस तरह बेशर्त आत्मप्रेम में ही मेरे आरोग्य की कुंजी छिपी थी जिसने मेरे भय को मिटाया, उसी तरह एक बेहतर जगत की कुंजी भी इसी में छिपी है कि सभी अपनी उसी तरह देखरेख करें, अपनी सच्ची क्षमता का एहसास कर सकें। अगर हम

खुद को कठोरता से परखना छोड़ दें तो निश्चित तौर पर दूसरों की निंदा करने की भी ज़रूरत महसूस नहीं होगी। हमें उनकी सच्ची संपूर्णता का एहसास होने लगेगा। यह ब्रह्माण्ड हमारे ही भीतर समाया है और हम बाहरी तौर पर जो अनुभव करते हैं, वह एक प्रतिबिंब मात्र है।

मेरा यह मानना है कि कोई भी सही मायनों में मन से बुरा नहीं होता – वह केवल हमारे भय की उपज है। जिस तरह मेरा कैंसर था। यदि तेज या महिमा के दृष्टिकोण से देखा जाए तो अपराधी भी अपनी ही सीमाओं, भय व पीड़ा के शिकार होते हैं। यदि उन्हें आत्म सजगता के साथ एक नई शुरुआत करने को मिल जाए तो वे कभी किसी की हानि नहीं करेंगे। मिसाल के लिए, उनकी सोच अलग होगी – वे दूसरों से भय खाने के बजाय उन पर भरोसा कर सकेंगे – इस तरह दुष्ट से दुष्ट व्यक्ति को भी बदला जा सकता है। मैंने इसी प्रकार अपने खतरनाक कैंसर से छुटकारा पाया।

अधिकतर लोग आत्म सजगता के प्रकाश में नहीं जीते इसलिए उन्हें एक-दूसरे को हानि पहुँचाने से बचाने के लिए कानूनों, न्याय, पुरस्कारों व दंडों की ज़रूरत होती है। यदि प्रत्येक को अपनी महिमा व तेज का ज्ञान होता तो हम कभी भय की चपेट में न आते। फिर हमें जेलों, नियमों... या अस्पतालों की ज़रूरत नहीं होती।

अगर अचानक हर इंसान को अपनी सच्ची संपूर्ण अवस्था और भव्यता का भान हो जाए – मान लेते हैं कि इस ग्रह पर सभी के पास आध्यात्मिक रूप से रूपांतरित अनुभव है – तो हमारे द्वारा प्रकट किए गए जगत में उसका ही प्रतिबिंब दिखाई देगा। लोग पहले से कहीं अधिक आत्म सशक्त होंगे व कम भयभीत व प्रतियोगी भी होंगे, जिससे परस्पर सहिष्णुता का भाव पैदा होगा। अपराध दर प्रभावशाली रूप से घटेगी। तनाव और भय के घटने से रोग प्रतिरोधक क्षमता में सुधार होगा और रोग घटने लगेंगे। हमारी प्राथमिकताओं में बदलाव आएगा क्योंकि तब हम लोभ के वश में नहीं रहेंगे जो कि भय का ही एक पहलू है। बच्चे प्रेम का रूप बनकर ही बड़े होंगे – वे कहीं अधिक सशक्त, भरोसेमंद और स्वस्थ होंगे। वे स्वाभाविक रूप से ऐसे ग्रह पर पलकर बड़े होंगे जो इस तरह की जीवनशैली के विपरीत जाने के बजाय उसे अपना पूरा समर्थन देता है।

इस विजन के बावजूद मुझे यह संसार तो दूर, किसी एक भी व्यक्ति को बदलने की ज़रूरत महसूस नहीं होती। बाहर जाकर दूसरों में सुधार करने का अर्थ होगा कि मैं उन्हें गलत समझ रही हूँ इसलिए मुझे उन्हें अपनी मान्यता के अनुसार चलने देना होगा।

सब कुछ वैसा ही है, जैसा समय के इस बिंदु पर होना चाहिए। मैं जानती हूँ कि मेरा काम केवल इतना है कि मेरा अस्तित्व हो। मैं यहाँ केवल अपने अस्तित्व के साथ हूँ – मैं प्रेम का एक प्रकट रूप हूँ और मुझे इसी संपूर्णता को अपने व दूसरों के भीतर देखना है। हमें केवल इसी की ज़रूरत है।

मैं इस बात को अच्छी तरह से समझती हूँ कि परिवार और दूसरे लोग मेरे जीवन में क्या भूमिका रखते हैं और इस तरह उनके जीवन में भी मेरी एक भूमिका है। अगर मैं अपने प्रति सच्चाई नहीं बरतती तो दूसरे भी ऐसा नहीं कर सकेंगे। जब मैं अपने अद्वितीय स्वरूप में रहूँगी तो मैं दूसरों को भी यह इजाज़त दे सकूँगी कि वे अपने अनंत स्व के स्तरों पर मुझसे मेलजोल रख सकें।

जब तक मेरे पास यह जागरूकता है मैं महसूस करती हूँ कि मैं ब्रह्माण्ड की उस ऊर्जा से एकाकार हूँ जो मेरे जीवन से प्रवाहित होती है और बड़े ही करिष्माई और समकालिक रूप से मेरे सामने आती है। मैं क्लांत होने के बजाय ऊर्जान्वित हो उठती हूँ, 'करने' से होनेवाली थकान से बोझिल महसूस करने के बजाय जीवंत महसूस करने लगती हूँ, ब्रह्माण्डीय ऊर्जा के विरुद्ध जाने के बजाय उसके साथ काम करने लगती हूँ। जब मैं ऐसा करती हूँ तो मेरे जीवन में जेन जैसी विशेषता आ जाती है और मैं उस बिंदु पर सजग हो उठती हूँ, जिसमें लगभग सब कुछ एक स्वप्निल और निर्देशित भावना जैसा लगने लगता है। ऐसा करना सदा सरल नहीं होता लेकिन निश्चित रूप से जीवन बहुत आनंददायक हो जाता है! निःसंदेह अब भी अपने आप पर काम जारी है, लेकिन इसके लिए बस मुझे इतना ही करना है कि मैं बस वही 'प्रेम' बनी रहूँ, जो मैं हूँ, वही रहूँ, जो मेरा अस्तित्व है, जो मैं हूँ। इसके परिणामवश मेरा बाहरी ब्रह्माण्ड अपने आप ही उचित स्थान पर आ जाएगा और विशाल स्तर पर भी यह उतना ही सत्य है।

जब हम अपने विचारों तथा भावों के साथ क्षण-प्रतिक्षण अपने जीवन को रचते चलते हैं, तो हम सामूहिक तौर पर यह निर्णय भी लेते जाते हैं कि मानवीय रूप से क्या संभव है और क्या नहीं। ठीक इसी प्रकार हम यह भी सोचते हैं कि हमारे अपने मूल्य और नैतिकताएँ ही परम सत्य हैं, लेकिन वे तो हमारे विचारों और मान्यताओं का एक गुच्छाभर होती हैं जिन्हें हमने बीते समय के सच के रूप में मान लिया होता है। वे हमारे ही दिमाग और संस्कृति की उपज हैं जिस प्रकार लिंग से जुड़ी वे सारी अपेक्षाएँ थीं, जिन्होंने आरंभिक वर्षों में मेरी चिंतन प्रक्रिया को आकार दिया। क्योंकि मैं मानती थी कि ये मूल्य सत्य थे और उन्होंने मेरे सच्चे स्वरूप को प्रभावित किया।

कुल मिलाकर हमने जो यथार्थ रचा उसमें यही असजगता झलकती है। अगर सबके विचार और मान्यताएँ अलग होते तो हमारे पास एक अलग ही ग्रह होता।

ऐसा लगता है कि यह संसार हमारे आज तक के सामूहिक विचारों और मान्यताओं के कारण ही वहाँ है जहाँ यह आज हमें दिखाई देता है। हम केवल उसी गति से अपना विस्तार करते हैं, जितना कि समय के उस बिंदु में हमारी क्षमता होती है, फिर चाहे वह व्यक्तिगत हो या सामूहिक। हम अब भी अपराध करनेवालों को ठीक उसी तरह देखते हैं – अपराधी जिन्हें न केवल इस जीवन में बल्कि मृत्यु के बाद दूसरे लोक में भी दंड मिलना चाहिए। हम अब भी उन्हें भय तथा उस यथार्थ की उपज के रूप में नहीं देख पाते जिसे हमने ही मिलकर रचा है।

जब हम अपने सबसे पक्के दुश्मन की आँखों में आँखें डालकर देखने योग्य हो जाएँगे और दूसरी ओर से अपनी ही आँखों को झाँकता पाएँगे, तभी हम मानव जाति का सच्चा रूपांतरण देखेंगे। एक के बाद एक हममें से प्रत्येक अपने लिए रचे जा रहे यथार्थ पर केंद्रित हो सकता है, जो दूसरों के सामूहिक विचारों या मान्यताओं पर आधारित होने के बजाय हमारे अपने ही सत्यों पर आधारित होंगे। व्यक्तिगत स्तर पर हमारी चेतना का विस्तार करने से हम ब्रह्माण्डीय स्तर पर परिवर्तन को प्रभावित करेंगे।

हममें से प्रत्येक इस विशाल ताने-बाने में एक धागे की तरह है, जिसे बहुत ही जटिल और रंगीन नमूने में बुना गया है। भले ही हम एक धागा हों लेकिन हम उस पूरी आकृति का एक अनिवार्य अंग भी हैं। हम केवल इस चुनाव के साथ ही दूसरों को भी प्रभावित करते हैं कि हम अपने प्रति सच्चे और ईमानदार हैं या नहीं। दूसरों के प्रति हमारा एकमात्र दायित्व, हमारा एकमात्र उद्देश्य यही है कि अपने अद्वितीय रूप को प्रस्तुत करें और दूसरों को भी ऐसा ही करने दें।

हमें एहसास होना चाहिए कि वह अद्भुत ब्रह्माण्डीय ऊर्जा वह प्रकाश हमारे ही भीतर समाया है, वह हमें व्यक्तिगत रूप से बदलता है क्योंकि हम इसके लिए मुक्त और तत्पर हैं। इस प्रकार, संसार में एक धीमा और गहरा बदलाव संभव हो सकता है। अगले अध्याय में, मैं आपके साथ ऐसे और अनुभव बाँटूगी जो मैंने इस लोक में जीने के लिए समझे हैं।

17

अस्तित्व और उससे जुड़ी स्वीकृती

अब मैं अपने जीवन को किसी भी तरह के भय के बिना पूरे आनंद के साथ जीती हूँ, मैं पहले भी यह बात कह चुकी हूँ। मैं अपने एन.डी.ई. से पहले जैसी थी और आज मैं जैसी हूँ, बस वही सबसे बड़ा फर्क है।

इससे पहले, मैं अनजाने में ही, जो कुछ भी करती थी, वह केवल पीड़ा से बचने या दूसरों को खुश रखने के लिए होता था। मैं हमेशा कुछ करने, खोजने, तलाशने और पाने में जुटी रहती : अपने बारे में तो सोचने का अवसर ही नहीं मिलता था। मेरा जीवन भय के भरोसे था – जैसे दूसरों की नाराज़गी का भय... असफलता का भय... स्वार्थी कहलाने का भय... अच्छी न कहलाने का भय... आदि। मैं मन ही मन हमेशा डरी हुई रहती।

मृत्यु को करीब से देखने के बाद अब ऐसा नहीं लगता था कि 'मैं यहाँ कुछ हासिल करने आई हूँ।' मैं केवल इसलिए आई हूँ कि जो हूँ, वही रह सकूँ। इसी वजह से, मैं जो भी करती हूँ, वह स्नेह से भरपूर होता है। मैं अब हर काम सही तरीके से करने या तयशुदा नियमों के अनुसार चलने के बारे में नहीं सोचती। बस अपने दिल की सुनती हूँ और जानती हूँ कि ऐसा करते हुए मैं कभी गलत हो ही नहीं सकती। मैं अब पहले से कहीं अधिक खुश और मुक्त हूँ। मेरे इस जीवन से पहले से भी अधिक लोग खुश होते हैं।

मेरी सेहत पर भी इसका बहुत अच्छा असर पड़ा है। अब मैं खुद को एक अनंत

प्राणी के रूप में देखती हूँ, भौतिक शरीर अपनी देखरेख स्वयं ही कर लेगा क्योंकि मेरी आत्मा के भीतर जो चल रहा है, यह उसका एक प्रतिबिंब मात्र है। बेशर्त और स्वार्थ रहित प्रेम मेरी ऊर्जा में बढ़ोतरी करता है और सारा ब्रह्माण्ड दयालुता से पेश आने लगता है।

हम अपने बारे में जो सोचते हैं, हमारा बाहरी जगत उसी का प्रतिबिंब होता है जब हम स्वयं के बारे में नकारात्मक ढंग से निर्णय नहीं सुनाते तो हमारे संसार को रूपांतरण का अवसर मिलता है; और जब ऐसा होता है, तो हम बड़े से बड़े विश्वास को भी महसूस करने लगते हैं। भरोसा करने की हमारी क्षमता जितनी बढ़ेगी, हम घटनाओं के नतीजों को उतना ही अपने वश में करने का प्रयत्न छोड़ते जाएँगे। जब हम दूसरों के बनाए उन नियमों व मान्यताओं को मानना छोड़ देंगे, जो हमारे काम के नहीं रहे, तो हम प्रवाह में बहते हुए, सही मायनों में जान लेंगे कि हम कौन हैं और क्या हैं।

जैसा कि मैंने पहले भी बताया, अपने एन.डी.ई. से पहले मैं हमेशा अपने लिए बाहरी तौर पर मार्गदर्शन की तलाश में रहती थी, भले ही वह मेरे साथियों या बॉस की सहमति हो या फिर दूसरों से कुछ प्रश्नों के उत्तर पाने की चाह। मैं दूसरों के दिए मतों, सलाह, शिक्षा, परामर्श व नियमों के अनुसार चलती थी, भले ही वह मुझे अच्छा लगे या न लगे। अकसर मैं भय के मारे ऐसी शिक्षाओं और रिवाज़ों का पालन करती और मुझे हमेशा यही लगता कि जिसके बारे में मैं कोई जानकारी नहीं रखती, उसमें कोई न कोई सच्चाई जरूर छिपी होगी।

मेरे एन.डी.ई. के दौरान मैंने पाया कि इन सभी बाहरी स्वरों को सुनते-सुनते, मैंने अपनी आवाज़ कहीं खो दी थी। मैं कितने ही काम केवल भयवश करती जा रही थी। आजकल मैं किसी भी तरह के पहले से बनाए गए नियमों, कानूनों, सिद्धांतों, मान्यताओं, रिवाज़ों या पद्धतियों पर नहीं चलती। दरअसल, मेरे बड़े नियमों में से एक नियम यह भी है कि किसी भी तरह के कट्टर नियम होने ही नहीं चाहिए। मैं केवल इसी बात पर ध्यान देती हूँ कि उस समय में कौन सी बात उचित जान पड़ती है। मेरे लिए यह जीवन एक सकारात्मक अनुभव है और मैं निरंतर परिवर्तित होते हुए उन्नत हो रही हूँ।

अगर हम ब्रह्माण्ड की जीवनी शक्ति से जुड़े ऊर्जावान जीव हैं तो हमें किसी बाहरी तंत्र की ज़रूरत नहीं है, जो हमारे लिए निर्णय ले सके या हमें यह बता सके कि हमारी ऊर्जा को कैसे घटाया या बढ़ाया जा सकता है। हम सभी अनूठे हैं इसलिए हमारे

लिए कोई भी एक जैसे नियम नहीं बना सकता कि हमारे लिए क्या सही हो सकता है। हालाँकि अनेक संगठित आध्यात्मिक तंत्र व धर्म यही करते दिखाई देते हैं। जब एक ढाँचा विकसित हो जाता है तो सभी से उन नियमों के अनुसार चलने की अपेक्षा की जाती है। जो लोग उनका पालन नहीं करते, उनके बारे में नकारात्मक राय बना ली जाती है और इस तरह हमारे धर्म अपने नियमों से सबके बीच एकता का भाव बनाए रखने के बजाय भेदभाव और संघर्ष का कारण बन जाते हैं। यदि हम धार्मिक मार्ग का अनुसरण करते हैं तो इसकी कोई गारंटी नहीं है कि हम भय के साथ जीना छोड़ देंगे या दूसरों का शिकार करना छोड़ देंगे। हालाँकि अगर आप निजी तौर पर किसी आध्यात्मिक मार्ग पर चलते हैं तो इसका अर्थ होगा हम अपने ही आंतरिक अस्तित्व के कहे पर चल रहे हैं और अपने ही भीतर छिपे अनंत स्रोत से ऊर्जा ग्रहण कर रहे हैं।

यह पूरी तरह से स्पष्ट है कि जब हम एक से दूसरी संस्कृति में जाते हैं तो उनके आध्यात्मिक व आरोग्य तंत्र विपरीत जान पड़ते हैं। भारतीय व चीनी आध्यात्मिक व आरोग्य तंत्र परस्पर विपरीत हैं। हिंदुओं का मानना है कि पशुओं का मांस खाना पाप है, जबकि चीनियों का मानना है कि मांस न खाना सेहत के लिए नुकसानदायक है। ठीक इसी तरह, भारतीयों के पास वास्तु शास्त्र है जिसका उद्‌देश्य चीनी फेंगशुई जैसा ही है, लेकिन वह चीनी नियमों से मेल नहीं खाता। मैं अकसर इन विपरीत नियमों के फेर में इतना उलझ जाती थी कि मुझे कुछ भी समझ में नहीं आता था। मैं यह नहीं जान पाती थी कि मुझे किसे अपनाना चाहिए और यही चीज़ मेरे भय को और भी बढ़ा देती – मन में यही व्याकुलता बनी रहती कि कुछ गलत न हो जाए।

इस तरह अंत में मेरा एन.डी.ई. मुझे मुझ तक ही वापस ले आया। मेरे अनुसार हम सबके लिए यह एक सबसे बेहतर उपाय हो सकता है कि हमें एहसास होना चाहिए कि हम यहाँ अपने ही निजी मार्ग को खोजने और उस पर चलने के लिए आए हैं। इससे कोई फर्क नहीं पड़ता कि हम सारे भौतिक संसार को त्यागकर पूरे बीस वर्ष तक किसी पर्वत पर बैठकर ध्यान रमाएँ या अरबों डॉलर की बहुराष्ट्रीय कंपनी खड़ी कर दें जिसमें हज़ारों लोगों को आजीविका कमाने का अवसर मिल सके। हम किसी मंदिर या गिरजाघर में जा सकते हैं... किसी समुंदर के किनारे बैठकर मार्गरीटा पी सकते हैं... किसी प्रिय इंसान के साथ आलीशान सूर्यास्त का नज़ारा देख सकते हैं... या आईस्क्रीम का आनंद लेते हुए, पार्क में सैर कर सकते हैं...। अंततः, हम अपने लिए जो भी रास्ता चुनते हैं, वही हमारे लिए उचित है और इनमें से कोई भी विकल्प किसी दूसरे से कम या अधिक आध्यात्मिक नहीं हो सकता।

मैं यह नहीं कह रही कि मैं व्यवस्थित रूप से चलाए जा रहे धर्म के विरुद्ध हूँ, लेकिन मैं ऐसे किसी भी संदेश के प्रति संदेह का भाव रखती हूँ, जो भेदभाव, संघर्ष या हत्या को जन्म देता है। इन दिनों धर्म के नाम पर संसार में यही हो रहा है जबकि सही मायनों में, हम सब एक हैं – एक संपूर्ण तत्त्व के विभिन्न पक्ष! दुनिया में विविध समाज होने के कारण हर एक की राय अलग-अलग होती है। जैसे कुछ लोग तो धर्म और अध्यात्म के साथ बहुत ही ईमानदार होते हैं, लेकिन कुछ ऐसा नहीं कर पाते। जिस मार्ग पर चलते हुए हम बेहतर जीवन जी सकते हैं, उच्चतम विकास कर सकते हैं और ऐसी जीवनपद्धति अपनाते हैं, जो हमारी रचनाशीलता को सामने आने का अवसर देती है, हमें अपनी ही भव्यता का ज्ञान कराती है, ऐसा मार्ग हमारे लिए सबसे बेहतर होता है। किसी भी विकल्प का समर्थन करने और केवल उसे ही एक सच्चा मार्ग मानने से, हम उस मार्ग को ही सीमित कर देते हैं जो हमें बताता है कि हम कौन हैं और यहाँ क्या करने आए हैं?

हमें अपनी भव्यता के संपर्क में आने के लिए, सही मायनों में कुछ भी करने की ज़रूरत नहीं है – किसी तरह के नियमों या सिद्धांतों का पालन करना भी आवश्यक नहीं है। यदि हम ऐसा करना चाहें, यदि ऐसे नियमों के पालन से हमें प्रसन्नता मिले तो हम कर सकते हैं, लेकिन यह कोई अनिवार्य शर्त नहीं है। केवल अपने आंतरिक मार्गदर्शक का अनुसरण करके ही हम यह जान सकते हैं कि हमारे लिए क्या उचित है और इसके साथ ही हम यह भी जान लेंगे कि इसे खोजने की हमारी प्रणाली भी उचित है या नहीं? जब हम दूसरों को लेकर आलोचनात्मक हुए बिना उन्हें अपना स्नेह दे सकें और इस अनंत जगत के बीच अपने सच्चे भव्य स्वरूप को देख सकें तो इसका अर्थ है कि हम सही रास्ते पर चल रहे हैं।

मिसाल के लिए, संकट या आत्म-अन्वेषण के समय की गई प्रार्थना बहुत ही दिलासा देनेवाली हो सकती है। यह हम पर सकारात्मक प्रभाव डाल सकती है क्योंकि हम इस प्रक्रिया में अपना सारा भार ईश्वर पर छोड़ देते हैं। नतीजन, प्रार्थना करनेवाले स्वयं को हलका और भारमुक्त अनुभव करते हैं जिससे वे स्वयं तो सहज रहते ही हैं, उनके संपर्क में आनेवाले भी शांत बने रहते हैं। आप स्वयं को जितनी भी सकारात्मकता सौंपते हैं, वह उसी मात्रा में संपूर्ण जगत के लिए भी काम आ रही है।

हालाँकि, मैं नहीं मानती कि प्रार्थना करनेवाले प्रार्थना न करनेवालों की तुलना में, अपने आपको उस अनंत शक्ति से कम या अधिक जुड़ा हुआ महसूस करते हैं।

हम सबके पास अपने भीतर बसे उस अनंत को जानने के लिए अपने ही तरीके हैं और कइयों के लिए यह तरीका एक प्रार्थना भी हो सकती है। कई लोगों के लिए यह संगीत, कला, प्रकृति के बीच टहलना, ज्ञान या तकनीक हासिल करना – या कुछ भी ऐसा करना हो सकता है, जो हमारे जुनून, रचनात्मकता तथा जीवन के उद्देश्य को सामने ला सके। दूसरे शब्दों में, केवल प्रार्थना ही हमें हमारे तेज का एहसास दिलाए, यह ज़रूरी नहीं है। हमें अपने जीवन को अपने जुनून के अनुसार चुनना होगा ताकि हमारी ज़ेन विशेषता उजागर हो सके और हमारे जीवन को एक अर्थ और एकता का भाव मिल सके।

मैं निजी तौर पर, अपने से बाहर किसी ईश्वर को पूजने की ज़रूरत नहीं समझती क्योंकि मैं जानती हूँ कि मैं हमेशा से ही ब्रह्माण्ड के साथ एकात्म हूँ, पूरे सौ प्रतिशत समय में उसके साथ ही हूँ। इस तरह मुझे लगता है कि मेरा पूरा जीवन ही अपने आपमें एक प्रार्थना है। हाँ, मुझे ध्यान करना अच्छा लगता है क्योंकि इससे मेरे मन को शांत होने में मदद मिलती है और मैं स्वयं को चेतना के उस केंद्र बिंदु तक ला पाती हूँ, जहाँ आने के बाद मुझे एहसास होता है कि इस जगत में जो कुछ भी है उससे मैं जुड़ाव रखती हूँ। हो सकता है कि दूसरों को ध्यान से ऐसा उन्नत प्रभाव न मिलता हो और इसमें कोई बुराई नहीं है। आपके लिए वही करना महत्त्वपूर्ण है जो निजी तौर पर आपको जागृत कर सकता हो।

अगर आपको लगता है कि आप किसी तंत्र का आसानी से पालन कर सकते हैं, या आपको इसमें आनंद आता है तो यह अच्छी बात है। पर जिस क्षण में यह आपको कोई काम लगने लगे या ऐसा लगे कि यह आपके भावों और विचारों पर हावी हो रहा है तो हो सकता है कि वह आपके लिए लाभदायक न रह गया हो। जब आप विशुद्ध भाव से कुछ होने की अनुमति प्रदान करते हैं तो यही वह स्थान होता है, जहाँ अधिकतर सकारात्मक बदलाव घट सकते हैं। आप जो भी हैं, वही रहें; इससे कोई फर्क नहीं पड़ता कि आप कौन हैं। आप असल में जो हैं उससे परे खुद में कोई बदलाव करना उचित नहीं है। आप वास्तव में जो हैं, वही बनकर जीवन जीएँ।

हालाँकि, मेरा यह मानना है कि मैं अपने व दूसरों के लिए सबसे बेहतर काम यही कर सकती हूँ कि अपने आपको लगातार ज़िंदादिल और प्रसन्न बनाए रखूँ। आपको यह जानकर हैरानी होगी कि मैं केवल झूठी आड़ की तरह, सकारात्मक सोच को अपनाने का समर्थन नहीं करती। यह सच है कि यह सारा संसार ही आपस में जुड़ा हुआ है और

जब मैं अपने आपको प्रसन्न और ज़िंदादिल बनाए रखती हूँ तो यही बात दूसरों को भी प्रभावित करती है।

जब मेरा मन किसी नकारात्मक सोच से घिरता है तो मैं उसे दबाने की कोशिश नहीं करती, मेरी पूरी कोशिश यही होती है कि उसे स्वीकार करके उसके बारे में आलोचनात्मक हुए बिना उस सोच को गुज़र जाने दूँ। जब मैं अपनी भावनाओं को बदलने या दबाने का प्रयास करती हूँ तो मैं उन्हें जितना पीछे धकेलती हूँ, वे उतने ही वेग से मुझ पर प्रहार करती हैं। मैं उन्हें पूरे प्रवाह से अपने भीतर प्रवाहित होने देती हूँ और वे कुछ समय में स्वयं ही शांत हो जाती हैं। इस तरह मेरे लिए कुदरती तरीका ही सबसे बेहतर है यानी मैं जो हूँ, बस स्वयं को वही बने रहने दूँ।

'नकारात्मकता जीवन में नकारात्मकता को ही आकर्षित करती है', यह आवश्यक नहीं कि ऐसी बातें सच हो। जो लोग चुनौतीपूर्ण हालात से गुज़र रहे हैं, ये बात उन्हें और भी मायूस कर सकती हैं। कई बार लोग इसी बात के कारण दोहरा कष्ट सहते हैं। एक तो वे कठिन हालात से गुज़रते हैं और साथ ही उन्हें यह भय भी लगने लगता है कि शायद अपने जीवन में कष्टों व नकारात्मकता को न्यौता देने का कारण वे खुद ही बन रहे हैं। जबकि यह कतई सच नहीं है। अगर हमें लगने लगे कि हमारी नकारात्मक सोच के कारण ही बदतर हालात सामने आ रहे हैं तो हम अपनी सोच के लिए भी चिंतित हो सकते हैं। इसके विपरीत, सोच से ज़्यादा असर हम अपने बारे में क्या महसूस करते हैं, इन भावों का होता है।

ऐसा भी नहीं है कि केवल ज़िंदादिल बने रहने से ही आप सारी सकारात्मकता को न्यौता दे सकते हैं। मैं इस बारे में विस्तार से नहीं बता सकती लेकिन हमारी भावनाओं को ही हमारे जीवन की दशाओं को मापने का बैरोमीटर माना जाना चाहिए। दूसरे शब्दों में, स्वयं के प्रति सच्चे बने रहना, सकारात्मक बने रहने से कहीं अधिक अहमियत रखता है।

मैं उन सभी बातों के बारे में नकारात्मक रूप से भी सोचती हूँ जो मुझे परेशान करती हैं क्योंकि असली भावों को छिपाने के बजाय उन्हें अनुभव में लेना कहीं अधिक महत्वपूर्ण होता है। मुझे अपनी भावना से लड़ने के बजाय उन्हें मन में पूरा स्थान पाने की अनुमति देनी होगी। बिना किसी आलोचनात्मक रूख के इस भावना को मन में स्थान देना ही अपने आपसे प्रेम करना है। और अपने प्रति ऐसी दयालुता, आशावादी

दिखने के झूठे दिखावे के बजाय जीवन को आनंददायक बनाने के लिए सहायक हो सकती है।

कई बार हमारी मुलाकात किसी ऐसे इंसान से होती है जो जीवंतता से भरपूर, सकारात्मक, दयालु व स्नेही होता है। लेकिन वास्तव में उसका जीवन कष्टों में उलझा हुआ है। यह देख हमारे मन में विचार आता है कि 'देखा! केवल सकारात्मक बने रहने से सब कुछ नहीं होता।' लेकिन यहाँ एक ध्यान देने योग्य बात है : हम उस इंसान के मन में चल रहे संवाद के बारे में नहीं जानते। हम नहीं जानते कि लोग दिन-रात अपने आपसे क्या कह रहे हैं या वे भावनात्मक रूप से भी खुश हैं या नहीं? और इससे भी अहम बात यह है कि हम नहीं जानते कि वे अपने आपको प्रेम और मोल देना भी जानते हैं या नहीं?

जैसा कि मैंने अपने एन.डी.ई. में महसूस किया, स्वयं को कभी भी सही-गलत के आधार पर तौलना नहीं चाहिए और मन में किसी भी प्रकार के भय को स्थान नहीं देना है। जब मेरा आंतरिक संवाद मुझसे कहता है कि 'मैं सुरक्षित हूँ, बेशर्त प्रेम में हूँ और स्वयं को स्वीकार करती हूँ' तो मेरे भीतर निर्माण होनेवाली ऊर्जा स्वतः ही प्रकट होती है और वे मेरे साथ-साथ मेरा बाहरी जगत भी उसी तरह बदल देती है। मेरा बाहरी जीवन वास्तव में मेरी भीतरी अवस्था का ही प्रतिबिंब है।

यह बात अहमियत नहीं रखती कि मेरा पूरा दिन या सप्ताह खराब गया। बल्कि यह बात अधिक मायने रखती है कि इस खराब दिन या सप्ताह के दौरान मैं अपने बारे में क्या महसूस कर रही हूँ। जब मैं किसी कठिन परिस्थिति से गुजर रही होती हूँ, तब जो विशिष्टि प्रक्रिया होती है उस पर यकीन करना आवश्यक होता है। मैं उस परिस्थिति का सामना कैसे करती हूँ, यह अधिक मायने रखता है। कठिन परिस्थिति से गुजरते समय चिंता, भय, तनाव, उदासी या उद्वेग जैसी भावनाओं को स्वयं पर हावी नहीं होने देना है। इन भावों को सहज भाव से बीतने देना होगा। मुझे अपने सच्चे स्वरूप के प्रति सचेत रहना होगा। जब खुले दिल से इन भावनाओं का स्वीकार करती हूँ तब ये सारी भावनाएँ स्वतः ही कम होने लगती है और मन में भी ये बहुत कम बार उभरकर आती हैं।

मेरे एन.डी.ई. से पहले मैं अकसर अपने विचलित भावों को दबाने की कोशिश करती क्योंकि मेरा मानना था कि वे मेरे जीवन में नकारात्मकता को आकर्षित करेंगे। इसके अलावा मैं दूसरों को चिंता में नहीं डालना चाहती थी इसलिए मैं अपनी सोच

को अपने तक रखती और खुद को सकारात्मक बने रहने के लिए विवश करती। लेकिन अब मैं समझती हूँ कि आप जो भी हों, जिस भी रूप में हों, आपको स्वयं को सम्मान देना है और खुद को अपने ही सत्य के बीच रहने की अनुमति प्रदान करनी है।

समय का हर क्षण, अपने आपमें अद्वितीय है। जब यह बीतता है तो इसे पूरे ब्रह्माण्ड में कभी भी दोहराया नहीं जा सकता। मैंने इसके साथ सहज होना सीखा और वर्तमान में जीने को प्राथमिकता दी। जहाँ तक संभव होता है मैं एक क्षण के भावात्मक भार को दूसरे क्षण में नहीं ले जाती। इसके बजाय मैं हर क्षण को एक साफ स्लेट की तरह देखती हूँ जिस पर एक नई इबारत लिखी जा सकती है और जो असीम संभावनाओं से भरपूर है। मैं वही करती हूँ जिससे मेरे मन को आनंद और उल्लास मिलता है और यह मेरे लिए ध्यान भी हो सकता है और अगर मेरा मन करे तो खरीददारी करना या चॉकलेट खाना भी हो सकता है।

हम जो भी हैं, उसके साथ सामंजस्य बनाए रखने का अर्थ यह नहीं कि हम स्वयं को सकारात्मक सोच बनाए रखने के लिए विवश करें। हमें वे काम करने हैं जिनसे हमारे मन को खुशी मिले, जीवन के प्रति जुनून बना रहे, हमारे भीतर की प्रतिभा को बाहर आने का अवसर मिले, हमें जो अच्छा लगता हो हम उस काम को कर सकें और स्वयं को बेशर्त प्यार दे सकें। जब हम इस तरह एक प्रवाह में रहते हैं और जीवन के प्रति उत्साह व उमंग से भरपूर होते हैं तो हम अपनी सारी ऊर्जा के साथ अपनी तेजस्विता और महिमा के संपर्क में आ जाते हैं। जब हम यह जान सकते हैं कि सब कुछ हमारे ही भीतर है तो सब कुछ बहुत रोचक होने लगता है और हमारे आसपास समकालिक घटनाएँ घटने लगती हैं।

समकालिकता तथा आकर्षण के नियम पर पिछले कुछ सालों से बहुत ध्यान दिया जा रहा है। हालाँकि यह सोच बहुत ही लुभावनी हो सकती है कि सब कुछ हमारे आकर्षण के कारण ही बिना किसी प्रयास के होता चला जाएगा लेकिन मैं आकर्षण के बजाय अनुमति देनेवाली बात पर ज़ोर देना चाहूँगी।

जैसा कि मैंने कहा, हम सभी इस ब्रह्माण्ड के साथ एक हैं और हमारा उद्देश्य यही होना चाहिए कि हम अपने भव्य स्वरूप में बने रहें। हमारा बाहरी जगत हमारे भीतरी जगत का प्रतिबिंब मात्र है। लेकिन मेरा दृष्टिकोण बाहरी जगत पर अधिक केंद्रित हुआ और मैं हमेशा औरों के साथ अपनी तुलना करती रही, इससे पैदा होनेवाली प्रतियोगिता के कारण मेरे जीवन की कई दुःखद घटनाएँ और असफलता आई। मुझे

ऐसा लगता था कि सबके लिए सब कुछ पर्याप्त नहीं था जिससे लोभ और प्रतियोगी भावना जन्म लेती थी। पहले मुझे दूसरों को भी अपने नज़रिए को समझाने और उस पर यकीन दिलाने की आवश्यकता महसूस होती थी। मैं जिस प्रकार से सोचती हूँ सामनेवाले ने भी वैसा ही सोचना चाहिए- ऐसी मेरी जिद होती थी। लेकिन हर इंसान का अपना एक अनूठापन होता है, एक अलग स्वभाव होता है, उसे मैं स्वीकार ही नहीं कर पाती थी।

ये सभी भावनाएँ एक नज़रिया पैदा करती थीं कि ब्रह्माण्ड में बहुत कुछ सीमित व अल्प मात्रा में है, जबकि वह तो सही मायनों में अनंत है। यह उतना ही बड़ा और विशाल होता जाएगा, जितनी हमारे अंदर इसे पाने की क्षमता होगी। हमें ही इसे अपने हिसाब से विशाल और विस्तृत बनाना होगा, लेकिन यह काम बाहर से नहीं बल्कि भीतर से होना चाहिए।

एक बार जब मुझे यह एहसास हो गया कि कुछ भी मेरे अनंत स्वरूप की पहुँच से बाहर या परे नहीं है, तो मैं स्वयं को एक ऐसे रूप में देख सकी, जिस पर संपूर्ण होने के लिए निरंतर काम जारी रहता है - लेकिन यह तरीका स्थिर नहीं बहुत ही गतिशील और ओजस्वी है। ठीक वैसे ही जैसे कैलाइडोस्कोप में एक के बाद एक रंग आते हैं और संपूर्णता निरंतर गतिशील होती है। मेरे लिए इसका अर्थ था कि यात्रा में बसी सुंदरता को देखना और उन भूलों को समझना जो मुझे मेरी समझ के अगले स्तर तक ले जाती थीं। मेरा असली लक्ष्य यही था कि मैं स्वयं के बारे में अच्छा महसूस करूँ और यह भरोसा कायम रख सकूँ कि मैं जहाँ हूँ, वहीं बेहतर हूँ। जब मैं अपनी ही निर्दोषहीनता को देखने लगी तो मेरा बाहरी जगत भी इसी तरह प्रतिबिंबित होने लगा। मैं अपने लिए सबसे बेहतर को आकर्षित कर रही थी, मैं अपनी ओर से ब्रह्माण्ड के लिए यही बेहतर प्रयास कर सकती थी।

मेरे लिए बाहर जाकर दुनिया को बदलना कोई विकल्प नहीं था जैसा कि मैं पहले भी कहती आई हूँ। इससे दूसरों के प्रति आलोचना का भाव रखनेवाली वही ऊर्जा जन्म ले लेती है जो समस्याओं का कारण बन रही है क्योंकि यह इसी सोच से उपजी है कि कुछ गलत है, जिसे सुधारा या बदला जाना चाहिए। इसके बजाय ऐसी किसी भी सोच से अपना बचाव या ऐसी किसी भी सोच को छोड़ देने से, मैंने खुद को और भी विस्तृत पाया और इतनी पारदर्शी हो उठी कि ब्रह्माण्डीय ऊर्जा मेरे भीतर से प्रवाहित हो सकती थी। मैं सब कुछ घटने देने की इस अवस्था में होती हूँ तो मेरे जीवन में कई

सकारात्मक संयोग सामने आते रहते हैं।

हम सदा संपूर्ण परिणामों को अपनी ओर आकर्षित करते हैं। समान चीज़ें समान चीज़ों को आकर्षित करती हैं। अगर मैं अपने प्रति दयालु हूँ तो बाहरी घटनाओं में यह और भी बेहतरी के साथ प्रकट होगी। मैं अपने प्रति जितना आलोचनात्मक रवैया रखूँगी, मेरी परिस्थिति उससे उतनी ही मेल खाती हुई होने लगेगी। यह ब्रह्माण्ड मेरे बारे में मेरे अपने ही रवैए को उचित ठहरा देता है।

पहले मैं इन्हीं भावनाओं में उलझी रहती थी कि मुझे कुछ करना था, कुछ पाना था। कई बार ऐसे किसी चीज़ के पीछे भागने से हमें भय लगने लगता है कि हम सही मायनों में जो चाहते हैं, वह हमें नहीं मिलेगा। ऐसा करने से हम द्वैत के भाव में ही बँधकर रह जाते हैं क्योंकि सारा केंद्र शिकारी तथा शिकार के भीतर समाए अलगाव पर ही केंद्रित रहता है। हालाँकि, मैं अब किसी चीज़ का पीछा नहीं करती। इसके बजाय मैं अनुमति देती हूँ।

उदाहरण के लिए, जब मैं अपने जीवन में किसी विशेष स्थान पर पहुँचने की अदम्य इच्छा अनुभव करती हूँ तो मैं जानती हूँ कि अगर मैंने उसे पूरी आक्रामकता के साथ जारी रखना चाहा तो यह केवल मेरे और ब्रह्माण्डीय ऊर्जा के आपसी संघर्ष का कारण बनेगी। मैं इसे पाने के लिए जितना अधिक प्रयास करूँगी, उतना ही मुझे पता चलता जाएगा कि मैं कुछ अनुचित कर रही हूँ। वहीं दूसरी ओर, घटने की अनुमति देने के लिए कुछ नहीं करना होगा, मानो यह एक मुक्ति हो क्योंकि इसका अर्थ है कि सब एक हैं और मैं जो पाना चाहती हूँ, वह पहले से ही मेरा है।

पहले आपको घटने की अनुमति देने की इस प्रक्रिया में विश्वास रखना होगा और फिर अपने सच्चे स्वरूप के लिए जागरूक होना होगा। यह सब उसी गति से होगा, जिसके साथ मैं आरामदेह अनुभव करूँगी। मैं चाहूँ तो अपनी चिंताओं या जीवन के अभावों पर केंद्रित रह सकती हूँ। इस तरह मेरा जीवन उस ओर नहीं बढ़ेगा जिसे मैं पाना चाहती हूँ। यह वैसा ही रहेगा जैसा अभी है क्योंकि मैं अपने भय पर ध्यान दे रही हूँ या उन बातों पर ध्यान दे रही हूँ, जो मुझे व्यथित करती हैं और अधूरेपन का एहसास दिलाती हैं। अगर मैं नए अनुभव को घटने की अनुमति नहीं देती और उस पर विश्वास नहीं करती इसलिए मेरी सजगता का भी विकास नहीं हो पाएगा। इसलिए मैं इस तसवीर को इसके ही तरीके से सामने आने की अनुमति देती हूँ यह कितनी ज़ल्दी या देर से आकार लेगी वह इस बात पर निर्भर करता है कि मैं अपनी चिंताओं से

कितनी जल्दी छुटकारा पाकर इस प्रक्रिया में सहज होना चाहती हूँ। मैं सोचने के कुछ खास तरीकों या नतीजों के लिए जितना अधिक मोह रखूँगी या अपने नए रोमांचों के लिए जितना भय अनुभव करूँगी, विकास उतना ही धीमा होगा क्योंकि मैं इस प्रक्रिया के लिए मुक्त नहीं हूँ और ब्रह्माण्डीय ऊर्जा को प्राकृतिक भाव से प्रवाहित नहीं होने दे रही हूँ।

मैं हर संभावना या चुनाव पर बैठकर विचार नहीं करती। मुझे केवल इतना करना है कि हर वर्तमान क्षण को उसकी पूरी सजगता के साथ जी सकूँ और यह बाहरी तौर पर नहीं बल्कि भीतरी तौर पर होगा। बाहरी तौर पर आकर्षित होने या करने के लिए कुछ नहीं है। जब ब्रह्माण्ड हमारे भीतर ही है तो मैं अपने भीतर जो भी अनुभव करती हूँ, वह समग्र को भी प्रभावित करता है।

चूँकि समय का सारा ताना-बाना पहले से ही बुना गया है इसलिए मैं अपने जीवन से जो भी पाना चाह सकती थी, वह सब पहले से ही मेरे पास मौजूद है। वह उस अनंत और अभौतिक तल पर मेरे लिए सुरक्षित है। मुझे केवल अपने भौतिक अस्तित्व को इतना विस्तृत करना है कि वह उस लोक में जा सके। इसलिए मैं अगर किसी वस्तु की इच्छा रखती हूँ तो वह कहीं बाहर से पूरी नहीं होगी मुझे अपनी चेतना का विस्तार करना होगा कि ब्रह्माण्डीय ऊर्जा उसे मेरी वास्तविकता में प्रकट कर सके।

मैं जो चाहती हूँ उसका अनुकरण करने का अर्थ होगा कि मैं वियोग को बढ़ावा दे रही हूँ जबकि अनुमति देने का अर्थ होगा कि मुझे इस बात का एहसास है, 'हम सभी एक हैं और सब कुछ आपस में जुड़ा हुआ है और मैं जो भी इच्छा रखती हूँ वह पहले से ही मेरा है।'

18

सवाल-जवाब

एन.डी.ई. के बाद आनेवाले महीनों में मुझे पूरे संसार में विभिन्न समूहों के साथ अपने अनुभवों के विषय में चर्चा करने के अनेक अवसर मिले। उन बातचीत के सारांश से हमने निम्नलिखित प्रश्न-उत्तर निकाले हैं:

सवाल 1 : आपने दूसरे लोक में जिस 'नि:स्वार्थ स्नेह' का अनुभव किया, आप उसे कैसे परिभाषित करती हैं और यह उस स्नेह से कैसे अलग है, जिसे हम इस भौतिक संसार में अनुभव करते हैं?

जवाब : दूसरे लोक का यह स्नेह पूरी तरह से अलग है क्योंकि यह पवित्र है। इसमें कोई अपेक्षा या इच्छा शामिल नहीं, यह केवल भावों के आधार पर काम नहीं करता और किसी के कार्यों या भावनाओं के आधार पर अलग-अलग तरह से प्रतिक्रिया नहीं देता। यह केवल उपस्थित होता है।

सवाल 2 : क्या आपको लगता है कि इस भौतिक जगत में भी नि:स्वार्थ स्नेह की उस धारा को अनुभव किया जा सकता है?

जवाब : हम सब अपने भीतर से पहले से ही पावन तथा नि:स्वार्थ स्नेह से भरपूर है। हालाँकि जब हम भौतिक जगत में इसका प्रदर्शन करते हैं तो इसे अपने मन से संशोधित करने के बाद मानवीय भावों के रूप में व्यक्त करते हैं।

यदि मुझे इसे समझाने के लिए कोई उदाहरण देने को कहा जाए तो मैं कहना चाहूँगी कि यह कुछ ऐसा ही है मानो कोई श्वेत प्रकाश किरण किसी प्रकाश मणि

(प्रिज़्म) में से होकर निकल रही हो। नि:स्वार्थ तथा बेशर्त दिया जानेवाला प्रेम, विशुद्ध, उजले प्रकाश के समान होता है।

जब आप इसे एक प्रकाश मणि से गुज़ारते हैं तो यह इंद्रधनुष के सभी विभिन्न रंगों के बीच प्रतिबिंबित होता है। ये ही हमारे भावों का प्रतिनिधित्व करते हैं – आनंद, स्नेह, उद्वेग, ईर्ष्या, करुणा, घृणा, समानुभूति आदि।

हर इंसान एक प्रकाश मणि की तरह है जिससे इंद्रधनुष के विभिन्न रंगों के बीच विशुद्ध उजला प्रकाश (स्नेह) झलकता है। संपूर्णता के लिए सारे भावों यानी इन सब रंगों का होना आवश्यक है। लोग कभी रंगों को लेकर कोई नैतिक निर्णय नहीं देते, उन्हें परखते नहीं हैं जैसे 'ओह, यह रंग कितना दुष्ट है!' या 'यह रंग पापी है।' लेकिन हम लोगों के साथ ऐसा करते हैं और उनके भावों के प्रति आलोचनात्मक रवैया रखते हैं। उनकी कुछ भावनाओं पर उचित की मोहर लगा देते हैं और कुछ को अनुचित ठहरा देते हैं।

अगर हम अपने कुछ भावों पर निर्णयात्मक रूख अपनाते हुए उन्हें नकारात्मक करार देते हैं और स्वीकार करने से इनकार करते हैं, तो इसका अर्थ है कि हम जो हैं, उसके एक अंश को दबाने की कोशिश कर रहे हैं। इस तरह हमारे भीतर एक बाधा पैदा होती है जो हमें हमारी पूरी भव्यता के साथ सामने नहीं आने देती। जैसे अगर आप नैतिक निर्णय के आधार पर स्पैक्ट्रम में से कुछ खास तरह के रंगों को निकाल दें तो प्रकाश का रंग कृत्रिम हो जाएगा, वह उस रूप में नहीं रहेगा, जैसा उसे होना चाहिए।

सवाल 3 : क्या आप यह कहना चाहती हैं कि हम अपने भौतिक स्वरूप में आने से पहले ही एक अद्भुत अस्तित्ववाले जीव थे जिन्हें पूरी सजगता के साथ एहसास था कि हम सही मायनों में क्या हैं? यदि ऐसा है तो हमारा तेज कैसे समाप्त हो गया और इस जीवन में आने के बाद अपनी आत्मा या स्व का बोध पूरी तरह से बिखर कैसे गया?

जवाब : मैं जो अनुभव करती हूँ आपको वही बताऊँगी, लेकिन मुझे लगता है कि इससे उत्तर की अपेक्षा और अधिक प्रश्न ही पैदा होंगे। मुझे ऐसा लगता है कि हम यह भूलने के लिए नहीं बने हैं कि हम क्या हैं और यह जीवन इतना कठिन होने के लिए भी नहीं बना। ऐसा लगता है मानो हमने अपने भ्रमपूर्ण विचारों व मान्यताओं के कारण ही इसे कठिन बना दिया है।

मैंने उस लोक में जो भी आंतरिक समझ–बूझ पाई, वह एक प्रकार से मेरे हृदय पर अंकित है, लेकिन यदि मैं उस भाव को स्वर देना चाहूँ तो उस आंतरिक अवस्था में, मैं कुछ ऐसा कह रही होती, 'ओह! तो अब समझ आया, यह जीवन हमें इसलिए नहीं मिला है कि इसे हम एक संघर्ष बना लें। हमसे तो यह उम्मीद की गई थी कि हम इसका भरपूर आनंद लेंगे! काश, मुझे पहले से यह बात पता होती। ओह, मेरे शरीर में यह कैंसर इसलिए हुआ क्योंकि मैंने अपने शरीर को मूर्खतापूर्ण विचारों, अपने बारे में मेरे आलोचनात्मक रवैये, सीमित नज़रियों वगैरह से भर दिया था जो मेरे आंतरिक संघर्ष का कारण बन गए। काश! मुझे पता होता कि हम इस संसार में केवल इसलिए आए हैं ताकि अपने व इस संसार के बारे में बेहतर महसूस कर सकें – केवल अपने आपको व्यक्त करते हुए इसका पूरा आनंद ले सकें!

अब इस हिस्से की व्याख्या करना थोड़ा कठिन है पर मैं अपनी ओर से एक कोशिश करती हूँ। मेरा एक प्रश्न है कि मैंने अपने ही तेज और महिमा को नहीं जाना, क्या केवल इसी कारण से मुझे इस टर्मिनल कैंसर जैसे रोग का सामना करना पड़ा?

यह सोचते ही मुझे मन ही मन एक बात भी समझ में आ गई : ओह, अब समझ आया कि यह मेरे साथ नहीं घटा। दरअसल सही मायनों में मैं कभी इसका शिकार हुई ही नहीं। कैंसर के रूप में मेरी अपनी ही शक्ति व ऊर्जा सामने आई, जिसे मैं प्रकट नहीं कर सकी। यह बाहर आने के बजाय आंतरिक रूप से मेरे शरीर के विरुद्ध हो गई।

मैं जानती थी कि यह मेरे लिए किसी तरह की सज़ा नहीं थी। यह मेरी अपनी जीवन शक्ति थी जो स्वयं को कैंसर के रूप में प्रस्तुत कर रही थी। मैंने ही उसे उसकी पूरी महिमा के साथ या अनीता के सबसे शक्तिशाली बल के रूप में सामने नहीं आने दिया। मैं इस विषय में पूरी तरह से सजग थी कि मेरे पास एक चुनाव है कि मैं इस देह में वापस आना चाहती हूँ या मृत्यु को पाना चाहती हूँ। अब कैंसर वहाँ नहीं रहेगा क्योंकि मेरे भीतर की वह ऊर्जा कैंसर जैसी बीमारी के रूप में प्रकट नहीं होगी, अब वह मेरे असली स्वरूप जो मैं हकीकत में हूँ, उसके तौर पर सामने आएगी।

मैं इस समझ के साथ वापस आई कि स्वर्ग वास्तव में कोई स्थान नहीं बल्कि हमारे मन की एक अवस्था है और मैंने पाया कि वह परमानंद मेरे पीछे धरती पर साथ-साथ चला आया है। मैं जानती हूँ कि आपको यह बात सुनने में विचित्र लग सकती है पर मुझे ऐसा लगता है कि हमारा 'सच्चा निवास' कोई एक स्थान नहीं बल्कि अस्तित्व का एक रूप है। इस समय मैं स्वयं को पूरी तरह से सहज पाती हूँ। मुझे अब

कहीं भी जाने की कोई इच्छा नहीं है। अब मेरे लिए इस बात से कोई अंतर नहीं पड़ता कि मैं इस लोक में रहूँ या दूसरे लोक में चली जाऊँ। ये सभी हमारे महान, विस्तृत, अनंत तथा भव्य स्वरूप के अनुभव के अलग-अलग अंश हैं। हमारा असली निवास तो हमारे भीतर ही है और हम जहाँ भी जाते हैं, वह हमारा अनुसरण करता है।

सवाल 4 : चूँकि मुझे कभी मृत्यु को निकट से देखने का अवसर नहीं मिला तो क्या मैं भी उस उल्लेखनीय जीवन शक्ति के विषय में एक विश्वास कायम कर सकता हूँ जिसके बारे में आप बात कर रही हैं?

जवाब : बिलकुल ठीक, यह आवश्यक नहीं कि आपको अपना भव्य स्वरूप अनुभव करने के लिए मृत्यु को निकट से देखने का अनुभव पाना ही होगा।

जीवन की इस उच्चतम शक्ति पर भरोसा करके उसे जीवनभर कायम रखने और इस शक्ति के साथ हमारा नाता जोड़े रखने का बेहतरीन उपाय हमारे भीतर ही मौजूद होगा। इसकी शुरुआत खुद पर भरोसा रखने और स्वयं को बेशर्त प्रेम करने से ही होगी। मैं ऐसा करने में जितना अधिक सफल हो सकूँगी, इस ब्रह्माण्डीय चित्रपट या कैनवस पर स्वयं को उतना ही अधिक केंद्रित पाऊँगी। हर इंसान जितना अधिक अनुभव करेगा, हम उतना ही दूसरों के हृदय को छू सकेंगे, उन्हें भी ऐसा ही अनुभव करवाने के योग्य हो सकेंगे।

सवाल 5 : आपकी सेहत में सुधार की प्रक्रिया में आपके विश्वास तंत्र ने क्या रोल निभाया है? यदि ऐसा हुआ है तो तब से आपने अपने विश्वास व धारणाओं में क्या अंतर पाया है?

जवाब : सही मायनों में मुझे अपनी सेहत में सुधार के लिए किसी भी तरह के विश्वास या धारणा की कोई ज़रूरत नहीं थी। मैं तो यह कहना चाहूँगी कि उस समय तो मुझे उन सभी पुरानी मान्यताओं, विश्वासों, धारणाओं व सिद्धांतों से छूटना था, जो मेरे शरीर को आरोग्य प्रदान करते थे। मेरे लिए मृत्यु को निकट से देखने का अनुभव प्रेरित करनेवाला रहा।

मेरे नज़रिए से मेरे मन में जमी मान्यताएँ और धारणाएँ मेरे विरुद्ध काम कर रही थीं। मेरे ठोस पुराने विश्वास ही मेरे जीवन के अनुभवों को सीमित कर रहे थे। उन्होंने मुझे उसी दायरे से बाँध रखा था, जिसे मैं जानती थी और इस संसार में मेरा ज्ञान केवल मेरी भौतिक इंद्रियों तक ही सीमित है। वहीं दूसरी ओर अनिश्चितता के प्रति

आश्वस्त होते ही मेरे सामने बहुत सी संभावनाओं के द्वार खुल गए। अनंत संभावनाओं के साथ मेरे सामने अस्पष्टता थी।

निश्चितता पाने की चाह ने ही मेरे लिए अनपेक्षित बातों की संभावना को हिलाकर रख दिया था। जब मैंने यह सोचना शुरू किया कि 'देखते हैं क्या होता है या मुझे नहीं पता आगे क्या होगा?' तो मुझे मेरे ही विस्तृत अस्तित्व के साथ ऐसे उत्तर और समाधान मिलने लगे जो सुखद आश्चर्य के रूप से सामने आए या जिन्होंने मुझे अचंभित कर दिया। जब मैंने अस्पष्टता के उस लोक में कदम रखा तो मैं सही मायनों में अपने सबसे शक्तिशाली रूप को पा सकी। पिछली सारी मान्यताओं, विश्वासों, सिद्धांतों आदि को त्यागते ही अनंत ब्रह्माण्ड मेरे सामने आ गया और मेरे जीवन के लिए सबसे बेहतर समाधान प्रस्तुत करने लगा। वहीं से मुझे सबसे ज़्यादा आंतरिक स्पष्टता प्राप्त हुई। यहीं से वह जादू आरंभ होता है।

पिछले सारे मोह तथा जुड़ाव को त्यागने के बाद, आप अपनी आज़ादी को गले से लगाते हैं और इसके बाद से मुझे अपनी ही दिव्यता और महिमा को अपनाना और उस पर भरोसा करना बहुत सरल हो गया। यह भी अपने आपमें स्व आरोग्य का ही एक रूप है। जब मैंने भौतिक रूप से आरोग्य पाने की माँग को त्याग दिया तो जीवन पहले से कहीं अधिक मुक्त, संपूर्ण व आनंददायी होता चला गया।

सवाल 6 : क्या आपको लगता है कि उस स्रोत के प्रति आपका विश्वास ही, आरोग्य पाने का प्रमुख कारण रहा?

जवाब : मेरे अनुभव में मैं स्वयं ही स्रोत बनी और वहाँ पूरी तरह से स्पष्टता थी। मेरी अपनी विस्तृत सजगता के अलावा वहाँ कोई स्रोत नहीं था। ऐसा लगा मानो मैं ही पूरी तरह से छाई हुई हूँ। जैसा कि मैंने बताया, किसी भी वस्तु में किसी भी तरह का विश्वास, मेरी सेहत में सुधार के लिए आवश्यक नहीं था क्योंकि उस अवस्था में चारों ओर पूरी तरह से स्पष्टता छाई हुई थी। ऐसा लगा कि जैसे मैं सब जानती हूँ। विश्वास या भरोसे ने उस 'जानने की भावना' को जन्म दिया और मुझे लगा कि मैं ही सब कुछ बन गई हूँ – हर चीज़ में मेरा वास था और यह सब मेरे भीतर बसा हुआ था। मैं ही अनंत और शाश्वत हो उठी।

मैं इसी स्पष्टता के बीच जागी इसलिए सब कुछ समझ सकी। मैं जानती थी कि अगर मैंने वापस आने का निर्णय लिया तो मेरे शरीर को आरोग्य पाने में देर नहीं लगेगी। मुझे अपने अनुभव की प्रकृति से पता चल गया था कि भीतर से हम सब एक

ही हैं। हम सभी उस एक से ही आकर भिन्न होते हैं और फिर उसी एक में समा जाते हैं। मैंने महसूस किया कि मेरा एन.डी.ई. उसी ऐक्य की एक झलक था। मैं इसे ईश्वर, ब्रह्म, संपूर्ण आदि कोई भी नाम दे सकती थी, पर मेरा मानना है कि अलग-अलग लोग, इसके अर्थ के लिए अलग-अलग मायने रख सकते हैं। मैं उस दैवीय तत्त्व को अपने आप या किसी अन्य से कोई अलग सत्ता नहीं मानती। मेरे लिए यह 'विभिन्न अस्तित्व' के बजाय 'होने या अस्तित्व रखने' की अवस्था है। यह द्वैत के अनुभव से भी परे हैं ताकि मैं अपने भीतर से स्थायी तौर पर एक रहूँ और इससे अविभाज्य रहूँ। मुझे इससे कोई अलग नहीं कर सकता। मेरा भौतिक अनुभव तो इस संपूर्णता का केवल एक पहलू भर है।

सवाल 7 : क्या ऐसा कोई स्थान है, जहाँ आकर हमारा निजी संकल्प तथा उस संपूर्ण की इच्छा का मेल होता हो ताकि हम मुक्त भाव से आरोग्य व उस शक्ति स्थान को पा सकें?

जवाब : मुझे तो यही लगता है। हाँ, प्रत्येक व्यक्ति के लिए आरोग्य के उस स्थान तक मुक्त भाव से पहुँचना संभव है। मेरा मानना है कि हमारी सामूहिक पुरातन कथाएँ - जो हमें पीढ़ियों से सुनाई जाती रही हैं, वही हमें ऐसा करने से रोकती हैं, हमारे रास्ते की बाधा बनती हैं। मेरा मानना है कि ऐसे विश्वास ही इस संसार में हमारे बोध के टूटने व संघर्ष का कारण बन रहे हैं जिनमें हमारी अपनी देह भी शामिल है।

हम इन अदृश्य नामों को अपने साथ ढोते फिरते हैं जो हमें हमारे सच से जुड़ाव ही नहीं पैदा करने देते और हमें बारंबार यही विश्वास दिलाए रखते हैं कि हम उस सकल ऊर्जा से अलग हैं। हम अपने ही सृजनात्मक केंद्र से अलग होकर द्वैत में ही उलझे रह जाते हैं। हमारे पास एक ऐसा बल है, जो न केवल इन मान्यताओं को रच रहा है बल्कि इन्हें बढ़ावा भी दे रहा है। और जब हमारी इन कहानियों में बदलाव आता है तो भौतिक वास्तविकता भी इस बदलाव में झलकती है।

इस तरह के आरोग्य को नियमित रूप से देखने के लिए हमें अपने विश्वासों से ऊपर उठना होगा और अपने विश्वासों को इस विश्वास में रूपांतरित करना होगा कि हमें एहसास हो सके कि हम इस सार्वभौमिक ऊर्जा का ही एक अंश हैं। इस तरह हम सदा अपने रचनात्मक केंद्र के साथ एक हो सकेंगे और अपने आसपास भी कहीं अधिक सकारात्मक ऊर्जा देने में सफल हो पाएँगे। जब हमारा व्यक्तिगत रचनात्मक केंद्र अपनी इच्छा से सार्वभौमिक जीवन शक्ति ऊर्जा में बदलता है और उसे एक ही

रूप में देखता है तो आरोग्य पाना संभव हो जाता है।

सवाल 8 : क्या आपने अपने एन.डी.ई. के बाद से स्वयं को स्वतंत्र अनुभव किया और अगर ऐसा हो तो आप इसे कैसे प्रकट करना चाहेंगी?

जवाब : मैंने स्वयं को मुक्त अनुभव किया है। मैंने पाया कि मेरे एन.डी.ई. ने न केवल मुझे मेरी पिछली मान्यताओं, धारणाओं व विचारों से मुक्त किया बल्कि मेरे मन में किसी भी नए विचार, मान्यता या धारणा को ग्रहण करने की इच्छा भी नहीं रही।

मुझे ऐसा लगता है कि हम इन सिद्धांतों की तलाश करके इन्हें इसलिए थामे रहना चाहते हैं क्योंकि ये हमें हमारी अनिश्चितता के दौरान दिलासा देते हैं। हालाँकि, हम इन पर निर्भर होते चले जाते हैं और चाहते हैं कि इन्हें हकीकत में बदल दें ताकि निश्चितता के एहसास को निरंतर महसूस कर सकें। मुझे ऐसा लगता है कि हम यथार्थ की सीमित प्रकृति के बारे में अपने विश्वासों को जितना मज़बूत करते जाते हैं, हम उस बात को उतना ही अधिक मज़बूत बनाते चले जाते हैं।

मेरे अनुभव ने मुझे यह झलकी दी कि जब हम भौतिक व मानसिक निश्चितता पाने की माँग से ऊपर उठ जाते हैं तो सही मायनों में कैसा महसूस होता है। दूसरे शब्दों में, मैं उस अस्पष्टता के बीच भी संपूर्णता पाने के योग्य बन गई थी। मानसिक स्वतंत्रता के उस स्तर को बनाए रखना ही मेरे लिए सच्ची आज़ादी है।

सवाल 9 : क्या आपको लगता है, अगर आपको यह पता चलता कि आपकी बीमारी आपका साथ नहीं छोड़नेवाली, फिर भी आप इस संसार में वापस आने का चुनाव करतीं?

जवाब : मैं स्पष्टता की जिस अवस्था में थी, मुझे लगता है कि मैं इसी समझ के साथ वापस आती कि मेरे मन में वापस आने का खिंचाव क्यों था और मुझे यह सब अपनी रोगी देह से प्रकट क्यों करना होगा। आशा तो यही है कि उसी ज्ञान के बल पर मैंने अपनी आंतरिक पीड़ा व कष्ट को घटा दिया होता या उसे पूरी तरह से मिटा दिया होता, भले ही भौतिक कष्ट को घटाना मेरे वश में न होता। रोगी देह के साथ जीवित रहने के लिए भी मेरे मन में उद्‌देश्य का एक भाव होता। मेरा यह मानना है कि हर इंसान का कोई न कोई उद्‌देश्य होता है, जिसे हम उस भौतिक अवस्था से परे मान सकते हैं।

सवाल 10 : आपका संदेश पूरी तरह से स्पष्ट है कि हम सबको वही बनना चाहिए जो हम हैं। लेकिन आप अपराधियों व गुनाहगारों के बारे में क्या कहेंगी? क्या

उन्हें भी वही बने रहना चाहिए, जो वे हैं? इसके अतिरिक्त, आपने कहा कि मृत्यु उपरांत जीवन में हमारे कर्मों का लेखा-जोखा नहीं रखा जाता। इसका अर्थ यदि कोई इंसान किसी का खून करे तो इससे मरने के बाद उसे कुछ फर्क नहीं पड़ेगा।

जवाब : उस लोक में किसी भी प्रकार की निंदा या आलोचना के लिए कोई स्थान नहीं है क्योंकि निंदा करने के लिए कुछ है ही नहीं – हम सभी विशुद्ध चेतना हैं।

बहुत से लोग ऐसे भी हैं जो यह नहीं सुनना चाहते कि हमारी मौत के बाद कोई फैसला नहीं होता। यह सुनने से मन को दिलासा मिलता है कि लोगों को मरने के बाद उनके बुरे कर्मों के लिए दंडित किया जाएगा। लेकिन सज़ा, पुरस्कार, निर्णय, निंदा आदि सब कुछ यहीं होता है, वहाँ ऐसा कुछ नहीं होता। यही कारण है कि ये सब नियम, कानून और तंत्र, केवल हमारे यहाँ यानी पृथ्वी पर ही पाए जाते हैं।

वहीं दूसरी ओर, हम क्या हैं, हम कैसे हैं, हमने जो किया, वह क्यों किया; उन सभी बातों के लिए हमारे पास पूरी तरह से स्पष्टता होती है भले ही हमारे पास अपने जीवन में कितने ही अनैतिक अनुभव क्यों न हों। मेरा यह मानना है कि जो लोग दूसरों के दिल को ठेस पहुँचाते हैं, वे ऐसा केवल इसलिए करते हैं क्योंकि वे स्वयं पीड़ा, सीमाओं व अलगाव की भावना से घिरे हैं। बलात्कार या हत्या जैसे कर्म करनेवाले अपनी ही महिमा के तेज से बहुत परे हो गए हैं। मुझे लगता है कि वे भीतर से बहुत अधिक नाखुश या दुःखी होंगे तभी वे दूसरों को भी पीड़ा या कष्ट दे रहे हैं। दरअसल इन लोगों को हमारी ओर से किसी भी तरह की आलोचना या दंड की अपेक्षा, करुणा दी जानी चाहिए। इन्हें इसी भाव की सबसे अधिक आवश्यकता है।

मैं इस बात में विश्वास नहीं रखती कि अपराधी व गुनाहगार वही हैं जो वे दिखाई देते हैं। मेरा मानना है कि जब हम अपना रास्ता भूल जाते हैं और अपने असली सत्य को नहीं पहचान पाते, तभी हम विनाश के रास्ते पर अपना कदम रखते हैं। अपराधियों ने अपना केंद्र खो दिया है और वे दूसरों के साथ जो कर रहे हैं वह दरअसल उसी का प्रतिबिंब है, जो वे अपने अंदर महसूस करते हैं। हम अपराधियों व गुनाहगारों को 'वह' और शिकार को 'हम' समझते हैं, जबकि सही मायनों में 'वह' कुछ नहीं है, हम सब उस 'हम' की ही श्रेणी में आते हैं।

एक सीरियल किलर भी कैंसर के रोगी की तरह ही दुखियारा होता है और अगर आज दुनिया में हमारे पास हत्यारों की संख्या अधिक है तो इसका अर्थ है कि हमारा समाज रोगी है। हो सकता है कि उन्हें बंदी बना लेने से हमें कुछ समय के लिए लाभ

हो, ठीक वैसे ही जैसे हम कैंसर के लक्षणों का उपचार कर देते हैं। हालाँकि अगर हम समाज के आंतरिक मूल्यों को रूपांतरित नहीं करते या उनसे परे जाने की कोशिश नहीं करते तो यह समस्या बढ़ती ही जाएगी। हमें और नई जेलें बनानी होंगी, अपनी न्याय व्यवस्था पर और अधिक दबाव डालना होगा। दरअसल अपराधी भी शोषित की तरह ही पीड़ित हैं, बस वे अपने हालात का शिकार हैं। वे छिपे हुए मुद्दों के शारीरिक लक्षण हैं जो कुल मिलाकर हमारे अपने मुद्दे हैं।

मैं उनके कार्यों का समर्थन नहीं कर रही। मैं तो केवल इतना कहना चाह रही हूँ कि मेरे अपने प्रताप व महिमा के ज्ञान ने मुझे बदल दिया। मुझे लगता है कि अगर सभी को उनके वास्तविक सत्य से परिचित होने का अवसर मिल जाता और वे अपनी महानता को जान लेते तो वे कभी समाज या मानवता के लिए हानिकारक बनने का निर्णय न लेते। एक खुश व प्रेम से लबालब भरा हुआ इंसान जो स्वयं को दूसरों से अलग नहीं पाता, उसके लिए किसी दूसरे को कष्ट देना ऐसा ही है मानो वह स्वयं को कष्ट दे रहा हो।

सवाल 11 : क्या आप कह रही हैं कि एक अपराधी या मान लें, एक हत्यारा - यदि उस स्थान पर जाएगा तो क्या उससे भी वहाँ संत की तरह पेश आया जाएगा, वहाँ उसके कर्मों पर कोई निर्णय नहीं सुनाया जाएगा?

जवाब : जी हाँ, मैं यही कहने की कोशिश कर रही हूँ।

उस अवस्था में, हम समझते हैं कि हमने जो भी किया – भले ही वह कितना भी नकारात्मक क्यों न रहा हो, वह दरअसल हमारे भय, पीड़ा व सीमित बोध से उपजा है। हम जो भी करते हैं या जो भी महसूस करते हैं, उसमें से बहुत कुछ इसलिए करते हैं क्योंकि हम कोई दूसरा रास्ता नहीं जानते। जब हम एक बार दूसरे लोक में पहुँच जाते हैं तो हमारी शारीरिक सीमाएँ हमारे सामने स्पष्ट हो जाती हैं ताकि हम यह समझ सकें कि हमने वे काम क्यों किए और तब हम केवल करुणा का ही अनुभव करते हैं।

ऐसा लगता है, जिन्हें हमने अपराधियों का दर्जा दिया था वे भी अपनी ही सीमाओं, पीड़ा व भय के शिकार हैं। जब हमें यह एहसास हो जाता है तो हम हर वस्तु व व्यक्ति से अपना संबंध महसूस करने लगते हैं। मैं समझ सकती हूँ कि उस दूसरे लोक में, हम सभी एक हैं! हम सभी एक जैसे हैं।

यदि सभी इस बात को जान लें तो हमें किसी भी तरह के कायदे-कानूनों या

नियमों की आवश्यकता ही नहीं रहेगी। लेकिन, यहाँ हम इस बात को समझ नहीं पाते और उन लोगों को अपने भय के कारण, अपने से दूर करते चले जाते हैं। यही कारण है कि हमें न्याय, अदालत, कानून व सज़ा आदि की ज़रूरत पड़ती है। इस लोक में इस समय हमें हमारे ही बचाव के लिए इन चीज़ों की आवश्यकता है। लेकिन वहीं दूसरी लोक में, सज़ा या दंड जैसा कुछ नहीं होता क्योंकि जब हम एक बार वहाँ पहुँच जाते हैं तो हमें यह एहसास होते देर नहीं लगती कि हम सभी आपस में जुड़े हुए हैं।

सवाल 12 : यदि हम अपनी वास्तविकता को स्वयं गढ़ते हैं तो क्या आपको लगता है कि लोगों ने अपने कर्मों के माध्यम से जो किया, उसके लिए उन्हें दंडित किया जाएगा?

जवाब : जैसा कि मैंने पहले भी कहा, एन.डी.ई. अवस्था में कोई सज़ा नहीं दी जाती। मेरे अनुसार, कर्म कारण तथा प्रभाव के नियम की तुलना में संतुलन साधने का काम करते हैं। मिसाल के लिए, मैं कभी बुरे कर्म शब्द का प्रयोग नहीं करती क्योंकि मेरा यही मानना है कि ऐसा कुछ होता ही नहीं। मेरी तो यही सोच है कि जीवन के सभी पहलू मिलकर एक संपूर्ण की रचना करते हैं।

अब मैं यह सोच भी नहीं रखती कि हम सभी अपना सारा जीवन एक सीधी रेखा में जीते हैं और लोग अपने कर्मों के बारे में इसी ढाँचे के अनुसार सोचते हैं। मुझे भी बचपन से इसी सोच के साथ पाला गया।

एन.डी.ई. अवस्था में, मुझे एहसास हुआ कि हमारे जीवन का हर क्षण - अतीत, वर्तमान, भविष्य, ज्ञात, अज्ञात एक साथ उपस्थित रहता है, मानो वह उस परिमंडल से बाहर है जिसे हम समय कहते हैं। मैं सजग हो गई कि मैं तो वह सब पहले से थी जिसे मैं पाने का प्रयास कर रही थी और मेरा मानना है कि यह सबके लिए सत्य है। जिन बातों को हम सकारात्मक, नकारात्मक, अच्छी या बुरी मानते हैं, वे सब हमारे संपूर्ण व संतुलित पक्ष का एक अंश हैं।

सवाल 13 : मैंने सुना है कि लोग क्षमा के महत्त्व की चर्चा करते हैं। क्या आपने पाया कि आपको दूसरे लोक में दूसरों को क्षमा करने के लिए बहुत कुछ करना पड़ा?

जवाब : एन.डी.ई. अवस्था में स्पष्टता इतनी सटीक होती है कि क्षमा की सारी अवधारणा ही एक नया अर्थ ले लेती है। मुझे एहसास हुआ कि दूसरे लोग नहीं, बल्कि

मैंने खुद को ही क्षमा नहीं किया था। अगर मैंने कुछ गलत भी किया था तो उसके लिए वहाँ कोई निर्णय नही सुनाया गया या कोई आलोचना नहीं की गई। मुझे केवल यही समझ प्राप्त की कि मैंने वह सब क्यों किया।

मुझे यह भी एहसास हुआ कि उस अनंत के भीतर उस लोक में किसी को क्षमा करने या किसी से क्षमा चाहने की ज़रूरत ही नहीं थी। हम सभी संपूर्ण हैं, ब्रह्माण्ड की उत्तम संतान हैं और विशुद्ध स्नेह से उपजे हैं। बेशर्त प्यार पाना हमारा जन्मसिद्ध अधिकार है, हम किसी से न्याय या आलोचना पाने के लिए नहीं बने हैं और उस प्यार को पाने के लिए हमें कुछ भी करने की ज़रूरत नहीं है। बस हमें वही बने रहना होगा जो हम वास्तव में हैं।

जब हम चीज़ों को अच्छे या बुरे रूप में देखते हैं तो वहीं से किसी न किसी को क्षमा करने की आवश्यकता निर्माण होती है। लेकिन जहाँ पर किसी को भी न्याय-अन्याय के तराजू पर तोला नहीं जाता, वहाँ हम क्षमा किसे करेंगे? हम जिस ब्रह्माण्डीय फलक पर अपने विचारों, शब्दों तथा कार्यों का ताना-बाना बुन रहे हैं, वह उस अनंत और अद्‌भुत समग्र की रचना के लिए आवश्यक है। जैसे मैंने पहले भी बताया, हमें प्रकाश की तरंग या स्पैक्ट्रम के लिए सभी रंग चाहिए, उसी तरह जीवन के लिए भी सब कुछ चाहिए। तो फिर किस बात के लिए क्षमा करनी है?

इस बिंदु पर आकर मैं अपने तथा दूसरों के लिए - क्षमा के स्थान पर समानुभूति, नि:स्वार्थ स्नेह तथा करुणा को अपना लेती हूँ। दूसरों को परखने और क्षमा करने की माँग को पैदा करने के बजाय मैं उन विविध भूमिकाओं की कद्र करती हूँ, जिन्हें हम सबको इस सृष्टि में निभाना ही होता है।

सवाल 14 : क्या नि:स्वार्थ स्नेह की बहुत अधिक मात्रा से लोग स्वार्थी व अहंकारी नहीं हो जाएँगे?

जवाब : जब हम एक बार यह समझ लेते हैं कि हममें से प्रत्येक इस अनंत ब्रह्माण्ड के मध्य में स्थित है तो उस संपूर्ण के प्रति हमारी केंद्रीयता प्रबल हो जाती है और हम स्वयं से बेशर्त प्रेम करने का मोल पहचानने लगते हैं। हमारे पास जो है ही नहीं उसे दूसरों को कैसे दे सकते हैं?

मेरी संस्कृति में यही सिखाया जाता था कि अपने आपको सबसे बाद में या फिर कहीं नहीं रखना चाहिए और केवल दूसरों के बारे में सोचना चाहिए। मुझे अपने

आपको प्रेम करना या अपने आपको मोल देना कतई नहीं सिखाया गया था। नतीजन, मेरे पास दूसरों को देने के लिए भी बहुत कुछ नहीं था। जब हम पूरे सम्मान के साथ अपना प्याला भरेंगे, तभी उसे दूसरों को दे सकेंगे। जब हम स्वयं को बेशर्त प्रेम देंगे, स्वयं को पूरे सम्मान व करुणा के साथ अद्‌भुत जीव के रूप में पहचानेंगे तभी हम किसी दूसरे को भी उसी रूप में देखने की आशा कर सकते हैं। जब आप स्व का ध्यान रखते हैं, तो दूसरों का भी ध्यान रखना स्वतः ही होने लगता है।

जब आप अपने आपसे प्रेम नहीं करते तो स्वार्थ सामने आने लगता है, हम अपने भाग्य के लिए एक तरह की पूर्ति करना चाहते हैं। अपने स्व की बहुत अधिक परवाह करने जैसी कोई बात ही नहीं है, जिस तरह दूसरों के प्रति नि:स्वार्थ स्नेह की कोई सीमा नहीं होती। हमारा संसार निर्णयात्मक व आलोचनात्मक रवैया, असुरक्षा, भय और अविश्वास की मार ही तो झेल रहा है। इसमें अपने स्व से प्रेम के लिए कोई स्थान ही नहीं बचा। यदि हम सब अपने बारे में और अधिक परवाह करेंगे तो इनमें से अधिकतर बुराइयाँ तो स्वयं ही मिट जाएँगी।

जब मैं कहती हूँ, 'मुझे आपसे प्यार है', अगर मेरे पास इससे मिलता-जुलता भाव नहीं है तो यह सब शब्दों का खेल ही तो हुआ। यह असली नहीं है। अपने आपसे और दूसरों से प्रेम करना, एक ही बात तो है। हम सभी एक हैं – सभी आपस में जुड़े हुए हैं। हमारी अपनी ही दिव्यता के प्रति सजगता होने से हम बिना किसी शर्तों के, अपनी भव्यता और प्रेम के लिए योग्यता को देख सकते हैं। जब हम एक बार इसे समझ जाते हैं तो इसे दूसरों को देना, कहीं अधिक आसान हो जाता है।

सवाल 15 : आध्यात्मिक मार्ग पर चल रहे अधिकतर लोगों का मानना है कि अहंकार हमारे आध्यात्मिक विकास में बाधा बनता है इसलिए हमें अहंकार का त्याग करना चाहिए। आप इसका समर्थन क्यों नहीं करतीं?

जवाब : क्योंकि अगर आप अहंकार को स्वीकार नहीं करेंगे तो इसकी ओर से प्रतिरोध और भी गहरा हो जाएगा। आप किसी चीज़ को जितना अस्वीकारते हैं, वह उतने ही वेग से आप पर वार करती है, ताकि उसका अस्तित्व बना रहे। लेकिन जब आप पूरी तरह से अपने अहंकार को भी बेशर्त स्नेह दे पाते हैं तो आपको इससे भी कोई समस्या नहीं रहेगी। यह आपके विकास में बाधक नहीं होगी। इसके विपरीत यह आपके लिए एक संपत्ति होगी।

हम सभी एक अहंकार के साथ जन्मे हैं – यह हमारे भौतिक स्वरूप का सहज

अंग है। जब आप मृत होते हैं, तब ही अहंकार से संपूर्ण रूप से मुक्त होते हैं। जीवन में अहंकार के खिलाफ लड़ते रहने से यही होता है कि हम स्वयं को केवल परखते रहते हैं। इसके अलावा, जब हम पूरी तरह से अपने अहंकार को भी बेशर्त स्नेह दे पाते हैं तो हमारे लिए दूसरों के अहंकार को स्वीकारना भी सहज हो जाता है। ऐसा करने से आपके जीवन में कोई समस्या नहीं आती। इसके साथ ही आपकी मानवता और महिमा सही मायनों में जगमगा उठती है।

सवाल 16 : सेवा भाव तथा दूसरों की सेवा के विषय में आपके क्या विचार हैं?

जवाब : जब सेवा सच्चे दिल से की जाती है तब वह स्वयं पर किए गए बेशर्त प्रेम की सबसे उच्च अभिव्यक्ति होती है। सेवा से मिलनेवाले आनंद से ही हम इस बात को अच्छी तरह से समझ सकते हैं। उस समय बहुत ही हलका और मन को आनंद देनेवाला एहसास होता है। इससे सेवा देने और पानेवाले दोनों को ही अच्छा लगता है। इससे सेवा पानेवाले का आत्मसम्मान भी बढ़ता है।

लेकिन यदि हम स्नेहवश किसी की सेवा करते हैं तो यह बहुत ही भारी और गंभीर जान पड़ती है और इससे ऊर्जा का क्षय भी होता है। इस तरह, सेवा देने या पानेवाले में से किसी का भला नहीं होता। यदि सेवा पानेवाले को यह पता लगता है कि हम केवल अपना कर्तव्य निभाने के लिए उनकी सेवा कर रहे हैं तो इससे वे स्वयं को हीन और अक्षम समझ सकते हैं।

इसके अलावा, जब कोई चीज़ सही मायनों में हमारे भीतर से आती है तो यह एक कर्म नहीं रहती। यह हमारा असली स्वरूप हो जाती है। हमें इसके बारे में सोचने या काम करने की ज़रूरत नहीं होती। हम उस सेवा का माध्यम बन जाते हैं जिसका आविष्कार इस पृथ्वी पर होना है। 'खुद सेवा बनना' और 'सेवा करना' इसमें यही अंतर है।

सेवा के साथ यह जुड़ाव की भावना तब उत्पन्न होती है, जब हमें यह पता चलता है कि हमारे और ब्रह्मांड के बीच कोई अंतर नहीं है। मैं दूसरों के लिए जो कर रहा हूँ, वह अपने लिए भी कर रहा हूँ – यही जानकारी हमें एक आनंददायक अवस्था तक लाने में सहायक होती है।

सवाल 17 : जब मैं अपने आसपास देखता हूँ तो मेरी ओर हर दिशा से बहस, कोलाहल और कड़वाहट ही आ रही होती है और ऐसा लगता है कि हर कोई केवल अपने ही नज़रिए को सबसे बेहतर साबित करने में लगा है। जबकि आपके और

दूसरे लोगों के एन.डी.ई. अनुभव संकेत देते हैं कि हम जिसे यथार्थ मानते हैं, वह किसी स्वप्न से अधिक नहीं है। तो इसका अर्थ है कि लोग इस बारे में वाद-विवाद कर रहे हैं कि उनमें से किसका भ्रम सबसे अधिक जायज़ है। क्या आप इसे विस्तार से समझा सकती हैं?

जवाब : मैं केवल अपना अनुभव याद कर सकती हूँ। मेरे लिए, यह सब ऐसा था, मानो जब मैं 'मरी', तो मैं जैसे एक सपने से जागी। ऐसा नहीं लगा कि मैं कहीं गई थी, बल्कि ऐसा लगा कि मैं जाग गई थी और मेरी इंद्रियाँ सब कुछ जाननेवाली हो गई थीं यानी मेरे पास 360 डिग्री की दृष्टि थी और इसके साथ ही इंद्रियों का बोध भी था। मैं अपने साथ हो रही प्रत्येक घटना को देख, सुन, महसूस और जान सकती थीं। मैं एक साथ अपने अतीत, वर्तमान और भविष्य को जी रही थी। मैं यह भी जानती थी कि उन दीवारों और स्थान से परे, मुझसे जुड़ी कौन सी गतिविधि जारी थी – जैसे मेरे डॉक्टरों की बातचीत और मेरे भाई का हवाई जहाज़ से मेरे पास आना आदि।

मुझे यह सब कुछ यूँ अच्छा लग रहा था मानो किसी नेत्रहीन को पहली बार सब कुछ देखने का अवसर मिल रहा हो। इंसान कहीं नहीं जाता लेकिन सही मायनों में दुनिया जैसी दिखती है, वह स्पष्टता वाकई कमाल होगी। यह सब वैसा नहीं होगा जैसा पहले उसे दिखता था। यह रंगों और उनकी शेड्स की तरह ही हर चीज़ को समझ जाएगा। जबकि इससे पहले ये सब उसकी समझ की सीमा से परे थे।

उस लिहाज़ से मेरे लिए यह जानकारी बहुत अद्‌भुत रही कि हम सब किस तरह आपस में जुड़े हुए हैं और मैं जिस तरह महसूस करती हूँ, उससे किस तरह ब्रह्माण्ड भी प्रभावित होता है क्योंकि यह सारी संपूर्णता मेरे ही भीतर समाई हुई है। जहाँ तक मेरा संबंध है, यदि मैं खुश हूँ तो यह ब्रह्माण्ड भी खुश है। अगर मैं अपने आपसे प्यार करती हूँ तो बाकी सब भी मुझसे प्यार करेंगे।

हालाँकि वापस आने के बाद मैं अपने उस एन.डी.ई. के उन्नत बोध में से कुछ भावों को भुला बैठी हूँ, पर उससे मिली गहरी समझ–बूझ, स्पष्टता और प्रेम का भाव अब भी मेरे साथ है। सारे बिंदुओं को आपस में पहले ही जोड़ा जा चुका हैं और अब मैं उस तरह नहीं सोच सकती जैसे कि पहले सोचा करती थी। कल्पना करें कि वह अंधा व्यक्ति फिर से अंधा होने जा रहा हो। जब भी वह इस संसार में आएगा तो उसे पता होगा कि यह कैसा दिखाई देता है। भले ही वह इसे देख नहीं सकता। मैं इस समय ऐसा ही महसूस करती हूँ।

जहाँ तक इस लोक की वास्तविकता की बात है, मुझे लगता है कि हममें से प्रत्येक ने अपनी ही एक अकाल्पनिक दुनिया रच ली है जिसके आधार पर ही हम तय करते हैं कि संसार कैसा है। उस जागृत अवस्था में ऐसा महसूस होता है मानो यह त्रि–आयामी अस्तित्व मेरे विचारों का जमाव मात्र ही है। जब मैं दूसरे लोक में गई तो सही मायनों में ऐसे लोक में आँख खुली जो इससे कहीं अधिक अकाल्पनिक थी... वैसे ही जैसे हम किसी सपने से जागकर अपनी रोज़मर्रा की दुनिया में आ जाते हैं!

सवाल 18 : धर्म के बारे में आपके क्या विचार हैं? मैंने पाया कि जब भी आप अनुभवों के बारे में बात करती हैं तो इस विषय में कुछ नहीं कहतीं।

जवाब : ऐसा इसलिए है क्योंकि मृत्यु धर्म से भी परे है। धर्म को हमने जीने में सहायता पाने या मृत्यु को समझने के लिए रचा है। लेकिन एक बार दूसरे लोक का अनुभव पाने के बाद उसे किसी धर्म से जोड़ना ऐसा ही होगा, मानो हम उसे कमतर बना रहे हों।

मैं इस बारे में बात नहीं करती, उसकी दूसरी वजह यह है कि धर्म विभाजित करनेवाला हो सकता है और मेरी ऐसी मंशा कभी नहीं रही। मैं इससे परे रहना ही पसंद करूँगी। मैं यह मानती हूँ कि हम सभी एक हैं और मृत्यु के बाद, हम सभी को एक ही स्थान पर जाना है। मुझे इससे कोई अंतर नहीं पड़ता कि आप जीज़स, बुद्ध, अल्लाह, शिव आदि में से किसी को मानते हैं या नही। जो बात अधिक मायने रखती है, वह यह कि आप अपने बारे में क्या महसूस करते हैं। यह अनुभव यहीं और अभी चाहिए क्योंकि यही तय करता है कि आप पृथ्वी पर अपने जीवन को कैसे चलाते हैं। वर्तमान क्षण के अतिरिक्त कोई समय नहीं होगा इसलिए यह बहुत महत्त्व रखता है कि आप जो हैं, वही बने रहें और अपने ही सच के साथ जीएँ। अपनी महिमा के साथ जी रहे जुनूनी वैज्ञानिक, मनुष्य जाति के लिए, समाजसेवा करनेवाली हजारों मदर टेरेसा की भाँति ही मूल्यवान हैं।

सवाल 19 : आपने जो भी कहा, उसमें से एक गहन अनुभव वह भी है, जब आपने उन अर्थों को जाना जो बहुत ही गहन, बहुआयामी और दूर तक जानेवाले थे। मैं सोच रहा था कि हम भी बारंबार अपने सामने आनेवाले चुनावों के माध्यम से अतीत को सुधार सकते हैं। क्या मैं आपकी बात का कुछ अलग ही अर्थ निकाल रहा हूँ या मैं आपके बिंदु को सही तरह से समझने में सफल रहा?

जवाब : मैं जो कहना चाहती थी आपने सही अर्थ में उसका विश्लेषण किया है। मेरा मानना है कि समय में वर्तमान ही ऐसा बिंदु है, जिसमें हमें अपने सत्य को रचना है।

कृपया ध्यान दें, मैं जान-बूझकर ऐसा नहीं कह रही कि 'हमें अपने भविष्य को गढ़ना है।' मेरे लिए अतीत और भविष्य अब अस्थिर हो गए हैं और अपने टेस्ट के नतीजों को मैं इस तरह बदल सकी और उसी के आधार पर ही यह तय होना था कि मैं वापस आऊँगी या नहीं।

मैं मानती हूँ कि यह अपने अनुमानों के कारण बहुत महत्त्व रखता है। मेरे लिए, यह हर दिन कुछ नया सामने ले आता है और अब यह सजगता, मेरे एन.डी.ई. से कहीं बड़ी हो गई है।

सवाल 20 : आपने अपने एन.डी.ई. अनुभव में कहा है, 'सभी रोग पहले ऊर्जा में ही पनपते हैं और फिर शरीर में प्रकट होते हैं।' क्या आपको इस बारे में कुछ जानकारी है कि यह कैसे होता है और रोग पैदा ही क्यों होते हैं?

जवाब : मेरे एन.डी.ई. के दौरान, मैंने महसूस किया कि मेरा शरीर अपने ठोस रूप में था ही नहीं। मैं केवल विशुद्ध ऊर्जा थी। संभवत: आप इसे आत्मा का नाम दे सकते हैं। यह देह से कहीं बड़ी थी और मैं इसे 'भव्य' शब्द के साथ वर्णित करना चाहूँगी क्योंकि मैंने उस अवस्था में ऐसा ही महसूस किया था। ऐसा लग रहा था कि जैसे किसी भौतिक अस्तित्व का नाम ही न रहा हो। यह अनंत ऊर्जा पिंड ही वास्तव में, मैं थी और शरीर केवल एक बैरोमीटर था जिससे यह मापा जा सकता था कि इससे यह जीवन शक्ति प्रकट हो रही थी। ऐसा लगता था कि यह त्रिआयामी जगत ही वास्तविक था और मेरा ऊर्जा पिंड ही असली था।

इसके साथ ही मुझे एहसास हुआ, जब यह कहा जाता है कि लोग उच्च स्पंदनों से हैं तो इसका अर्थ यह होता होगा कि वे अपनी प्रामाणिक भव्यता और महिमा को बेहतर तरीके से प्रकट कर पा रहे हैं और उनके बैरोमीटर की रीडिंग बहुत अच्छी आ रही है। नतीजन उनकी सकारात्मक ऊर्जा व भौतिक उपस्थिति बहुत मज़बूत है। हालाँकि उस लोक में कोई भी मज़बूत या कमज़ोर नहीं दिखता। वहाँ सभी विशेष तेज़ से संपन्न थे। लेकिन हम उस तेज़ को अपने शरीर के माध्यम से इस जगत में कितना प्रकट करना चाहते हैं वह हम पर ही निर्भर करता है। यह हमारा अपना चुनाव है।

सवाल 21 : क्या आप यह कहना चाहती हैं कि आपके स्वास्थ्य में सुधार की शक्ति किसी बाहरी स्रोत के बजाय भीतर से आई?

जवाब : यह न तो भीतरी थी और न ही बाहरी या मैं कह सकती हूँ कि यह दोनों रूपों

में थी। जब मैं द्वैत की अवस्था में नहीं रही तो मैंने जाना कि भीतर और बाहर में तो कोई अंतर ही नहीं है। मैं ही सभी वस्तुओं का स्रोत बन गई थी और स्रोत मैं बन गया था। लेकिन यदि आप यह कहना चाह रहे हैं कि मेरे आरोग्य के पीछे मेरा, अहंकार या भौतिक स्व के रूप में कोई हाथ था, तो मैं यही कहूँगी कि ऐसा नहीं था। यह मेरे अनंत स्व के प्रकट होने से उपजा था और यह इसी समझ की देन था कि मैं स्रोत से किसी भी रूप में अलग नहीं हूँ।

सवाल 22 : आप पश्चिमी और पूर्वी आरोग्य प्रणालियों के बारे में क्या कहना चाहेंगी?

जवाब : मुझे लगता है कि बहुत सी प्रणालियाँ और चिकित्सा पद्धतियाँ उपयोगी हैं, साथ ही मैं यह भी स्पष्ट कर देना चाहती हूँ कि मेरे लिहाज़ से, आरोग्य पाने के लिए मृत्यु को पास से देखने का अनुभव पाना भी ज़रूरी नहीं है।

लेकिन जब भय का नाम नहीं रहता और हम पूरे विश्वास के साथ सामने आते हैं तो आरोग्य पद्धतियाँ कहीं बेहतर तरीके से काम कर पाती हैं। भारत प्रवास के दौरान मेरे स्वास्थ्य में सुधार हुआ क्योंकि मैं भय के परिवेश से दूर थी। मैं एक ऐसी संस्कृति के बीच थी, जहाँ कैंसर के नाम पर एक बिलकुल ही अलग दृष्टिकोण मौजूद था, जो कहीं अधिक सकारात्मक था। पश्चिमी सभ्यताओं में बसे हाँगकाँग में अधिकतर लोग कैंसर के भय से पीड़ित थे और मुझे भी उनके भय की छूत लग गई। परंतु भारत में, मुझे एक अलग नज़रिया मिला, जिसने मेरे मन में आशा की किरण जगाई। मैंने उसे अपना भरोसा दिया और मेरे स्वास्थ्य पर शीघ्र ही इसका असर दिखाई देने लगा।

सवाल 23 : आपने कहा कि जब आपने भारत जाकर आयुर्वेदिक उपचार करवाया तो आपको लगा कि आप रोग से मुक्त हो रही थीं, लेकिन जब आप हाँगकाँग वापस आईं तो रोग भी लौट आया। क्या आप इस बारे में बता सकती हैं कि भारत में कैंसर ठीक क्यों होने लगा और हाँगकाँग आते ही रोग की पुन: वापसी कैसे हुई?

जवाब : मुझे लगता है कि भारत में आयुर्वेद मेरे लिए इसलिए कारगर रहा क्योंकि वहाँ कोई आपसी संघर्ष नहीं था। मेरे आसपास के लोग भी वही सोचते थे और मैं जो कर रही थी, वह सबको समझ में आता था। मैं किसी तरह की दुविधा या उलझन में नहीं थी। पहली बार ऐसा लगा कि मैं सही रास्ते पर थी। इसके अलावा आयुर्वेदिक चिकित्सकों व आश्रमों आदि का भी पूरा सहयोग मिला।

लेकिन हाँगकाँग में मेरे चुनाव अंतहीन और बहुसांस्कृतिक थे और सभी अलग-अलग पद्धतियाँ एक-दूसरे के विपरीत थीं। मैं पश्चिमी पारंपरिक चिकित्सा को पसंद नहीं करती थी लेकिन यदि मैं वैकल्पिक चिकित्सा को न चुनती तो मुझे इसे ही अपनाना पड़ता, जबकि निजी तौर पर मैं ऐसा नहीं करना चाहती थी।

मुझे लगा कि मैं चीन में ही पली-बढ़ी इसलिए चीनी चिकित्सा पद्धति मेरे लिए असरदायक होगी, लेकिन यदि यह बात सच थी तो मुझे बीमार ही नहीं होना चाहिए था। आप जानते हैं कि चीन में कैंसर के रोग के लिए क्या कहा जाता है? वे मानते हैं, यह 'पश्चिमी लोगों का रोग' है। जैसा कि आप जानते हैं, पश्चिमी देशों की तुलना में चीन, जापान व भारत जैसे देशों में कैंसर रोगियों की संख्या कम है।

कुछ लोगों को लगता है कि यह आहार के कारण होता है लेकिन मेरे अनुसार, वह तो इसका एक हिस्सा मात्र है। एक और बड़ा तथ्य यह हो सकता है कि कैंसर में पश्चिमी मान्यता, इसका भय और इसके लिए निरंतर चलाए जा रहे जागरूकता अभियान! पारंपरिक पश्चिमी चिकित्सा पद्धति कैंसर की खोज पर केंद्रित है और उनकी तकनीक भौतिक आरोग्य और संतुलन को बनाए रखने के बजाय निदान पर आधारित है।

सवाल 24 : पूर्वी और पश्चिमी आरोग्य पद्धति में आपने क्या अंतर पाया?

जवाब : इन दोनों के बीच झूलने से मेरी भावात्मक अवस्था आशा तथा भय के बीच झूलती रही।

पश्चिमी डॉक्टर केवल कैंसर पर केंद्रित रहे और मुझे यह एहसास दिलाया मानो मेरे शरीर पर किसी बाहरी शत्रु ने धावा बोल दिया है और इसे छुटकारा पाना होगा। दूसरे शब्दों में, कैंसर एक दुश्मन है जिस पर हमला किया जाना चाहिए। उनके द्वारा रोग की पहचान से सदा भय पैदा होता था।

आयुर्वेद और चीनी चिकित्सा पद्धति के पूर्वी डॉक्टर मेरे शरीर के संपूर्ण आरोग्य पर केंद्रित रहे। उनका मानना था कि शरीर रोग के माध्यम से मेरे शरीर में पैदा हुए असंतुलन को सुधारने का प्रयास कर रहा है। यह असंतुलन केवल भौतिक नहीं बल्कि भावानात्मक और मानसिक भी था। दरअसल कैंसर मेरा मित्र था। ये पद्धतियाँ कहीं आरामदेह और आशा का संचार करनेवाली थीं।

एन.डी.ई. के बाद मेरे लिए यह देखना आसान हो गया कि कैंसर कोई रोग या

दुश्मन नहीं था। मैं जानती थी कि यह मुझे क्या बताना चाह रहा है। यदि मैं कैंसर को अपना शत्रु मानकर, उसे नष्ट भी कर देती तो भी इसके मूल कारण से छुटकारा नहीं पा सकती थी। एन.डी.ई. के दौरान कुछ था जो गहराई तक घटित हुआ, जिसने कैंसर की कोशिकाओं को नष्ट होने पर विवश कर दिया।

सवाल 25 : ऐसा लगता है जैसे आप कहना चाहती हैं कि आरोग्य की विधियाँ संस्कृतियों पर आधारित होती हैं और जब कैंसर की बात आती है तो किसी को भी, दूसरी पद्धति से श्रेष्ठ नहीं कहा जा सकता। क्या मैंने आपकी बात को सही समझा है?

जवाब : जी, मैं आपसे वही कहना चाह रही हूँ जो मेरे निजी अनुभव पर आधारित है। याद रखें, मेरे नज़रिए से, आधुनिक युग के अनेक रोग, वास्तव में मानसिक व आध्यात्मिक रोग हैं, जो शरीर में प्रकट होते हैं। केवल शरीर की चिकित्सा करने के बजाय मन और आत्मा से जुड़े उपचार भी इन रोगों के शमन में सहायक होंगे। जिस पद्धति को अपनी संस्कृति का सच्चे दिल से सहयोग मिलता हो, वह उस पद्धति की तुलना में अधिक प्रभावशाली होगी जिसे यह सुविधा नहीं मिलती। यदि चिकित्सा पद्धति में रोगी के मानसिक व आध्यात्मिक पक्षों को भी ध्यान में रखा जाए तो उन्हें आरोग्य प्रदान करने में देर नहीं लगती।

सवाल 26 : अपने अनुभवों के आधार पर, आप कैंसर और चिकित्सा के बारे में क्या राय रखती हैं? क्या आपको लगता है कि हम कैंसर के इलाज में थोड़ी-बहुत सफलता भी पा सके हैं?

जवाब : निजी तौर पर मेरे अपने अनुभव के आधार पर मेरा मानना है कि कुछ खास मामले, जैसे कि मेरा मामला, ये रोग मन और आत्मा से संबंध रखता है, यह देह से नहीं जुड़ा होता। भौतिक रूप से रोग का प्रकट होना तो किसी गहराई तक गए कारण का लक्षण मात्र है। मैं नहीं मानती कि ऐसे मामलों का इलाज दवा से हो सकता है क्योंकि वैज्ञानिक सब कुछ गलत स्थानों पर खोजते हैं – वे कारण का नहीं, लक्षण का अध्ययन कर रहे हैं और फिर उन लक्षणों को छिपाने के लिए दवाएँ बना रहे हैं। हो सकता है कि वे कुछ लक्षणों को वश में कर लें लेकिन मुझे नहीं लगता कि वे किसी इलाज की खोज कर सकेंगे।

मुझे लगता है कि इस रोग के बारे में बहुत ही गंभीर शोध और अध्ययन किया गया है जिसे मैंने अपने एन.डी.ई. अनुभव और रोग से जाना है। बड़े खेद से कहना

पड़ता है कि मैंने एक भी ऐसा अध्ययन नहीं पाया, जिसमें कैंसर के असली कारणों के बारे में बताया गया हो, जबकि इस विषय पर लाखों-करोड़ों रुपए खर्च हो रहे हैं। मैं अकसर सोचती हूँ कि लोगों के अंदर उनकी दिव्य आरोग्य क्षमता के प्रति जगाने के बजाय, पैसा कमानेवाली दवाएँ बनाने का ज़्यादा सरल काम है।

मेरा मानना है कि मेरा कैंसर, मेरी अपनी पहचान से जुड़ा था। मानो मेरा शरीर बताना चाहता था कि मेरी आत्मा अपनी ही क्षमता या सामर्थ्य की कमी से दुःखी हो रही थी। मैं जो हूँ यदि मुझे उसका सच्चा परिचय मिल जाता तो मुझे कैंसर न हुआ होता।

सवाल 27 : आपके अनुसार मृत्यु के बाद जीवन में धन के लिए क्या रवैया होना चाहिए? कई लोग मानते हैं कि धन बुरा होता है और यही संसार में अनेक कष्टों का कारण बनता है। आप क्या सोचती हैं?

जवाब : हम धन को जैसी शक्ति देना चाहते हैं उसके अलावा इसकी कोई निजी शक्ति नहीं होती और इस आयाम में हर वस्तु के साथ ऐसा ही होता है। किसी भी चीज़ को अच्छे या बुरे के लिए प्रयोग में लाया जा सकता है लेकिन वास्तव में यह निष्पक्ष या तटस्थ होता है। हम ही इसे ताकतवर बनाते हैं। हम ही धन, धर्म या जाति आदि पर अपनी सकारात्मक या नकारात्मक राय जोड़ देते हैं। हम उनके बारे में एक धारणा बना लेते हैं उन्हें भावात्मक रूप से सुदृढ़ बनाते हैं और हमने ऐसे हालात बना दिए हैं, जहाँ लोग या तो लड़ते रहते हैं या अपने बचाव की मुद्रा में रहते हैं।

मैं नहीं कहती कि धन एक बुरी चीज़ है – हो सकता है कि यह इस लोक में रहने के लिए अनिवार्य हो। हम द्वैत संसार में जीते हैं, जहाँ हम सदा अच्छा और बुरा, सकारात्मक या नकारात्मक तय करते रहते हैं। हमारे पास भाव हैं और हमने उन्हें अपनी मान्यताओं से जोड़ दिया है जिनमें धन भी शामिल है। हम वही भावात्मक लगाव किसी दूसरी वस्तु को भी दे सकते थे, किसी और तंत्र को भी दे सकते थे और इस तरह वह भी उतनी ही ताकतवर हो जाती जितना धन को माना जाता है।

लेकिन मृत्यु इस द्वैत से परे है। यह धर्म, जाति, संस्कृति तथा सारे मूल्यों व मान्यताओं से भी परे है। हम इनमें से कुछ भी नहीं बल्कि समय के इस बिंदु पर उन्हें प्रकट कर रहे हैं, हम इससे कहीं महान, कहीं अधिक महान हैं।

सवाल 28 : बहुत से ऐसे लोग हैं, जो स्व-आरोग्य का लाभ पाना चाहते हैं। वे

अपने लिए इन बातों से क्या अर्थ निकाल सकते हैं, जैसे 'अपने ही आरोग्य पर भरोसा रखना'... 'सब कुछ छोड़कर आरोग्य को स्वीकार करना'... 'अपने आरोग्य तक पहुँच बनाना'...। क्या किसी औसत आदमी के लिए ये बातें कोई मायने रखती हैं? जो लोग अपने शरीर को आरोग्य देना चाहते हैं उन्हें जानना होगा कि इन्हें अभ्यास में कैसे उतारा जा सकता है।

जवाब : मैं किसी भी तरह की प्रणाली, निर्देशों या किसी भी तरह के आदेशों का समर्थन नहीं करती क्योंकि यदि मैंने ऐसा किया तो यह भी एक सिद्धांत बन जाएगा और हमें इन्हीं से मुक्त होना है। हमें रोग या लक्षण को किसी ऐसे रूप में नहीं लेना चाहिए मानो हम उससे पीछा छुड़ाना चाहते हों, जैसे वह हमारा कोई दुश्मन है। यह भय से उपजी हुई प्रतिक्रिया है। मेरे लिए इन लक्षणों के पैदा होने का अर्थ है कि मेरा शरीर ही मुझे आरोग्य देने की कोशिश कर रहा है। मैं जानती हूँ कि यदि मैंने विपरीत रवैया अपनाकर रोग से भागना चाहा तो मैं स्वयं को इस रोगी मानसिकता में और भी गहराई से उलझा लूँगी।

इसका अर्थ यह भी नहीं कि आप जाकर डॉक्टर को न दिखाएँ। मैं तो आपको यह बताना चाहती हूँ कि मैं देह में उपजे रोग को किस रूप में देखती हूँ। मैं बस यही कहना चाहती हूँ कि इसके प्रति जुनून से बचें और दिन-रात उस रोग से बचाव के लिए उपाय न करें। इसके बजाय उत्पादक होते हुए स्वयं को ऐसे कामों में लगाएँ ताकि आपका ध्यान अपने रोग से हट सके और आप सकारात्मक या रचनात्मक तौर पर उत्तेजित हो सकें।

जहाँ तक संभव हो सकता है मैं अपने आपको अपनी उस माँग से दूर रखने की कोशिश करती हूँ, जिसके अनुसार मुझे ऐसा लगता है कि स्वास्थ्य के एक निश्चित रूप में होने से ही मुझे आनंद और संतुष्टि मिल सकती है। मैं उन पलों में उतने ही आनंद के साथ जीने की कोशिश करती हूँ, जितना रोग से पहले जीती थी। वर्तमान में जीने का अर्थ यही है कि आपको समय के एक अंतराल से दूसरे अंतराल में अपना भावात्मक बोझ लेकर नहीं जाना है। हर क्षण अपने आपमें अनूठा है और इसे दोहराया नहीं जा सकता। यह हमारा चुनाव है कि हम भय को अपने साथ रखना चाहते हैं और स्वयं को रोग के पिंजरे में बंद रखना चाहते हैं या नहीं। आपको इसके लिए कोई आध्यात्मिक गुरु बनने की ज़रूरत नहीं है। बस अपने जीवन के हर क्षण को भरपूर जीएँ और ऐसे काम करें जिनसे आपके मन को खुशी मिले भले ही आपके पास जीने के लिए एक माह हो या फिर सौ बरस!

सवाल 29 : कल्पनाएँ तो रोचक हैं, लेकिन आप व्यावहारिक परामर्श के लिए क्या कहेंगी? अब आप स्वस्थ कैसे रहती हैं? आप क्या खाती हैं और अपने आहार में क्या खाने से बचती हैं?

जवाब : मेरे एन.डी.ई. के बाद से मेरे आहार में बहुत बदलाव आया है लेकिन शायद वह ऐसा नहीं है, जिसकी आप अपेक्षा रखते हैं। मैं पहले इस बारे में चिंतित रहती थी कि मुझे क्या खाना चाहिए। मैं विशुद्ध शाकाहारी थी। मैं केवल आर्गेनिक भोजन, मैक्रोबायोटिक्स, विटामिन, सप्लीमेंट और व्हीटग्रास जूस आदि पर ही जीवित थी और यह मेरे रोग आरंभ होने से पहले का आहार था। मुझे लगता था कि कुछ भी खाने से कैंसर हो सकता था जिसमें माईक्रो से लेकर प्लास्टिक के बरतन तक शामिल थे। मैंने स्वस्थ रहने के लिए आहार लिया, लेकिन मैं तो वह सब कुछ भयवश कर रही थी।

अब मैं वही सब खाती हूँ जो मेरा मन करता है। मुझे अच्छी चॉकलेट, वाइन और समय-समय पर शैम्पेन पीना पसंद है। बस यही ध्यान रखती हूँ कि भोजन और जीवन के साथ मेरा अच्छा समय बीते। मुझे लगता है कि खुश बने रहना ही सबसे बड़ी बात है। बीमार पड़ने के भय से तथाकथित स्वस्थ आहार लेने और फिर दुःख महसूस करते रहने में कोई तुक नहीं बनता। चिंता से तो हमारी समस्याएँ और भी बढ़ जाती हैं। जब हम तनाव के बजाय खुशी के बीच होते हैं तो शरीर का लचीलापन बढ़ता है और वह बेहतर क्षमता के साथ अपना काम करता है।

यदि मैं सेहतमंद खाना भी लेती हूँ तो उसके पीछे मेरा भय नहीं बल्कि प्यार ही छिपा होता है और मैं आपको भी इसी तरह जीने का न्यौता देती हूँ।

सवाल 30 : यदि आप अपने एन.डी.ई. से जुड़ा कोई संदेश देना चाहें कुछ ऐसा, जो आपको लगता है कि आप सबको खुलकर बताना चाहती हों तो वह क्या हो सकता है?

जवाब : मैं आपको बताना चाहूँगी कि आपका हर हिस्सा अद्‌भुत है। आपका अहंकार, बुद्धि, देह व आत्मा। यही तो हैं आप। इस ब्रह्माण्ड की एक सुंदर रचना! आपका हर पक्ष अपने आपमें संपूर्ण है। आपके पास ऐसा कुछ नहीं है जो छीना जा सकता है और आपको न तो किसी को क्षमा करना है और न ही कुछ पाना है। आपके पास पहले से ही वह सब कुछ मौजूद है जो आप पाना चाहते हैं। भले ही यह सुनने में बहुत जटिल लगे लेकिन जटिल है नहीं।

अगर कोई धर्म आपको अपने इष्ट से नीचा दिखाता है तो आपने इसे सही तरह से समझा नहीं या यह आपको सही तरह से सत्य की शिक्षा नहीं दे पा रहा। यदि कोई गुरु, अध्यापक या स्वामी आपको यकीन दिलाते हैं कि आप अभी जागे नहीं हैं और अभी आपको बहुत कुछ सीखना है और छोड़ना है। तब समझें कि वे सही मायनों में आपको आपसे मिलवाने का काम नहीं कर रहे या आप ही उन्हें समझे नहीं हैं।

अपने आसपास के हर इंसान से कहें कि वे वही रहें, जो वे हैं और उनसे कहें कि वे जो हैं आप उन्हें उसी रूप में ही चाहते हैं। वे भी संपूर्ण हैं और आप भी अपने आपमें संपूर्ण हैं। ऐसा कुछ नहीं है, जिसे प्यार न किया जा सके। अधिकतर कष्ट तभी पैदा होता है जब आप स्वयं को कमतर समझते हैं। जबकि वास्तव में आप अपने आपमें संपूर्ण हैं।

आपको केवल इतना ही सीखना है कि आप जो बनना चाहते हैं वह आप पहले से ही हैं। बस अपने अनूठे, अद्वितीय और निर्भीक रूप को पहचानें! यही वजह है कि आपको वही बनाया गया है जो आप हैं और यही कारण है कि आप इस भौतिक जगत में हैं।

अंतभाषण

इससे पहले कि मैं यह पुस्तक समाप्त करूँ, मैं आपसे कुछ और कहना चाहूँगी। हमेशा यह याद रखें कि आपको अपनी ताकत दूसरे के हाथ में नहीं देनी है, आपको अपनी ही भव्यता के अधीन होना है। जब उचित मार्ग की तलाश का ज़िक्र आता है तो हर इंसान के लिए उसका उत्तर अलग-अलग होता है। मेरे पास केवल एक ही सार्वभौमिक हल है – **'अपने आपसे प्रेम करें, बेशर्त प्रेम करें और अपने सच्चे स्वरूप के प्रति निर्भीक रहें।'** मैंने मृत्यु को निकट से देखने के अनुभव से यह सबसे महत्वपूर्ण पाठ सीखा है और मैं ईमानदारी से महसूस करती हूँ कि अगर मुझे पहले से इसकी जानकारी होती तो शायद मुझे कैंसर न हुआ होता।

जब हम अपने प्रति सच्चे होते हैं तो हम इस पृथ्वी पर सत्य के लिए माध्यम बन जाते हैं। क्योंकि हम सब परस्पर संपर्क रखते हैं, हम अपने आसपास के लोगों के जीवन को छूते हैं और वे हमें प्रभावित करते हैं। हमारा एकमात्र कर्तव्य यही बनता है कि हम जो भी हैं अपने उसी रूप को प्यार करें और अपने भीतर से उसी तरह जवाब तलाशें, जो तरीका हमें सबसे सहज व सरल लगता हो।

आखिर में, इस महत्वपूर्ण तथ्य को भी नकारा नहीं जा सकता कि आपको जीवन को गंभीरता से न लेते हुए, इसका भरपूर आनंद लेना है। अनेक आध्यात्मिक तंत्रों का सबसे बड़ा दोष यही है कि वे अकसर जीवन को बहुत गंभीरता से ले लेते हैं। हालाँकि आप जानते हैं कि मुझे सिद्धांत बनाना पसंद नहीं है। लेकिन यदि मुझे कभी जीवन में आरोग्य पाने के लिए आध्यात्मिक नियम बनाने भी पड़े तो मेरी सूची में सबसे पहली प्राथमिकता यही होगी कि जितना संभव हो सके उतना हँसा जाए और उससे भी बेहतर हो कि मैं अपने आप पर हँस सकूँ। यह किसी भी प्रार्थना, ध्यान, मंत्रजाप, आहार में सुधार आदि से बेहतर होगा। जब हम रोज़मर्रा की समस्याओं को हास्यबोध के साथ देखते हैं तो वे कभी बड़ी नहीं लगतीं।

सूचना तकनीक के इस युग में हम प्रकाश से भी तेज़ गति से समाचारों का सामना कर रहे हैं। हम बहुत गहरे दबाव, तनाव और भय के साये में जी रहे हैं। अपने आपको

बचाने के इस प्रयत्न के बीच, हम बाहरी दुनिया में इतने मग्न हो गए हैं कि अपने जीवन का आनंद उठाना ही भूल गए हैं और उसकी परवाह तक नहीं करते, जो हमारे भीतर है।

हमारा जीवन ही हमारी प्रार्थना है। यही इस ब्रह्माण्ड के लिए हमारा उपहार है और जब एक दिन हम इस संसार से विदा लेंगे तो जो स्मृतियाँ हम छोड़ जाएँगे, वही हमारे प्रियजनों के लिए बड़ी धरोहर होंगी। हम इस बात के लिए स्वयं के और अपने आसपास के लोगों के ऋणी हैं कि हम स्वयं तो खुश रहें ही, अपने आसपास के लोगों के लिए भी खुशी का कारण बनें, उनके जीवन को खुशहाल कर दें।

अगर हम हास्यबोध और इस एहसास के साथ जीवन में आगे बढ़ सकते हैं कि हम ही प्रेम हैं तो हम पहले ही इस खेल में आगे हैं। इस मिश्रण में चॉकलेट से भरा डिब्बा भी मिला दें, तो फिर जीत का फार्मूला हमारे हाथों में होगा।

मैं कामना करती हूँ कि आप अपनी भव्यता और महिमा को जानकर, इस संसार में निर्भयता के साथ जीने का आनंद उठा सकें।

– नमस्ते

अनीता मूरजानी

आभार

मेरे लिए, संभवत: यह पुस्तक का सबसे महत्वपूर्ण हिस्सा है। यहाँ मैं उन सबके प्रति आभार प्रकट कर सकती हूँ, जिन्होंने किसी न किसी रूप में इस पुस्तक को सामने लाने में सहायता की। कुछ लोग प्रत्यक्ष रूप से कार्य में सहायक हुए तो कुछ ने अप्रत्यक्ष रूप से मुझे अपना सहयोग दिया, लेकिन इन सभी ने मेरी इस यात्रा में महत्वपूर्ण योगदान दिया।

डॉक्टर व्येन डब्ल्यू. डायर -

मैं क्या कहूँ? आपकी हार्दिक उदारता ने मुझे नि:शब्द कर दिया है और ऐसा प्राय: नहीं होता। मैं जानती हूँ, इससे पहले कि हम जान पाते, अनुकूल समय पर हमारी भेंट करवाने के लिए यह ब्रह्माण्ड पहले से ही योजना बना रहा था। आप मेरी इस यात्रा का अखंड हिस्सा रहे हैं और आपके बिना मैं इसे कभी पूरा नहीं कर सकती थी। आपकी दयालुता और परामर्श मेरे लिए बहुत महत्त्व रखते हैं और इसमें कोई आश्चर्य नहीं कि यह संसार भी आपसे प्रेरित है।

आभार! आभार! आभार! आपको अपने दिल की गहराइयों से शुक्रिया अदा करती हूँ, आपने मेरे लिए वे द्वार खोले, जिनके माध्यम से मैं इस संसार के सामने अपने अनुभव बाँट सकी और मेरा यह संसार जादुई हो गया। लेकिन इससे भी अधिक, आपके होने का शुक्रिया, मैं आपसे बहुत प्यार करती हूँ!

मेरे सबसे प्यारे दोस्त और मेरे आत्मीय भाई, रिओ क्रूज़ -

मैं आभार प्रकट करने के लिए जो कहूँगी, वह उस भाव के ज़रा सा भी निकट नहीं पहुँच पाएगा, जो मैं हमारी मित्रता के विषय में अनुभव करती हूँ। इन वर्षों के दौरान, तुम वास्तव में मेरे जीवन पर एक अनिवार्य प्रभाव के रूप में सामने आए, मुझे ऐसे संसार में फिट होने में मदद की, जो मेरे उन अनुभवों को सुनने के लिए कभी तैयार

नहीं था जो मुझे उनके बीच बाँटने थे। एन.डी.ई. के विषय में तुम्हारे विस्तृत ज्ञान ने मुझे बहुत सुकून दिया और जब दूसरों से चुनौतियाँ मिल रही थीं तो उस समय तुम्हारा सहयोग एक बड़े सहारे की तरह सामने आया; इन सबके लिए मेरा धन्यवाद शब्द भी छोटा है। तुम मेरे सबसे सच्चे दोस्त हो और तुम्हें पहले दिन से एहसास था कि मुझे अपनी कहानी इस संसार के साथ बाँटनी चाहिए। इस पुस्तक के तैयार होने की यात्रा के दौरान मुझे बड़ी कोमलता से आगे बढ़ाने और इस पुस्तक को साकार रूप में लाने के लिए प्रोत्साहित किया। दोस्त! तुम मुझे बहुत प्यारे हो!

मीरा कैली -

तुम बहुत सुंदर इंसान हो! समकालिकता का एक अंश बनने और डॉक्टर व्येन डायर तक मेरी कहानी पहुँचाने के लिए बहुत-बहुत शुक्रिया। तुम्हारी ही वजह से अनुमति देने के नियम ने ठोस रूप लिया। मैं तुमसे बहुत प्यार करती हूँ!

जेसिका कैली -

मेरी संपादिका, आपने मेरी कहानी को जीवंत बनाकर इन पृष्ठों पर संजोया। मैं आपके धैर्य के लिए आपका आभार प्रकट करती हूँ, आप हमेशा उस बात को अच्छी तरह समझ जातीं जो मैं सही मायनों में कहना चाहती थी। आपके साथ काम करने में बहुत आनंद आया। धन्यवाद!

रीड ट्रेसी, शेनॉन लिटरल और हे हाउस में सभी दोस्त -

आप सबके योगदान के लिए आभार! मैं हे हाउस परिवार से जुड़कर रोमांचित महसूस करती हूँ।

डॉक्टर जेफ्री लांग, नियर डेथ एक्सपीयरेंस रिसर्च फाउंडेशन के मालिक -

मेरे संदेश की महत्ता को पहचान देने के लिए धन्यवाद! आपने अपनी वेबसाइट के होम पेज पर मेरे अनुभव को स्थान दिया। और इसे संसार के सामने लाए!

डॉक्टर पीटर -

मैं आभारी हूँ कि आपने मेरे मामले में इतनी रुचि ली और हाँगकाँग आकर मुझसे भेंट की तथा मेरे मेडिकल रिकॉर्डों पर शोध किया। आपके धैर्य और लगन के लिए आभार। आपने मेडिकल दस्तावेज़ों और फाइलों को किसी महान जासूसी कार्य की तरह निभाया।

डॉक्टर ब्रायन वाकर, हमारे पारिवारिक डॉक्टर और मित्र -

मैं जानती हूँ कि मैंने आपको भयभीत कर दिया था! मुझ पर आस न छोड़ने और सारे कठिन समय के दौरान हमारा साथ निभाने के लिए बहुत-बहुत शुक्रिया!

हाँगकाँग सैनेटोरियम के डॉक्टरों व सहायकों की अद्भुत टीम -

आप सभी को धन्यवाद! आपने उस कठिन हालात में मुझे अपनी सेवाएँ प्रदान कीं - धन्यवाद, आपने अपने हाथों, ब्रह्माण्ड को उसका कार्य करने की अनुमति प्रदान की।

मेरा प्यारा एन.डी.ई.आर.एफ. परिवार -

आप मेरा समुदाय, मेरा परिवार और पिछले पाँच वर्षों से मेरे मित्र रहे हैं। डेव थालेर, लूकास टेलर, मार्क स्वीनी, एलिसन ब्रूर, बेली स्ट्रस, क्लो सोलिस, डेव मसवारे, डॉन ओ कोनोर, व्येन हार्ट, कारला डोबेल और लॉरेन। मैं आप सबके साथ के बिना इस यात्रा को जारी नहीं रख सकती थी। आपने मुझे ऐसा समूह दिया जहाँ से मैंने एक जुड़ाव महसूस किया और इस रास्ते में बहुत आनंद भी आया। मैं वाकई आप सबको बहुत चाहती हूँ।

मेरा प्यारा परिवार -

मेरा भाई अनूप, जो मेरे लिए किसी दुनिया से कम नहीं; उसका परिवार, मोना और शान; और मेरी प्यारी माँ, जिन्होंने सदा मुझे बेशर्त और ढेर सारा प्यार दिया है और मैं माफी चाहती हूँ कि मैं आपके जीवन में इतने कष्ट का कारण बनी। सबसे अंत में लेकिन सबसे प्रिय, अपने प्यारे पति के बारे में बात करना चाहूँगी - सौभाग्यशाली हूँ कि मैंने अपने जीवन में आपको पाया और मैं भरोसा करती हूँ, आप जानते हैं कि मैं आपको कितना प्यार करती हूँ! हमारा यह प्रेम मेरे लिए किसी अमूल्य खज़ाने से कम नहीं और आशा करती हूँ कि हम दोनों अपनी अंतिम साँस तक एक साथ रहेंगे। डार्लिंग! मैं आपसे बहुत-बहुत प्यार करती हूँ!

लेखिका के विषय में

अनीता मूरजानी

अनीता मूरजानी का जन्म सिंगापुर में हुआ, उनके माता-पिता भारतीय मूल से थे। वे दो वर्ष की आयु में हाँगकाँग आ गईं और फिर उनके जीवन का अधिकतर भाग यहीं बीता। उनकी पृष्ठभूमि तथा ब्रिटिश शिक्षा के कारण वे कई भाषाओं की जानकार हैं। जैसे अंग्रेजी, कैंटोनीज़ और एक भारतीय बोली बोलते हुए वे पली-बढ़ीं; फिर उन्होंने स्कूल में फ्रेंच भाषा भी सीखी। अनीता अप्रैल 2002 में कैंसर से ग्रस्त होने से पहले, अनेक वर्षों तक कार्पोरेट जगत के लिए कार्यरत रहीं। सन 2006 में उनके अद्भुत और भाव विभोर कर देनेवाले, मृत्यु को निकट से देखने के अनुभव ने जीवन के प्रति उनके दृष्टिकोण को उल्लेखनीय रूप से बदल दिया और अब उनका कार्य उन सभी गहराइयों व अंतर्दृष्टियों से युक्त है जो उन्होंने दूसरे लोक में अपने अनुभव के दौरान पाईं।

अपने एन.डी.ई. के परिणामवश अनीता को प्राय: विश्व के अलग-अलग हिस्सों से सम्मेलनों व सत्रों में वक्ता के रूप में बुलाया जाता है ताकि वे उनके साथ अपने अनुभव बाँट सकें। वे यूनिवर्सिटी ऑफ हाँगकाँग के व्यवहार संबंधी विज्ञान विभाग में भी एक वक्ता के रूप में नियमित रूप से निमंत्रित की जाती हैं जहाँ वे दीर्घकालीन रोग, मृत्यु का सामना करने तथा आध्यात्मिक मान्यताओं के मनोविज्ञान आदि विषयों पर अपने विचार रखती हैं। वे इस सत्य का जीता-जागता रूप हैं कि हमारे पास अपने जीवन के कठोर से कठोर हालात का सामना करने के लिए भी आंतरिक शक्ति और विवेक है और वे इसी संभावना का सजीव प्रमाण हैं।

अनीता इन दिनों अपने पति के साथ हाँगकाँग में रह रही हैं और जब वे यात्राओं में या वक्ता के रूप में व्यस्त नहीं होतीं तो शहर में स्थित बहुराष्ट्रीय कार्पोरेशनों में सांस्कृतिक परामर्शदात्री के रूप में कार्य करती हैं।

वेबसाइट : www.anitamoorjani.com

परिशिष्ट

वॉव पब्लिशिंगस् द्वारा प्रकाशित पुस्तकें

विचार नियम

आपकी कामयाबी का रहस्य

द पॉवर ऑफ हॅपी थॉट्स

Pages - 200

Price - 150/-

हम सभी आंतरिक शांति को तलाश रहे हैं

हम अपने जीवन में आंतरिक शांति और स्थायी पूर्णता की चाहत रखते हैं। साथ ही हमें बेशर्त प्रेम और आनंद की तलाश रहती है। परंतु यह संभव नहीं लगता क्योंकि रोज़मर्रा के जीवन में चुनौतियों में हम उलझकर रह जाते हैं।

हम सभी सांसारिक सफलता पाने की चाहत रखते हैं

हम सभी संपन्न जीवन का आनंद लेना चाहते हैं। एक ऐसा जीवन जहाँ रिश्तों में भरपूर ताल-मेल और अपनापन हो, आर्थिक स्वतंत्रता हो और उत्तम स्वास्थ्य हो।

हम सभी अपने काम में रचनात्मक और उत्पादक बनकर सर्वोत्तम परिणाम हासिल करने की चाह रखते हैं। लेकिन ये सब हासिल करने की कीमत हमें अपनी आंतरिक शांति खोकर चुकानी पड़ती है...

खुशखबर यह है कि अब हमें दोनों प्राप्त हो सकते हैं! 'विचार नियम' पुस्तक के ज़रिए -

- अपने आंतरिक और बाहरी जीवन में ताल-मेल बिठाएँ।
- अपनी इच्छानुसार शांत और स्थिर महसूस करें।
- विचारों के पार जाकर अपने 'असली अस्तित्व' को पहचानें, जो आपकी मूल अवस्था है।
- विचार नियमों को अपने जीवन में उतारें ताकि आप अपनी उच्चतम संभावना की ओर सहजता से आगे बढ़ पाएँ।
- मौनायाम की अवस्था में रहकर प्रेम, आनंद, करुणा, भरपूरता व रचनात्मकता जैसे गुणों को अपने अंदर से प्रकट होने का मौका दें।

आइए, बीस लाख से भी अधिक पाठकों के समूह में शामिल हो जाएँ, जिन्होंने विचारों के ७ शक्तिशाली नियमों तथा मत्रों द्वारा आंतरिक शांति और सफलता हासिल की है।

मृत्यु पर विजय मृत्युंजय

मृत्यु का महासत्य

Pages - 312

Price - 125/-

मृत्यु क्या है? क्या हर इंसान मरता है? क्या मैं भी मरूँगा? तो फिर जीवन का क्या अर्थ है? मृत्यु के इसी सत्य से साक्षात्कार कराती है पुस्तक- मृत्यु पर विजय **मृत्युंजय**। जीवन (सृष्टि) एक रहस्य है और मृत्यु उसी का महासत्य। पुस्तक इसी सत्य की अबूझ पहेली को सुलझाती है। जिससे मनुष्य सत्य के अनुभव से परिचित होकर सत्कर्म के मार्ग पर चलता हुआ श्रेष्ठ जीवन जी सकता है।

पुस्तक एक ऐतिहासिक कहानी के माध्यम से प्रस्तुत की गई है, यद्यपि इसके सभी पात्र काल्पनिक ही हैं। इन पात्रों द्वारा अभिव्यक्त कथनों को तेजज्ञान के संदर्भ में प्रकाशित किया गया है। पाठक राहुल, सिद्धार्थ, यशोधा और सुयोधन जैसे पात्रों के नाम से भ्रम में पड़ सकते हैं, किंतु इन नामों का उपयोग मात्र ज्ञानसंवर्धन हेतु ही किया गया है।

जीवन का प्रथम भाग यानी जो पृथ्वी पर जीता है (पार्ट वन) तथा जीवन के मृत्यु उपरांत भाग (पार्ट टू) का सूक्ष्म विवेचन इस पुस्तक में किया गया है। इस माध्यम से यह संदेश दिया गया है कि इंसान अपनी वृत्तियों और आकर्षण से परे जाकर एक मात्र पृथ्वी लक्ष्य हेतु तैयार हो। तब वह जीवन के गूढ़ रहस्य को समझकर मृत्यु के भय से निर्भय हो सकेगा।

पुस्तक में सरल शब्दों का प्रयोग किया गया है और ऐसे रोचक प्रसंगों का समावेश है, जो पाठकों को रुचिकर लगते हैं। पुस्तक का मुख्य उद्देश्य इंसान को दुर्विचारों से मुक्ति दिलाकर सत्कर्म की ओर ले जाना है।

जीवन की नई कहानी मृत्यु के बाद

G1 का पारटू
Pages - 240
Price - 95/-

मृत्यु का भय मन को विचलित कर देनेवाला होता है। मृत्यु की कल्पना मात्र से ही सिहरन होने लगती है। वैसे जिज्ञासु प्रवृत्ति के लोग मृत्यु से संबंधित विभिन्न प्रकार के प्रश्नों की कल्पना करते रहते हैं। ऐसे प्रश्नों में मृत्यु क्यों होती है, क्या मृत्यु ही शाश्वत सत्य है या फिर मृत्यु के पश्चात भी जीवन होता है? आदि प्रमुख होते हैं।

ऐसे ही सवालों का सरल समाधान इस पुस्तक में अनेक बोध कथाओं द्वारा प्रस्तुत किया गया है। पुस्तक द्वारा एक सी.इ.ओ. और आध्यात्मिक गुरु के बीच हुए वार्तालाप के माध्यम से जीवन के जीवन यानी महाजीवन और मृत्यु की मृत्यु के रहस्यों को उद्घाटित किया गया है। सवालों और जवाबों के बीच पाठक मृत्यु के पहले, मृत्यु के समय तथा मृत्यु के पश्चात् होनेवाली घटनाओं के रहस्य को बारीकी से समझ सकते हैं।

पुस्तक का मूल उद्देश्य पाठकों को मृत्यु के भय से निर्भय बनाना है। जिससे वे जीवन में किए गए कर्मों पर बारीकी से नजर रखें और मृत्यु उपरांत जीवन (पारटू) जीने के लिए प्रशिक्षित हो सकें। पुस्तक पाठकों को मृत्यु की चिंता और मानसिक अन्तर्द्वन्द्व से मुक्ति दिलाकर पृथ्वी लक्ष्य प्राप्त करने की दिशा में मार्गदर्शन करती है।

पंचलाइन

मृत्यु उपरान्त जीवन! क्या इस पर विश्वास किया जा सकता है? इसी रहस्य का पर्दाफाश करती है यह पुस्तक। जिसके अध्ययन से मृत्यु के भय से निर्भय होकर मृत्यु उपरांत जीवन यानी पारटू के लिए प्रशिक्षित हुआ जा सकता है और तभी पृथ्वी लक्ष्य की प्राप्ति भी संभव होगी।

मृत्यु उपरांत जीवन

मौत मौका या धोखा

Pages - 208

Price - 150/-

यह पुस्तक अध्यात्म के क्षेत्र में एक बड़ी क्रांति है। मृत्यु एक ऐसा विषय है जिसके बारे में हर इंसान के मन में हर तरह के सवाल होते हैं और वे सवाल न सुलझने की वजह से वह हमेशा डर-डरकर जीता है। उसे इस विषय के बारे में ज्यादा ज्ञान नहीं होता और वह कभी इस बारे में खोज करने की कोशिश भी नहीं करता। बचपन से जो मान्यताएँ उसके मन में डाल दी गई हैं, वह उन्हीं मान्यताओं के आधार पर कई बातें मानकर और डर-डरकर जीता है। इस पुस्तक में 'मृत्यु उपरांत जीवन' इस विषय पर समग्र रूप से और वैज्ञानिक आधार पर मार्गदर्शन दिया गया है। इसके साथ-साथ इस पुस्तक में पढ़ें :

* मृत्यु सबसे बड़ी शिक्षक है
* स्वर्ग और नरक की कल्पनाएँ क्यों दी गई हैं
* क्या मृत्यु उपरांत जीवन है
* क्या पुनर्जन्म होता है
* मृत्यु के बाद कर्मकाण्ड क्यों किए जाते हैं
* मृत्यु से पहले पृथ्वी पर क्या सीखें
* भूत और सूक्ष्म शरीर का रहस्य क्या है
* जीवन-मृत्यु का लक्ष्य क्या है
* मृत्यु एक धोखा है, यह रहस्य जानें
* मृत्यु से मिलन की समझ प्राप्त करें

भय,चिंता और क्रोध से मुक्ति

स्थूल विकारों से मुक्ति

Pages - 232

Price - 160/-

इंसान ईश्वर की उच्चतम रचना है, जिसके द्वारा वह अभिव्यक्ति करना चाहता है। ईश्वर हर पल, हर घटना द्वारा इंसान को मार्गदर्शन देता रहता है लेकिन इस मार्गदर्शन को पाने में सबसे बड़ी बाधा है, इंसान के विकार। यदि इंसान ईश्वर से उच्चतम मार्गदर्शन पाना चाहता है तो उसे अपने मन को सकारात्मक विचारों से भर देना चाहिए ताकि मन में किसी भी विकार के लिए कोई जगह ही न बचे।

विकार यानी मन की नकारात्मक भावनाएँ। रावण के दस चेहरों की भाँति मन के भी दस भयानक रूप हैं, जैसे गुस्सा, बोरडम, तुलना, निराशा, अहंकार, डर, लालच, नफ़रत, ईर्ष्या और द्वेष आदि। इस पुस्तक में आप मन के अनेक विकारों के अलावा, मन के तीन सूक्ष्म विकारों को विस्तार से जानेंगे और उनसे मुक्ति का मार्ग भी प्राप्त करेंगे। ये सूक्ष्म विकार हैं - मोह, अहंकार और बोरडम। ये तीन विकार बाकी सारे विकारों को बल देते हैं। यह पुस्तक विकारों के दुष्चक्र को तोड़ने के लिए तथा हर इंसान को विकाररहित बनाने के लिए लिखी गई है।

नि:शब्द संवाद का जादू

जीवन की १११ जिज्ञासाओं का समाधान

Pages - 192
Price - 150/-

प्राय: व्यक्ति के मन में कई ऐसे भाव व विचार आते रहते हैं जिन्हें शब्दों में व्यक्त करना संभव नहीं होता है। तब उसकी अनुभूति मौन में ही प्रकट होती है। यह सुनने, सोचने और अनुभव करने की स्थिति शून्य की अवस्था होती है। ऐसी अवस्था में उपजे गूढ़ सवालों का समाधान मौन चिंतन से प्राप्त किया जा सकता है।

सात खण्डों में प्रस्तुत यह पुस्तक ऐसे ही विचारों के जरिए हमारे उन सभी समस्याओं का निदान करती है, जो हमारे दैनिक जीवन की अनसुलझी पहेली बन जाती है। ऐसे प्रश्न अध्यात्म, ईश्वर, आत्मसाक्षात्कार और हमारे रोजमर्रा के काम-काज से भी संबंधित हो सकते हैं।

ऐसे ही विभिन्न विषयों से संबंधित १११ महत्वपूर्ण जिज्ञासाओं का सरल समाधान इस पुस्तक में बताया गया है। जिसके द्वारा इंसान सवालों के जवाबों को महसूस कर जीवन की रिक्तता को भर सकता है।

पुस्तक अत्यंत सरल और बोधगम्य भाषा में पाठकों को नि:शब्द संवाद का रहस्य बतानेवाली है। जिससे पाठक मौन अनुभूति के सत्य को समझकर जीवन को नई दिशा दे सकते हैं।

महाआसमानी शिविर (निवासी)

तेजज्ञान फाउण्डेशन आत्मविकास से आत्मसाक्षात्कार प्राप्त करने का एक रास्ता है। इसके लिए सरश्री द्वारा एक अनूठी बोध पद्धति (System for Wisdom) का सृजन हुआ है। इस पद्धति को अन्तर्राष्ट्रीय मानक ISO 9001:2008 के आवश्यकताओं एवं निर्देशों के अनुरूप ढालकर सरल, व्यावहारिक एवं प्रभावी बनाया गया है।

इस संस्था की बोध पद्धति के विभिन्न पहलुओं (शिक्षण, निरीक्षण व गुणवत्ता) को स्वतंत्र गुणवत्ता परीक्षकों (Quality Auditors) द्वारा क्रमबद्ध तरीके से जाँचा गया। जिसके बाद इन पहलुओं को ISO 9001:2008 के अनुरूप पाकर, इस बोध पद्धति को प्रमाणित किया गया है।

फाउण्डेशन का लक्ष्य आपको नकारात्मक विचार से सकारात्मक विचार की ओर बढ़ाना है। सकारात्मक विचार से शुभ विचार यानी हॅपी थॉट्स (विधायक आनंदपूर्ण विचार) और शुभ विचार से निर्विचार की ओर बढ़ा जा सकता है। निर्विचार से ही आत्मसाक्षात्कार संभव है। शुभ विचार (Happy Thoughts) यानी यह विचार कि 'मैं हर विचार से मुक्त हो जाऊँ।' शुभ इच्छा यानी यह इच्छा कि 'मैं हर इच्छा से मुक्त हो जाऊँ।'

ज्ञान का अर्थ है सामान्य ज्ञान लेकिन तेजज्ञान यानी वह ज्ञान जो ज्ञान व अज्ञान के परे है। कई लोग सामान्य ज्ञान की जानकारी को ही ज्ञान समझ लेते हैं लेकिन असली ज्ञान और जानकारी में बहुत अंतर है। आज लोग सामान्य ज्ञान के जवाबों को ज्यादा महत्त्व देते हैं। उदाहरण के तौर पर– कर्म और भाग्य, योग और प्राणायाम, स्वर्ग और नर्क इत्यादि। आज के युग में सामान्य ज्ञान प्रदान करनेवाले लोग और शिक्षक कई मिल जाएँगे मगर इस ज्ञान को पाकर जीवन में कोई बड़ा परिवर्तन नहीं होता। यह ज्ञान या तो केवल बुद्धि विलास है या फिर अध्यात्म के नाम पर बुद्धि का व्यायाम है।

सभी समस्याओं का समाधान है तेजज्ञान। भय से मुक्ति, चिंतारहित व क्रोध से

आज़ाद जीवन है तेजज्ञान। शारीरिक, मानसिक, सामाजिक, आर्थिक और आध्यात्मिक उन्नति के लिए है तेजज्ञान। तेजज्ञान आपके अंदर है, आएँ और इसे पाएँ।

यदि आप ऐसा ज्ञान चाहते हैं, जो सामान्य ज्ञान के परे हो, जो हर समस्या का समाधान हो, जो सभी मान्यताओं से आपको मुक्त करे, जो आपको ईश्वर का साक्षात्कार कराए, जो आपको सत्य पर स्थापित करे तो समय आ गया है तेजज्ञान को जानने का। समय आ गया है शब्दोंवाले सामान्य ज्ञान से उठकर तेजज्ञान का अनुभव करने का।

अब तक अध्यात्म के अनेक मार्ग बताए गए हैं। जैसे जप, तप, मंत्र, तंत्र, कर्म, भाग्य, ध्यान, ज्ञान, योग और भक्ति आदि। इन मार्गों के अंत में जो समझ, जो बोध प्राप्त होता है, वह एक ही है। सत्य के हर खोजी को अंत में एक ही समझ मिलती है और इस समझ को सुनकर भी प्राप्त किया जा सकता है। उसी समझ को सुनना यानी तेजज्ञान प्राप्त करना है। तेजज्ञान के श्रवण से सत्य का साक्षात्कार होता है, ईश्वर का अनुभव होता है। यही तेजज्ञान सरश्री महाआसमानी शिविर में प्रदान करते हैं।

सरश्री की आध्यात्मिक खोज का सफर उनके बचपन से प्रारंभ हो गया था। इस खोज के दौरान उन्होंने अनेक प्रकार की पुस्तकों का अध्ययन किया। इसके साथ ही अपने आध्यात्मिक अनुसंधान के दौरान अनेक ध्यान पद्धतियों का अभ्यास किया। उनकी इसी खोज ने उन्हें कई वैचारिक और शैक्षणिक संस्थानों की ओर बढ़ाया। इसके बावजूद भी वे अंतिम सत्य से दूर रहे।

उन्होंने अपने तत्कालीन अध्यापन कार्य को भी विराम लगाया ताकि वे अपना अधिक से अधिक समय सत्य की खोज में लगा सकें। जीवन का रहस्य समझने के लिए उन्होंने एक लंबी अवधि तक मनन करते हुए अपनी खोज जारी रखी। जिसके अंत में उन्हें आत्मबोध प्राप्त हुआ। आत्मसाक्षात्कार के बाद उन्होंने जाना कि अध्यात्म का हर मार्ग जिस कड़ी से जुड़ा है वह है- समझ (अंडरस्टैण्डिंग)।

सरश्री कहते हैं कि 'सत्य के सभी मार्गों की शुरुआत अलग-अलग प्रकार से होती है लेकिन सभी के अंत में एक ही समझ प्राप्त होती है। 'समझ' ही सब कुछ है

और यह 'समझ' अपने आपमें पूर्ण है। आध्यात्मिक ज्ञान प्राप्ति के लिए इस 'समझ' का श्रवण ही पर्याप्त है।'

सरश्री ने दो हज़ार से अधिक प्रवचन दिए हैं और अस्सी से अधिक पुस्तकों की रचना की हैं। ये पुस्तकें दस से अधिक भाषाओं में अनुवादित की जा चुकी हैं और प्रमुख प्रकाशकों द्वारा प्रकाशित की गई हैं, जैसे पेंगुइन बुक्स, हे हाऊस पब्लिशर्स, जैको बुक्स, हिंद पॉकेट बुक्स, मंजुल पब्लिशिंग हाऊस, प्रभात प्रकाशन, राजपाल ॲण्ड सन्स इत्यादि। सरश्री की शिक्षाओं से लाखों लोगों के जीवन में रूपांतरण हुआ है। इसके साथ संपूर्ण विश्व की चेतना बढ़ाने के लिए कई सामाजिक कार्यों की शुरुआत भी की गई है।

सरश्री आज के युग के आध्यात्मिक गुरु और 'तेजज्ञान फाउण्डेशन' के संस्थापक हैं, जो अत्यंत सरलता से आज की लोकभाषा में आध्यात्मिक समझ प्रदान करते हैं। हर साल तेजज्ञान फाउण्डेशन द्वारा 'महाआसमानी शिविर' आयोजित किया जाता है। यह शिविर पूर्णतः सरश्री की शिक्षाओं पर आधारित है।

* क्या आपको उच्चतम आनंद पाने की इच्छा है? ऐसा आनंद, जो किसी कारण पर निर्भर नहीं है, जिसमें समय के साथ केवल बढ़ोतरी ही होती है। * क्या आप इसी जीवन में प्रेम, विश्वास, शांति, समृद्धि और परमसंतुष्टि पाना चाहते हैं? * क्या आप शारीरिक, मानसिक, सामाजिक, आर्थिक और आध्यात्मिक इन सभी स्तरों पर सफलता हासिल करना चाहते हैं? * क्या आप 'मैं कौन हूँ' इस सवाल का जवाब अनुभव से जानना चाहते हैं।

यदि आपके अंदर इन सवालों के जवाब जानने की और 'अंतिम सत्य' प्राप्त करने की प्यास जगी है तो इस शिविर में आपका स्वागत है।

महाआसमानी शिविर का उद्‌देश्य : इस शिविर का उद्‌देश्य है, 'विश्व का हर इंसान 'मैं कौन हूँ' इस सवाल का जवाब जानकर सर्वोच्च आनंद में स्थापित हो जाए।' उसे ऐसा ज्ञान मिले, जिससे वह हर पल वर्तमान में जीने की कला प्राप्त करे। भूतकाल का बोझ और भविष्य की चिंता इन दोनों से वह मुक्त हो जाए। हर इंसान के जीवन में

स्थायी खुशी, सही समझ और समस्याओं को विलीन करने की कला आ जाए। मनुष्य जीवन का उद्‌देश्य पूर्ण हो।

'मैं कौन हूँ? मैं यहाँ क्यों हूँ? मोक्ष का अर्थ क्या है? क्या इसी जन्म में मोक्ष प्राप्ति संभव है?' यदि ये सवाल आपके अंदर हैं तो महाआसमानी शिविर इसका जवाब है।

महाआसमानी शिविर के मुख्य लाभ : इस शिविर के लाभ तो अनगिनत हैं मगर कुछ मुख्य लाभ इस प्रकार हैं... * जीवन में दमदार लक्ष्य प्राप्त होता है। * 'मैं कौन हूँ' यह अनुभव से जानना (सेल्फ रियलाइजेशन) होता है। * मन के सभी विकार विलीन होते हैं। * भय, चिंता, क्रोध, बोरडम, मोह, तनाव जैसी कई नकारात्मक बातों से मुक्ति मिलती है। * प्रेम, आनंद, मौन, समृद्धि, संतुष्टि, विश्वास जैसे कई दिव्य गुणों से युक्ति होती है। * सीधा, सरल और शक्तिशाली जीवन प्राप्त होता है। * हर समस्या का समाधान प्राप्त करने की कला मिलती है। * 'हर पल वर्तमान में जीना' यह आपका स्वभाव बन जाता है। * आपके अंदर छिपी सभी संभावनाएँ खुल जाती हैं। * इसी जीवन में मोक्ष (मुक्ति) प्राप्त होता है।

महाआसमानी शिविर में भाग कैसे लें? इस शिविर में भाग लेने के लिए आपको कुछ खास माँगें पूरी करनी होती हैं। जैसे - १) आपकी उम्र कम से कम अठारह साल या उससे ऊपर होनी चाहिए। २) आपको सत्य स्थापना शिविर (फाउण्डेशन ट्रुथ रिट्रीट) में भाग लेना होगा, जहाँ आप सीखेंगे- वर्तमान के हर पल को कैसे जीया जाए और निर्विचार दशा में कैसे प्रवेश पाएँ। ३) आपको कुछ प्राथमिक प्रवचनों में उपस्थित होना है, जहाँ आप बुनियादी समझ आत्मसात कर, महाआसमानी शिविर के लिए तैयार होते हैं।

यह शिविर साल में तीन या चार बार आयोजित होता है, जिसका लाभ हज़ारों खोजी उठाते हैं। इस शिविर की तैयारी आगे दिए गए स्थानों पर कराई जाती है। पुणे, मुंबई, दिल्ली, सांगली, सातारा, जलगाँव, अहमदाबाद, कोल्हापुर, नासिक, अहमदनगर, औरंगाबाद, सूरत, बरोडा, नागपुर, भोपाल, रायपूर, चेन्नई, वर्धा, अमरा-वती, चंद्रपुर, यवतमाल, रत्नागिरी, लातूर, बीड, नांदेड, परभणी, पनवेल, ठाणे,

सोलापुर, पंढरपुर, अकोला, बुलढाणा, धुले, भुसावल, बैंगलोर, बेलगाम, धारवाड, भुवनेश्वर, कोलकत्ता, राँची, लखनऊ, कानपुर, चंदीगढ़, जयपुर, पणजी, म्हापसा, इंदौर, इटारसी, हरदा, विदिशा, बुरहानपुर।

आप महाआसमानी की तैयारी फाउण्डेशन में उपलब्ध सरश्री द्वारा रचित पुस्तकों, सी.डी. और कैसेटस् सुनकर कर सकते हैं। इसके अलावा आप टी.वी., रेडियो और यू ट्यूब पर सरश्री के प्रवचनों का लाभ भी ले सकते हैं मगर याद रहे, ये पुस्तकें, कैसेट, टी.वी., रेडियो और यू ट्यूब के प्रवचन शिविर का परिचय मात्र है, तेजज्ञान नहीं। आप महाआसमानी शिविर में भाग लेकर ही तेजज्ञान का आनंद ले सकते हैं। आगामी महाआसमानी शिविर में अपना स्थान आरक्षित करने के लिए संपर्क करें :**09921008060/75, 9011013208**